A Heart Surgeon's Stories
of Life and Death on the Operating Table

打開一顆心

一位心外科醫生手術台前的生死故事

FRAGILE LIVES

STEPHEN WESTABY

史提芬・維斯塔比 ———著　沈聿德 ———譯

謹以此書獻給我一雙好兒女：馬克（Mark）與潔瑪（Gemma），
以及我的孫女們：愛麗絲（Alice）和克羅伊（Chloe）。

目次

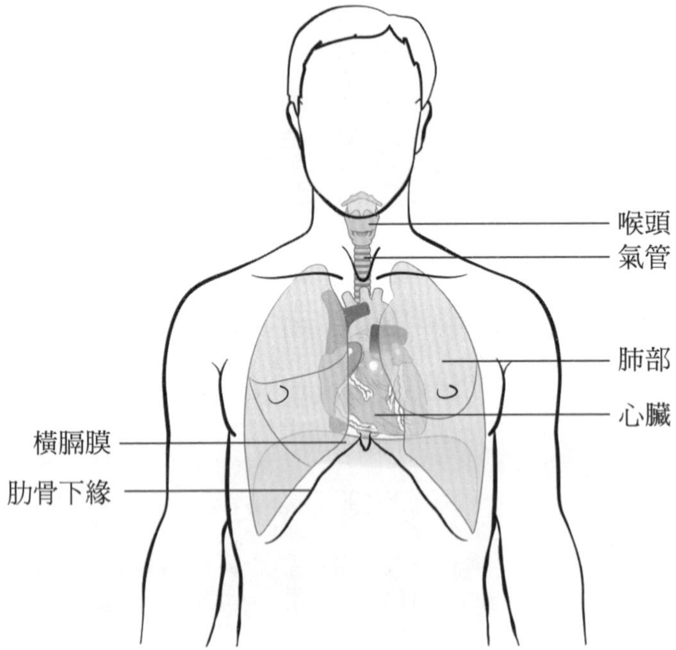

心臟與肺部在胸腔中的位置

前言
跳動的心

伍迪・艾倫（Woody Allen）有句話說得極好：「大腦是我第二喜歡的器官。」我對心臟也有類似的感受。我喜歡觀察心臟，暫停它的工作、加以修復，再讓它重新跳動，就如同修車技工把弄汽車引擎蓋下的引擎。一旦我摸清楚心臟是如何運作的，其餘的事也就順理成章了。說到底，年輕時的我也曾是個藝術家哪。現在不過是把畫筆換成了手術刀，將畫布換成了人體而已。與其說是職業，更像是嗜好；說它是件苦差事，不如說是樂事。說穿了，這就是我很在行的事。

我的職涯之路離奇得很——先從一個謙遜低調的學童，變成極度外向的醫學生；又從一個雄心勃勃的年輕醫師，變成了性格內向的外科先驅和老師。在這段路上，常常有人問我，心臟手術究竟有什麼難以抗拒的魅力。我希望接下來的內容，能清楚交代這個問題的答案。

不過，在開始之前，容我介紹一下這個跳動的器官。每顆心臟都不同：有的肥大，有的細瘦；有的厚實，有的纖薄；有的跳得快，有的跳得慢。反正絕對不會相同。我至今經手過的一萬兩千顆心臟，大多都病得很嚴重，讓人痛苦不堪，造成劇烈胸痛、無止境的疲勞，以及嚇人的喘不過氣。

人類心臟的迷人之處，就在於其運動，也就是心臟的節律與效率。與心臟運動相關的事實是很驚人的。心臟每分鐘搏動超過六十次，泵出五公升的血液。這表示每小時會搏動三千六百次，每天搏動八萬六千四百次。一年下來，心臟搏動超過三千一百萬次，八十年就搏動二十五億次。每一天，心臟的左右兩邊都會輸送超過六千公升的血液到人體與肺部。這真是需要大量能量的驚人工作量。因此，心臟一旦衰竭，後果會很可怕。既然人類心臟的性能如此驚人，我們又該如何想像要把它替換成一部機械裝置，甚至是一顆死人的心臟？

根據我在學校生物課學習到的，心臟位於胸腔中間，分成四個部分——兩個集流室，左心房和右心房；以及兩個泵送室，左心室和右心室。教科書上的圖解顯示，它們位置並列，就像一棟

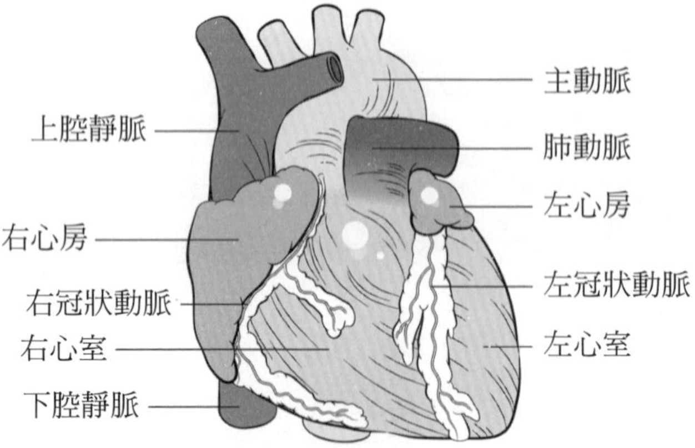

心臟正面圖

樓下有客廳和廚房、樓上有兩間臥室的房子。心臟的外圍是如海綿般可擴張的肺部，就像瑞士木屋的屋頂，不斷補充血液中的氧氣、排出二氧化碳。（大多數人還知道，呼吸也能排出其他化學物質，尤其血液中的酒精濃度超過肝臟的代謝能力時，就會透過呼氣排出酒精。）

富含氧氣的血液從肺部流出，通過左右各兩條、一共四條單獨的靜脈，進入左心房。在心臟充血的階段，或稱心舒期，血液會流過二尖瓣（因其形似主教的法冠，又名僧帽瓣），進入強而有力的左心室。在心室收縮的階段，也就是心縮期，二尖瓣閉合。左心室裡的血液被泵出，經過主動脈瓣進入主動脈，再透過各條動脈流至全身。

有意思的是，右心室的運作方式卻完全不同。右心室是新月形的，緊貼著左心室側邊所謂的心室中膈（ventricular septum）。而右心室這個

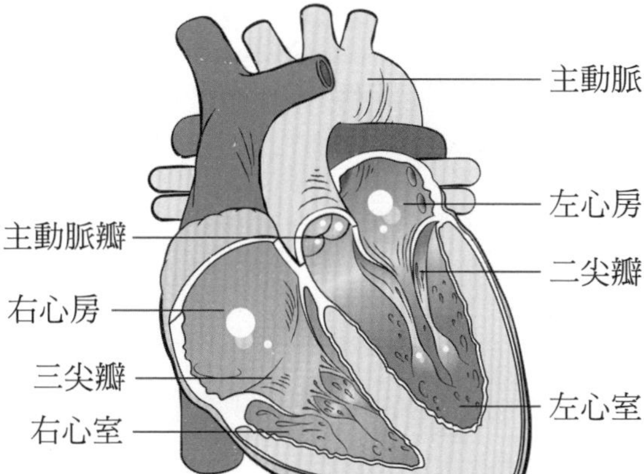

心臟正面的心腔、瓣膜和主要血管

「新月」的形狀，讓它在抽送血液時如同手風琴的風箱。左右心室就這樣相互仰賴。心臟的節律正是我著迷的原因，那感覺就像在觀賞鋼琴家的雙手或舞者的雙足。

但話說回來，一切真的那麼簡單嗎？我母親以前常跟肉販買羊的心臟，那東西既不貴，也算美味，還非常適合解剖。就在剖開這些羊心時，我才明白：真正的心臟，比教科書的示意圖更複雜難懂，因為兩側心室的形狀和肌肉結構完全不同。而且，它們也並非一左一右，倒更像是一前一後。左心室較厚實，呈圓錐形，透過環狀肌束來收縮和轉動腔室。這下子，我們就可以想像左心室真正的運作方式了。左心室強而有力的心肌收縮變厚時，腔室內部就會變窄變短。而當心肌放鬆（也就是心舒期期間），左心室會回復原狀，主動脈瓣隨之關閉。回彈的腔室會變得寬且長，經由二尖瓣將心房的血液吸入心室。因此，每一次協調的收縮與舒張過程，都包含了變窄、扭轉、縮短，接著再變寬、復原、變長的動作。這儼然像支阿根廷探戈舞……

不過，還是有兩點重大的不同：其一，這整個過程耗時不到一秒；其二，這支舞永無止境。

體內的每個細胞，都需要「維生所需的血液」和氧氣；少了這兩樣，組織就會以不同的速度死去，首先是大腦，最後是骨頭，死亡速度取決於各自細胞所需的氧氣量。心臟一停，大腦和神經系統在五分鐘內就會損壞。接著，就是腦死。

現在，你已經了解心臟和循環系統的情況，算是個心臟內科醫師了。不過，你還是需要一位外科醫師來幫助你的病人。

第一章

乙醚圓頂廳

謝謝你來接替我；今夜嚴寒，我心裡也不大舒服。

——莎士比亞，《哈姆雷特》第一幕第一場

多死幾個肌肉細胞、血液中的乳酸濃度多出一分半毫、大腦再腫脹那麼一點點——最細微的差距，便會造成生死兩隔、成敗二分、希望變絕望。死神常駐於每個外科醫師的肩頭，何況死就死了，絕無其他可能。沒有再來一次這種事。

一九六六年十一月，我十八歲，剛就讀倫敦市中心的查令十字醫院醫學院，這只是第一學期的第一週，學校的對面就是醫院。當時的我想親眼看看活生生跳動的心臟，而不是解剖桌上那種黏黏滑滑的死肉。學校大廳的警衛告訴我，對街的醫院每個禮拜三都有心臟手術，去乙醚圓頂廳[1]準沒錯；上到不會有人去的最頂樓，找到屋簷下的一道綠門。不過他警告我，千萬別

1 譯注：ether dome，泛指圓頂劇場式的教學廳，為紀念世界第一個公開使用乙醚麻醉的手術而有此名。

被逮到。臨床前的學生是不准去那裡的。

我出發尋找乙醚圓頂廳時是傍晚時分，天色已經暗了，岸濱街下著毛毛雨。原來，乙醚圓頂廳是個陳舊的鉛灰玻璃圓頂，就在古老的查令十字醫院手術室上方。自從入學面試後，我就再也沒踏進過神聖的醫院入口。我們這些學生得通過解剖學、生理學和生物化學考試，才能得到那樣的特權。所以，我沒有從正門的希臘式門廊走進去，而是偷偷從亮著藍燈的急診室溜進去，然後找到電梯。那是一台搖搖晃晃的老舊箱式升降機，專門用來載送病房設備和屍體到地下室。

我擔心自己可能會遲到、手術可能已經結束，也擔心那道綠門可能會上鎖。不過，門倒沒鎖。綠門背後是條滿布灰塵的昏暗走廊，堆放著過時的麻醉機器和廢棄手術儀器。離我前方十碼的地方，能看見圓頂下手術燈的亮光。這是手術室的舊高台觀眾席，設有玻璃，莊重地與下方不到十英尺處手術台上的大戲隔開距離。觀眾席還有欄杆以及弧形的木製長椅，這些長椅被那些曾經的準外科醫師們焦躁不安的臀部磨到表面都光滑了。

我緊抓著欄杆坐下。只有我和死神，透著因水氣而模糊的玻璃，仔細凝視著眼前的一切。那是一場心臟手術，病人的胸腔還開著。我移動位置，想找到最佳視角，最後停在外科醫師頭頂正上方。他很有名，起碼在我們醫學院裡是大人物；身形高瘦，儀表堂堂，手指修長。一九六〇年代時，心臟外科手術尚新，還是大家津津樂道的話題，動這類手術的醫師少之又少，訓練有素的醫師更是不多。他們往往是技術老練的一般外科醫師，因為拜訪過某些先驅醫學中心，才自願開立新的醫療服務。他們學習的步調緊張又快速，代價則是用人命來計算。

在場的兩名手術助理和刷手護士[2]，彎著腰擠在張開的傷口邊，緊張地來回遞送手術器械。他們目光的焦點和我著迷的對象就在那裡——一顆跳動的人類心臟。與其說是跳動，其實更像是蠕動，還插著連接人工心肺機的插管和導管。排成圓柱形的碟片在貯血槽中轉動，槽裡裝滿富含氧氣的血液，還有一台簡陋的滾軸泵擠壓著導管，促使維生所需的血液流回體內。儘管我定睛仔細觀察，卻也只能看到心臟，因為病人全身都被綠色的覆蓋巾遮著，不讓在場的人知道身分。

主刀醫師不安地換著腳站三七步，腳上是一雙從前外科醫師用來防止襪子沾染血液的超大白色手術靴。手術團隊已經置換了病人的二尖瓣，不過，那顆心臟還是難以脫離人工心肺機。就連第一次看到跳動人類心臟的我，都覺得它看起來很無力，鼓脹得像顆氣球，雖然還有搏動，卻沒有在抽送血液。我身後的牆上，有個標示著「對講機」的盒子。我轉動開關，這下子，這齣大戲就有了聲音。

在放大的嘈雜背景聲中，我聽見主刀醫師說：「我們再試最後一次。增加腎上腺素，通氣，試著不用心肺機看看。」

2 譯注：scrub nurse，因必須徹底清潔、消毒雙手（刷手）而得名。主要負責在過程中準備並遞交器械給手術醫師。

現場鴉雀無聲，眾人都凝視著這個奮力活命的器官。

「右冠狀動脈裡有空氣。」第一助理說，「給我一根抽氣針。」他把針推進主動脈，帶泡沫的血液嘶嘶滲進傷口，接著，病人的血壓開始好轉。

眼看時機出現，主刀醫師轉身跟體外循環師[3]說：「馬上關掉！這是我們最後的機會！」

「體外循環關閉。」體外循環師回答。他的口吻更像在陳述事實，語氣中沒多大信心。

人工心肺機一關，這顆心臟就全靠自己了，左心室要將血液泵往全身，右心室則要將血液泵進肺部，兩邊都在使勁努力。麻醉醫師充滿希望地盯著螢幕，一邊監控血壓和心率。幾位醫師都知道這是最後一搏，他們一言不發地拔掉心臟的插管，縫合傷口，每個人都非常希望這顆心臟能有力起來。它先是無力地顫動了一會兒，隨後，血壓開始慢慢下降。某個部位在出血——量不大，但卻停不下來。出血點似乎在心臟背面，某個處理不到的地方。

抬起心臟的動作造成了顫動。這下心臟又開始扭動，就像一袋蠕動的蟲子，卻不是正常收縮，只是受到紊亂的電活動影響而持續蠕動。它在白費力氣。麻醉師花了點時間才發現螢幕上的端倪。「ＶＦ，」他大喊。我不久後學到，這是心室顫動（ventricular fibrillation）的意思。「準備電擊。」

主刀醫師早有預料，他把去顫電擊板緊緊壓在那顆心臟上。「三十焦耳。」 滋的一聲！沒有效果。「加到六十。」

滋！這次，心臟去顫了，但接著就動也不動地躺在那兒，沒了心電活動，就像個濕漉漉的購物紙袋。我們稱這為「心搏停止」（asystole）。

血液繼續流進胸腔，主刀醫師用手指戳了戳心臟，左右心室隨即收縮。他又再戳一次，心律開始恢復。「太慢了。給我一針腎上腺素。」他又急又狠地把針從右心室穿進左心室，注入一股透明液體。然後，他用修長的手指按摩心臟，想把這強力的興奮劑推進冠狀動脈。

受惠的心肌很快有了反應。跟教科書上寫的一模一樣，心率開始加快，血壓開始飆升，越升越高，高得幾乎要撐破縫線。接著，如同慢動作鏡頭般，主動脈插管處縫合的傷口破了。嘩的一聲！一道深紅色噴泉就像間歇泉那樣噴發，灑在手術燈上，把幾個在場的醫師濺了一身，連綠色的覆蓋巾都濕透了。有人小聲地說道：「噢，慘了。」豈止是慘而已——他們輸掉了這場戰役。

還來不及用手指堵住主動脈的破洞，那顆心臟就滴血不剩了。血液從手術燈上滴下，大理石地板上到處是細細的紅色血流，都黏住橡膠靴底了。麻醉師發狂似地把一袋袋的血擠進靜脈，卻完全沒用。生命正快速消逝。剛剛施打的腎上腺素效力一過，這顆腫脹的心臟就像吹氣球一樣鼓脹起來，然後就不動了。永遠停了。

幾位醫師在絕望中沉默地佇立著，這已經是每週的例行公事。資深的主刀醫師走出了我的視線，麻醉醫師也關掉呼吸器，等待心電圖變平。他拔掉了病人氣管上的導管，接著也消失在

---

3 譯注：perfusionist，指的是手術中負責操作監控人工心肺機的專業人士。

我的視線裡。病人的大腦已經死了。

就在幾碼外的地方，岸濱街泛起了薄霧。通勤的人衝進查令十字車站裡避雨；辛普森餐廳與鹿爾餐廳的午餐時間即將結束；華爾道夫飯店和薩沃伊飯店內正調製著雞尾酒。那是生命，而這是死亡。一場手術台上孤獨的死亡。再無痛苦，再也不會喘不過氣，不再有愛，也不再有恨。什麼都不再有了。

體外循環師把機器推出手術室，要花上好幾個小時拆解、清洗、組裝與消毒，才能讓下一個病人用。唯一留在現場的人是刷手護士。隨後，安撫完前室病人的麻醉護士也進來了。她們拿掉口罩，靜靜站了一會兒，似乎對沾滿周遭每處表面的黏稠血液和依然敞開的胸腔不以為意。麻醉護士在覆蓋巾下摸找，接著握住了病人的手。刷手護士把病人臉上那塊被血浸濕的覆蓋巾扯掉後，輕撫著那張臉。我看到了，那是個年輕的女人。

她們完全沒注意到，我就在樓上的乙醚圓頂廳。沒人看見我在那兒。只有死神看見了我——而祂已經帶著靈魂離開了。我輕手輕腳地在長椅上挪動身子，想看看那女子的臉孔。她的雙眼瞪得老大，凝視著上方的圓頂。儘管面色灰白，但她的顴骨輪廓精緻，髮色烏黑，美貌依舊。

我就和那些護士一樣，離不開身。我得知道接下來會發生什麼事。她們揭開了病人裸露的身體上那條沾滿血的覆蓋巾。我在內心吶喊，希望她們快拿掉那個撐開病人胸骨的醜惡牽開器，讓那顆可憐的心臟回歸原位。她們拿掉牽開器後，肋骨便往內縮，蓋住了失去生命的器官。它靜靜躺在自己的位置，空虛且潰敗，徒留一道駭人的深長切口在她腫脹的雙乳之間。

對講機還是開的，護士們開始聊了起來。

「她的孩子會怎麼樣？」

「大概會被人收養吧。她沒結婚，父母都在倫敦大轟炸時死了。」

「她住在哪？」

「白教堂那一區，但我不確定皇家倫敦醫院目前是否有在做心臟手術。她懷孕期間病得很重，得了風溼熱（Rheumatic fever）。生孩子的時候差點死掉。也許那樣還比較好呢。」

「那孩子現在在哪兒？」

「應該在病房。得讓護士長來處理孩子的事了。」

「她知道了嗎？」

「還不知道。妳去告訴她吧。我會找人幫忙收拾的。」

一切都那麼不帶感情。有個年輕女子死了，獨留她的孩子一人，伶仃無親。不再有愛、身軀不再溫熱的她，在手術室四周亂成一團、浸在血裡的機械裝置中，就這麼沒了。我準備好面對這些了嗎？這就是我嚮往的嗎？

兩名護士生進來清洗大體。我認得她們，是週五晚上在新生舞會上見過的人，都是有禮貌的私立學校學生。她們帶了一桶肥皂水和海綿，開始擦洗那女病人的大體。她們拔掉了血管插管和導尿管，不過看得出來，那大體上的傷口和傷口下的東西，還是讓她們很為難。傷口不斷有血溢出。

「她動了什麼手術？」跟我跳過舞的那個女孩問道。

「顯然是心臟手術，」另一個回答：「我猜是要置換瓣膜吧。可憐哪。才和我們一樣大。她媽媽一定很難過。」

她們在傷口上蓋了一塊紗布吸血，然後用膠布貼好。這時刷手護士回來了，她感謝那兩個女孩，工作做得很好。接著她叫外科住院醫師進來縫合傷口，準備將大體移到太平間，因為所有死在手術台上的大體都要交給驗屍官驗屍。這個年輕的女子，還得從頸部到恥骨再被切開一次，所以縫合胸骨或接上各層胸壁根本沒有意義。住院醫師拿了一根大針和一些粗的多股線，像縫郵差包那樣把傷口縫合。那傷口邊緣都還裂著，滲出血清。連郵差包的縫邊都比這工整多了。

現在是晚上六點半左右，我原本打算到附近的酒館跟橄欖球隊的人一起喝個爛醉。不過，我還是無法離開。我深深被這具空殼吸引了。這個我先前從未見過，如今卻感覺無比熟悉的瘦弱屍體。我陪她度過了人生最重要的這一刻。

三名護士使勁幫她套上一件硬挺的皺褶領白色壽衣，在背後綁好，然後用繃帶固定她的腳踝。人死後會僵硬，她已經開始變硬了。護士生們懷著善意和敬意完成了她們的工作。我知道自己會再跟她們碰面。也許，我會問問她們有何感受。

這會兒，只剩我和那具大體了。手術燈還照著她的臉，她直直向上盯著我看。她們為什麼沒有像電影裡演的那樣，闔上她的眼睛呢？我能看穿那對放大的瞳孔，瞧見深深印在她腦中的痛楚。

從偷聽到的對話片段加上一點點醫學知識，我就可以大致描繪出她的人生故事。她二十幾歲，生於倫敦的舊城區。父母在空襲轟炸中喪命時，她肯定還只是個年紀很小的孩子。孩童時期，她就帶著那些戰爭景象與聲音留下的心理創傷，以及她的世界瓦解時那種孤零零的恐懼度日。在貧困中長大的她患了風溼熱，原本只是單純的鏈球菌咽喉炎，卻引發嚴重的發炎反應。風溼熱在人口擁擠又貧困的地區很常見。也許她的關節已經疼痛、腫脹了幾個禮拜，但她不知道的是，心臟瓣膜也正在發炎。在當時，並沒有相關的診斷測試。

她罹患了慢性風溼性心臟病，大家都說她是個病病殃殃的小孩。也許她還得了風濕性舞蹈症：身體會不自主地抽動，走路不穩，情緒紊亂。她懷孕了，這是她職業的風險。但懷孕這件事讓情況變得更嚴重，因為她已經生病的心臟得更加努力工作。她開始喘不過氣、身體浮腫，但總算熬過了孕期。或許皇家倫敦醫院順利為她接生，卻也發現了心臟衰竭的問題。心臟有雜音，二尖瓣閉鎖不全。院方開了心臟藥毛地黃（digoxin），想讓她的心跳更有力，但她吃了藥會覺得噁心，就沒再吃了。沒過多久，她就疲累不堪、喘到無法照顧孩子，也無法平躺。心臟衰竭越來越嚴重的她，前景堪慮。院方將她送來城裡看某位外科醫師——他身穿晨禮服外套和細直條紋長褲，是個不折不扣的紳士。那位和善又有同情心的醫師說，唯有動二尖瓣手術才幫得了她。然而手術也沒能挽救她，反而終結了她悲慘的一生，為舊城區平添另一個孤兒。

搬運工來運送她的大體時，手術燈早就關了。他們把太平間的推車（一個有輪子的鐵皮棺材）拉到手術台邊，此時她的四肢已經僵硬。身體被粗魯地拖進這個人形沙丁魚罐頭，頭部撞擊發出的悶響教人難受，不過，再也沒什麼能弄痛她了。不必再跟她大眼瞪小眼的我鬆了口氣。他們在棺材上蓋了塊摺著的綠色毛毯，好讓它看起來像是一般的推車，接下來他們就離開，要推她進冰櫃去了。她的寶寶再也見不到她，再也沒有媽媽了。

歡迎來到心臟外科的世界。

◆

我坐在原地，手倚欄杆，托著下巴，從乙醚圓頂廳向下凝視著空手術台的黑色橡膠表面，如同在我之前立志成為外科醫師的代代前輩。乙醚圓頂廳就像一座上演角鬥的圓形競技場，人們來到此處，俯瞰著非生即死的精彩表演。也許如果當時還有其他人在場，與我一同分擔那可憐女子之死所帶來的衝擊，以及即將降臨在她孩子身上的不幸，我眼前所見的一切就沒那麼殘酷了。

助理護士們帶著拖把和水桶，要清除掉那女子身後的最後殘痕。手術台四周如今已經乾掉的血跡，一路通往門口的血腳印，以及麻醉機和手術燈上的血。原本到處都是的血，現在通通被仔細擦拭乾淨。個子瘦小的年輕女孩伸手清潔手術燈時，看見了還在圓頂廳的我蒼白的臉，以及在昏暗中呆望一切的雙眼。我嚇到她了，這表示我該走了。但在手術燈頂部、沒人看得見的地方，還殘留一塊黑色血跡，彷彿在昭告：一部分的我仍留在這兒。別忘了我。

我一出去，身後的綠門隨即關閉，我朝著那台搖搖晃晃的電梯走去，這台電梯剛剛才載著她的大體，運往太平間冰冷的冰櫃。

驗屍公告會貼在醫學院入口大廳的公布欄。通常都是年長的病人；如果是年輕的，不是嗑藥、交通事故身亡、跳軌自殺，就是心臟手術的病人。我在週五上午的名單看見了她，她的名字是貝絲。不是伊麗莎白，就只是貝絲。[4] 二十六歲。這肯定就是她了。驗屍當天，大體會被裝進鐵皮箱子，從醫院地下室的太平間經過地下通道，拖到滑輪系統的軌道上，送來醫學院，再用電梯送上屍體剖檢室。我該不該去呢？我該不該看著她的內臟和大腦被挖出來，看著她那顆死去的心臟被切成一片片，讓大家知道她究竟如何在那道深紅色的湧泉中死去的？

不，我辦不到。

那天，在乙醚圓頂廳裡，貝絲給我上了非常重要的一課：絕不牽扯過深。要像她那些主刀醫師那樣，轉身離開，明天再試一次。那個年代最具聲譽的心臟外科醫師羅素．布洛克爵士（Sir Russell Brock），對於救不活病人是出了名地直言不諱：「我今天的手術名單上有三個病人。不知道誰會活下來。」這話聽來也許冷漠，甚至無情，但無論是過去還是現在，沉溺於死亡都是可怕的錯誤。我們必須從失敗中學習，下次想辦法做得更好。若沉迷於悲傷或悔恨，將會帶

4 譯注：貝絲（Beth）是伊麗莎白（Elizabeth）的暱稱；在大部分情況下，正式文件會登載全名。

來難以承受的痛苦。

後來的職涯中，當我的興趣轉向艱難的領域，也就是嬰幼兒的複雜先天異常心臟手術，我開始苦思這個問題。有些孩子一手抱著泰迪熊、一手牽著媽媽，開心地邁著搖晃的步伐走進醫院。他們嘴唇發紫，小小的胸膛起伏著，血液黏稠得猶如糖蜜。他們以為人生就是這樣了，而我努力拚搏，想給他們不一樣的人生；讓他們氣色紅潤、活力滿滿，從迫近的厄運中解放。即便我真心誠意，有時卻也會失敗。那我該怎麼做？陪哭泣的父母坐在昏暗的太平間裡，握著冰冷、毫無生氣的小手，然後責備自己為何要冒那個險嗎？

所有的心臟手術都有風險。既然成了外科醫師，就不會回頭。我們會繼續面對下一位病人，永遠相信結果會更好，絕不懷疑。

第二章

卑微的起點

勇氣就是做你害怕的事。若不曾恐懼，就無從談勇氣。

——美國王牌飛行員，艾德華・瑞肯巴克（Edward V. Rickenbacker），《紐約時報》

一九六三年十一月二十四日

我是戰後嬰兒潮剛開始時來到這個世界的。一九四八年七月二十七日，我出生於斯肯索普戰爭紀念醫院的產科，是獅子座。哎呀，斯肯索普，我生活了十八年的孩提故鄉，那是座工業城，也是低俗笑話中長久以來的笑柄。

我親愛的母親歷經漫長又痛苦的生產過程，雖然累壞了，還是滿足地抱著她的第一個孩子，把我從產房的一片浴血廝殺中安全帶回家。我是個紅通通的強健兒子，從剛展開的肺葉深處發出嘹亮的哭聲。

母親是個聰慧的女子，溫和又有愛心，很受大家歡迎。戰爭期間，她管理商業街上的一家小銀行，就算其他櫃台都沒人，大家還是會排隊，為的就是跟她訴訴苦。我的父親十六歲加入英國皇家空軍對抗德國人，戰後就在我們當地的合作商店找到一份差事，努力工作、改善我們的生活環境。日子並不好過。

我們當時一窮二白，住在髒兮兮的市政住宅社區，房號是十三號。牆壁上不能掛畫或照片，以免灰泥崩落。後院裡有間波紋鐵板做的防空避難小屋，養了鵝和雞，另外還有間戶外廁所。

我的外公外婆就住在街對面。外婆為人和藹，對我處處保護，但身體很虛弱。外公在煉鋼廠工作，戰爭期間是我們當地的防空隊員。每到發薪日，我就會跟著他去廠裡領薪水。煉鋼廠裡的奇觀讓我深深著迷：有人將溫度極高的液態金屬倒進鑄模；有頭戴扁帽，光著上身、汗水淋漓的男人往熔爐添燃料；有噴出火焰的蒸汽火車，叮噹叮噹地穿梭在軋鋼機和爐渣堆間；還有火星到處飛濺。

外公會耐心地教我素描和畫畫。當我在畫煙囪上方的紅色夜空、路燈和火車，外公就坐在我身旁，一邊抽著忍冬牌香煙。他一天要抽二十支煙，而且一輩子都在煉鋼廠的煙霧中工作。這可不是什麼健康的組合。

一九五五年，我們有了第一台電視機，是一個十英寸的方盒子，黑白畫面，畫質粗糙，而且只能收看ＢＢＣ（英國廣播公司）這個頻道。電視大大拓展了我對外面世界的認識。就在那年，劍橋大學的兩位科學家克里克（Crick）和華森（Watson）描繪出了ＤＮＡ的分子結構。在牛津大學，醫生多爾（Richard Doll）則發現了抽煙和肺癌之間的關係。接著，有個叫做《你的命交在他們手裡》（*Your Life in Their Hands*）的節目，分享了一則從此改變我人生的驚人消息：美國的外科醫師用一台新機器補好了心臟的破孔，他們稱之為心肺機，因為它同時具備這兩個器官的功能。電視上的醫生都穿著拖到地面的白袍，護士則頭戴白帽、穿著上了漿的筆挺制服，鮮少說話，而病人都坐得筆直，床單反折得好好的。

節目裡聊到心臟手術，還說倫敦漢默史密斯醫院的外科醫師很快也會進行這類手術，他們將來也會修補心臟的破洞。我這個整天在街上混的七歲小孩看得入神，幾乎著了迷。就在那一刻，我決心將來要當心臟外科醫師。

十歲那年，我通過了地方重點高中[1]的入學考試，那時的我已經變得安靜、順從且忸捏。身為「前途看好」的那類學生，我被逼著用功讀書，儘管很有藝術天分，卻得放棄上那些課，以便專注於學科。不過有件事很明確：我的手很靈巧，彷彿指尖就連著大腦。

某天下午放學後，我跟外公和他那隻名叫威士忌的高地㹴犬在鎮郊散步，他突然在上坡路停下來，緊抓著襯衫領口。他的頭垂了下來，皮膚變得慘白，大汗淋漓、氣喘吁吁，像棵被砍倒的樹癱在地上，無法開口說話，但我看得見他眼裡的恐懼。我想跑去叫醫生，但外公不允許。即便當時他已經五十八歲了，但他擔不了沒上工的風險。我只好抱著他的頭，直到痛感減輕。那次持續了三十分鐘，等他稍微恢復，我們才慢慢走回家。

1 譯注：grammar school，又稱文法學校，是以進入大學為訓練目標的預校。

母親早就知道外公的健康狀況不佳。她告訴我，外公騎腳踏車上班時也常有「消化不良」的問題。外公不情不願地答應不再騎車，但情況卻沒有起色。他越來越常發作，就算休息時也會，爬樓梯時尤其常發作。受寒容易讓胸口不適，我們於是把樓上的鐵床搬到壁爐前，還將便盆拿進室內，讓他不必出去上廁所。

他的腳踝和小腿肚都有積水，腫到需要大一點的鞋。光是綁鞋帶就是大工程，從此之後，他就不太外出，大多只從床上走到火爐前面的椅子。我會坐下來畫素描給他看，讓他別整天想著那些該死的症狀。

我還記得那是個十一月的陰鬱下午，濕答答的，隔天就是甘迺迪總統在達拉斯被暗殺的日子。我下課回到家，卻看到外公家外面停著一輛黑色的奧斯汀希利。那是醫生的車，我知道這代表什麼意思。我透過水氣凝結的前窗盯著屋內，但窗簾是拉上的，所以我繞到屋後，從廚房的門悄悄進到屋裡。聽到啜泣的聲音，我心都沉了。

起居室的門半開著，裡頭燈光昏暗。我盯著裡面，看見醫師手拿針筒站在床邊，我的母親跟外婆則站在床尾，緊抱彼此。外公面如死灰，胸口不斷起伏，頭向後仰著，發青的嘴唇和發紫的鼻子溢出帶泡沫的粉色液體。他咳得痛苦，帶血的泡沫噴得床罩到處都是。接著，他的頭歪向一邊，瞪大了雙眼，目光落在牆上那面寫著「福臨此家」的牌子上。醫師摸了摸他的手腕，然後輕聲說：「他走了。」一股平靜與釋然的感覺籠罩著整個房間。痛苦終於到了盡頭。

死亡證明上寫著「死於心臟衰竭」。我悄悄溜到屋外，跟雞一起坐在防空避難小屋裡，無聲地崩潰。

不久後，外婆被診斷出罹患甲狀腺癌，腫瘤開始壓迫她的氣管。醫學上會用「喘鳴」（stridor）這個詞，來描述肋骨和橫膈膜奮力想讓空氣通過狹窄氣道時發出的窒息聲，我們聽見的正是這種聲音。雖然外婆會去四十英里外的林肯醫院做放射治療，她的皮膚卻因此灼傷，吞嚥變得更困難了。醫院想做氣管造口手術，這讓我們多少有了點希望，但醫生卻無法在氣管變窄處的下方，找到夠低的適當位置切口。希望破滅了，外婆注定要受苦到嚥氣為止。要是當初他們能讓外婆在麻醉狀態下離開就好了。每天放學我都陪著她，盡我所能讓她舒服一點。不久，鴉片類藥物和二氧化碳麻醉讓她的意識變得模糊，某天晚上，她大腦大面積出血，悄然離世。在我的祖父母輩中，活了六十三歲的她是最長壽的。

十六歲那年，我在學校放假期間去鋼鐵廠找了份工作，但發生了傾卸卡車和裝載鐵水的柴油火車相撞的事故，我因此被解雇。我無意中發現醫院在徵臨時搬運工，於是順利爭取到了差事。這份工作需要應對各種群體：病人——這類人必須禁食、擔驚受怕，而且身著毫無尊嚴的手術服；需要我和善以對、尊重待之，並提供安慰。年輕護士親切有趣，護理長則自命不凡、頤指氣使又公事公辦，要我閉嘴聽命行事。麻醉科醫師討厭被耽誤。而外科醫師完全就態度傲慢，根本把我當空氣，至少剛開始是這樣。

工作內容之一，是把麻醉的病人從推車搬到手術台。我會先讀過手術清單，知道每一場安排的手術，然後幫忙調整高架燈，把光聚焦在切口處（很會畫畫的我對解剖學很好奇，所以多少知道各部位的相對位置）。慢慢地，那些外科醫師開始注意到我，有的甚至會問我對什麼感興趣。我告訴他們，有一天我要成為心臟外科醫師，不出多久，他們就准許我觀看手術了。

上夜班很棒，因為會有各種緊急狀況：斷骨、內臟破裂、動脈瘤出血。動脈瘤出血的病人大多撐不過去，護士會清理屍體、套上壽衣，我則負責把他們從手術台搬到鐵皮太平間推車上，總會伴隨一聲沉悶的撞擊聲。接著再把大體推到太平間，堆進冷藏庫裡。我很快就習慣了這一切。

我第一次去太平間，果不其然是在夜闌人靜之時。那棟沒有窗戶的灰磚建築跟醫院主建築是分開的，對於裡頭會看到什麼，我感到說不出的恐懼。把鑰匙插進那扇厚重的木門，就會直通解剖室，但我走進去時卻找不到電燈開關。他們先給了我一支手電筒，我鼓起勇氣，就著搖晃的光束走了進去。

綠色的塑膠圍裙、鋒利的器具和光亮的大理石在黑暗中閃著光。解剖室瀰漫著死亡的氣味，起碼是我想像中的死亡氣味。手電筒終於照到電燈開關，我打開了頭頂的日光燈，但感覺並沒有比較好。牆上排滿了一扇扇方形金屬門，從地板堆到天花板——這就是冷藏庫了。我得找個空的冰櫃，但我不知道哪些是空的。

有的門插著寫有人名的硬紙板，我猜那些應該都已經有人用了。我轉開一扇沒有名字的門把，卻發現裡面躺著一位蓋白色麻布的裸體老太太。那是一具無名屍。他媽的。我又在第二層找了一扇門試，這次運氣不錯，我抽出那個滑動的鐵盤，然後把咯吱作響的機械起吊裝置往大體的方向推去。要怎麼操作這個東西，屍體才不會掉到地上啊？綁帶、屈柄把手，再加上蠻力。我繼續動作，將鐵盤推回冰櫃裡。

太平間的門還大開著，我可不想獨自被關在裡面。我快步走出去，把嘎吱作響的推車推回醫院，準備運送下一位顧客。我納悶，病理學家怎麼有辦法把一半的職涯耗在那種環境裡，做著在大理石台上切開死者內臟的活兒呢。

最後我使出渾身解數，才成功說服一個年長的女病理醫師讓我觀看解剖過程。即便我已經見過一些身體被開得亂七八糟和嚴重創傷的案例，要習慣這一切還是需要一點時間：無論老少，都被從喉嚨切開到恥骨，掏空內臟，然後從一耳到另一耳切開頭皮，再像剝柳橙皮那樣把頭皮往前拉蓋住臉。骨鋸來回鋸開顱骨，就像切掉水煮蛋的頂部，整顆人腦就這麼呈現在我眼前。這一大團灰灰軟軟、滿布皺褶的組織，是怎麼主宰我們整個人生的呢？外科醫師又是怎麼在這團晃動的膠狀物體上動刀的？

我在那間昏暗又荒涼的解剖室學到了許多：人體構造的複雜、生死之間極其細微的分界，以及心理如何抽離。病理學容不下感情。或許有那麼一點同情吧，但要對大體產生情感連結？沒這回事。但對於那些被送來這裡的年輕人，我還是很難過。那些罹癌或心臟畸形的嬰兒、孩童及青少年們，一生注定短暫而苦痛，或是因為悲劇意外而終結生命。什麼「心是愛與奉獻的泉源」、「腦是靈魂的所在」，快忘掉這些說法吧。只管動手，切開它們就是了。

很快地，我已經有能力看出冠狀動脈血栓、心肌梗塞、風濕性心臟瓣膜、切開的主動脈，或是擴散到肝臟或肺部的癌症了。這些都很常見。燒焦或腐爛的大體聞起來很糟，鼻孔裡塗維克斯[2]軟膏，嗅覺神經就不會那麼難熬。自殺的案例尤其讓人悲傷，但當我說出這想法時，卻被告知「想當外科醫生，就得放下這種念頭」，還有人說等我年紀大到能喝酒，一切就會容易許多。我隱約感覺，酒精在外科醫師的消遣清單裡八成名列前矛，在他們夜間緊急被叫回來時，這點尤其明顯。但我有什麼資格去評斷呢？

我開始懷疑自己究竟能否考上醫學院。我學業不算出色，數學和物理都念得很辛苦，對我來說這些科目是衡量智力的真正指標。但我在生物上表現突出，化學也還可以。結果我通過許多測驗，都是些我永遠用不上的科目，例如拉丁文、法國文學、高等數學和宗教學。我把這些視為努力的產物，而不是智力的展現，但正是這些努力，給了我離開市政住宅區的機會。在醫院的那段時間，也讓我變得更懂世事。儘管我從未踏出斯肯索普，卻已經對生死有了深刻的體悟。

我開始尋找醫學院的空額，每逢學校假期，就回醫院工作。我晉升為「手術部助理」，成了清理血液、嘔吐物、骨屑和糞便的專家。這就是我卑微的起點。

意外的是，我收到了劍橋某間高不可攀的學院面試通知。想必有人幫我說了什麼好話，但我從不知道對方是誰。劍橋的街上滿是身穿長袍、用私立學校口音大聲交談的年輕學生，看起來都比我聰明得多。學識淵博、戴著眼鏡的教授們頭戴方帽，騎著腳踏車穿過鵝卵石街道，準備前往先品葡萄酒、再喝波特酒的學院晚宴。我腦中閃過那群沉默不語，戴著扁帽和圍巾、渾身髒兮兮的鋼鐵廠工人，在煙霧中默默走回家，只為了麵包、馬鈴薯，或許再來杯黑啤酒。心沉了下來，我感覺自己不屬於這裡。

面試是在一間橡木牆壁、俯瞰學院主中庭的圖書室裡進行的，由兩位氣度不凡的院士主持，我們則坐在看起來很舊的皮革椅上。氣氛刻意營造得輕鬆，完全沒提到我的出身背景，也根本沒問到我預想中的問題：「你為什麼想學醫」。面試練習都白費了。他們反而問我，為什麼美國人剛入侵了越南，還有他們的士兵可能暴露在哪些熱帶疾病下。我不知道越南有沒有瘧疾，於是回答了「梅毒」。

這答案打破了拘謹的氣氛，尤其當我補充說，梅毒或許也沒比凝固汽油彈和子彈的危害更嚴重。接著他們問我，首相邱吉爾的死有沒有可能是抽雪茄之故（當時邱吉爾剛死不久）。「抽菸」正是我苦等的關鍵詞。我的嘴巴立刻像機關槍開炮，我提到癌症、支氣管炎、冠狀動脈疾病、心肌梗塞、心臟衰竭，還有解剖室裡老菸槍的屍體是什麼模樣。「你看過屍體解剖嗎？」「多著呢。」我還清理過解剖之後的人腦、內臟跟體液呢。「謝謝你來。我們幾週內會通知你結果。」

接下來，位於岸濱街特拉法加廣場和柯芬園之間的查令十字醫院叫我去面試。這醫院原本是為倫敦市中心的窮人而設的，因飽經戰爭而聞名。雖然我提早到了，但因為姓氏的字母排在

---

2 譯注：Vicks，歐美家庭常備良藥，一般用來治療止咳通鼻，以及感冒等症狀。

後面，總是得等到最後才能輪到。我焦慮地轉動著大拇指打發時間，感覺度日如年。親切的護士長端來蛋糕和茶接待大家，我則禮貌地跟她聊起醫院戰時的情況。

面試地點在醫院的會議室。坐在會議桌對面的是主面試官，身穿晨禮服，是一位從哈利街[3]來的著名外科醫師；還有那位以脾氣火爆聞名的蘇格蘭解剖學教授，影集《醫生駕到》（*Doctor in the House*）就是以他為原型。我端坐在一張直背木椅上，絲毫不敢懈怠。這裡可不容許懶散。他們首先問我，對這家醫院了解多少。感謝老天，或者應該說感謝護士長。兩個都該謝吧。接著他們問我板球打得如何，會不會打橄欖球。就這樣而已——面試結束了。我是當天最後一個面試者，他們已經受夠了，說結果會再通知。

我走出醫院，漫步在柯芬園，穿過色彩繽紛的市集攤位和林立的酒館。那裡能看見人生百態：查令十字醫院的常客——流浪漢、妓女、街頭藝人、銀行人員，還有往來於岸濱街的黑色計程車和深紅色的倫敦巴士。我穿梭在人群和車陣中，最後來到薩沃伊飯店氣派的大門前。我不確定自己有沒有膽量走進去。畢竟我身著面試用的西裝，頭髮還抹上百利牌髮油，看起來應該夠體面。還沒等我多想，那位衣著整齊的門房便替我推開旋轉門，做了個手勢：「歡迎您，先生。」這象徵我被認可了。就這樣，我從斯肯索普走進了薩沃伊。

我大步穿過飯店大廳，經過薩沃伊燒烤餐廳，在鑲金框的菜單前稍微停留下來，仔細看了看。真是天價啊！我沒有停下來。前方有個標誌指向美式酒吧，走廊兩旁掛滿了西區明星簽名的漫畫、照片與畫作。酒吧外面沒人排隊，因為現在才下午五點。我坐上高腳椅，偷偷吞了些免費的小點心，邊翻看了一下雞尾酒單。我毫無頭緒（這可是人生第一杯酒），只能被迫做出決定。「麻煩給我一杯新加坡司令。」這一喝彷彿打開了什麼開關，我的人生就此改變。要是當時再點第二杯，恐怕就找不到國王十字車站了。

那週還沒過完，查令十字醫院醫學院就來信了。在焦急的爸媽包圍之下，開那封信就像在拆炸彈。他們錄取了我。至於條件呢？只要我的生物、化學和物理考試及格就好，具體分數沒有要求。查令十字醫院醫學院是小型的醫學院，每年雖然只收五十個學生，但我將追隨幾位卓越校友的腳步，例如動物學家赫胥黎（Thomas Huxley）和探險家李文斯頓（David Livingstone）。我是家族裡第一個上大學的孩子，第一個有志成為醫生的人，但願也是第一位心臟外科醫師。

3 編注：Harley Street，英國著名的百年醫療街，許多名醫在此開設診所。

第三章
布羅克勛爵的靴子

他當了一年的醫生，總共看過兩個病人。不對，好像是三個。對，是三個。這些人的葬禮我都參加了。

——馬克・吐溫（Mark Twain）

準備皇家外科醫學院考試的最佳方式，就是在醫學院的解剖室擔任解剖示範，鉅細靡遺地為新生講解解剖知識，並協助他們一片一片拆解屍體，從皮膚、脂肪、肌肉、肌腱，再到器官。他們會分到一具經過防腐處理、油膩膩的屍體，屍體放在鐵皮推車上，由六個懵懂又敏感的新生共用。這些學生進來時身穿漿過的白袍，帶著全新的解剖工具：用亞麻布捲起來的手術刀、剪刀、鉗子和鉤子，就像青草那樣稚嫩，什麼都不懂。如同剛開始的我。

我在各組之間來回走動，幫助他們堅持下去。有些學生撐不下去，花費無數個小時分解屍體，並不在他們的成醫之夢裡。為了讓他們撐過去，我會盡可能提供建議：噴味道濃重的香水啦，記得早飯一定要吃啦，試著想想別的事啦，足球、購物、性愛，什麼都好。反正及格就好，別被屍體逼退。這套方法對有的學生受用，但有的卻會做惡夢，夢見親手解剖的屍體夜裡找上門。

我的第一次外科考試，必須熟讀解剖學、生理學與病理學，這些跟動手術的能力毫不相干。倫敦有一些應試課程，會由曾是考官的人授課，他們用醫學院偏好的方式來傳授內容。這意思就是只要交錢就能過，除非你是蠢蛋。話雖如此，還是會有三分之二的考生不合格。我第一次也沒考過。

在這種學習的單調乏味中，皇家布朗普頓醫院刊出了「外科住院醫師」的職缺，條件是**希望能**具備皇家外科醫學院的身分，**但非必須**。我能妄想這個職位嗎？我才剛通過第一階段的考試，離能考最終階段起碼還要三年。但試著申請看看，也不會有什麼損失。

雖然機會渺茫，我還是拿下了這份工作，幾週後就開始上班了。我被分派到兩位醫師手下，一位是身高一百九十八公分、氣勢逼人的德國人帕內特先生（Mr. Matthias Paneth），另一位是林肯先生（Mr. Christopher Lincoln），他的身高也不遑多讓，是醫院新任的兒童心臟外科醫師。他們雖然個性迥異，但各有各的可怕，直到我們熟了，這種感覺才消失。在查令十字醫院忙得不可開交的那段住院醫師工作經驗，教會我一件事：跟上節奏的唯一辦法，就是什麼都寫下來。每條命令或要求一出口，我就得記錄，忘記就等著倒大楣。有鑑於此，我一定隨身攜帶手寫板。帕內特先生覺得這很逗趣，後來老是調侃：「維斯塔比，你記下來了嗎？維斯塔比，你記下了沒？」

我這本外科手術日誌，開篇就是場壯觀大戲。那次帕內特先生的團隊在門診後排了個二尖瓣置換手術，對象是一名來自威爾斯的嬌小老太太。主治醫師邀我先開個場，他還要看幾個自費的病人。我得意地換上藍色手術服，甚至還在某個沒關的置物櫃裡，找到一雙白色橡膠手術靴。那靴子又髒又舊，我大可穿全新的手術鞋，卻還是滿懷渴望地穿了這雙沒人要的二手靴。為什麼呢？因為靴子後面的布帶寫著「布羅克」（Brock）。我就要繼承布羅克勛爵的靴子啦。

那時，溫布頓的布羅克男爵已經七十歲，早已不再執刀。帕內特稍微提過原因，是因為他「對於無法盡善盡美始終不能釋懷」。我讀醫學院時，他是皇家外科醫學院的院長，還擔任外科科學系的主任；而如今，我就要名符其實地跟隨他的腳步了。我大步從外科醫師更衣室走進手術室，正式登場。

老太太躺在手術台上。刷手護士早已用碘酒為她消毒，並用褪色的綠色亞麻布蓋住她赤裸的身體，此刻正不耐煩地用她的手術鞋敲著大理石地板。早就習慣逆來順受的麻醉科醫師英格里希醫生（Dr. English）和主體循師，則在麻醉機旁下著棋。我看出大家已經等了一段時間，於是戴上口罩，迅速刷洗雙手，享受這終於能大展技術的機會。

我小心確認解剖標誌：脖子根部的胸骨上切跡，以及胸骨下端的劍突。手術刀的切口是一條完美筆直的切線，恰好連接這兩個位置。老太太因為心臟衰竭，既瘦弱又憔悴，皮膚和骨骼間幾乎沒什麼要動用電刀切開的脂肪了。此時，另一名第一助手還是沒出現，但我硬是繼續動作，想讓護士們刮目相看。

我拿起震動式骨鋸，先試了一下。嗡嗡嗡──聲音真夠凶猛的。於是我鼓起勇氣，開始沿著胸骨往頸部方向鋸上去。接下來災難一場。原本只是些許帶血的骨髓飛濺，突然間，大量深紅色血液從切口中央嘩地湧出。慘了！我瞬間冷汗直流，但護士長早就心知肚明，立刻繞到第一助手的位置。儘管我一把抓起抽吸器，但她已經開始下令：「用力壓住出血點！」

英格里希醫生慢半拍地從棋盤上抬起頭，我們手忙腳亂，他倒一點也不慌。他冷靜地吩咐麻醉護士：「給我一單位的血，然後去門診那裡打給帕內特先生。」

我知道問題出在哪了，是骨鋸撕裂了右心室。可是怎麼會呢？胸骨後面應該有一層組織間隙，心包裡也應該有液體啊。護士長像是看穿了我的想法，接下來六個月裡，她還看穿我很多次。「你知道這是再次手術吧。」這話聽來像肯定句，其實是個問句。

「不，我完全不知道，」我暴躁地回答。「那道該死的疤痕在哪？」

「上次是閉鎖式二尖瓣擴張手術，疤痕在胸部側面，乳房下面就看得到了。帕內特先生沒告訴你這是再次手術嗎？」

此時，我已經決定閉上嘴。現在該採取行動，而不是追究責任。

在再次手術中，心臟和周圍的組織會因為發炎而產生沾黏，心臟和它周圍的心包也就沒了空隙。在這個病例中，右心室已經黏在胸骨下側，什麼都糾纏成一團了。更糟的是，由於肺動脈的壓力，右心室擴張，風濕性造成的二尖瓣也變得狹窄。本來是要換掉病變的二尖瓣，結果我一開始就搞砸了。真是太棒了。

按壓也無法控制出血。血還是從骨縫中不斷湧出，而胸骨甚至還沒完全鋸開。病人的血壓開始下降，她個頭瘦小，根本沒多少血可流。英格里希醫生開始輸血，但根本無濟於事，就跟往排水管灌水一樣，一頭灌，另一頭直接流光。我是外科醫師，止血是我的工作——要止血，得先找到出血的破孔。

我的汗滴進老太太的傷口，又順著雙腿流進布羅克勛爵的靴子裡。老太太的血從覆蓋巾滴落，染紅了褪色的白色橡膠靴。此時有個流動護士已經刷好手，站上手術台加入行列。膽子沒那麼大的我再次拿起骨鋸，請護士長把手移開。我往一片血泊裡鋸，鋸穿剩下的完整骨頭，也就是頸部下方、胸骨最厚的部位。接著我們再次用力壓住出血點，同時繼續輸血，恢復病人的血壓。

隨著血壓下降，出血速度也開始放慢。我趁機切開心臟和胸骨背面的沾黏處，插入金屬胸骨牽開器，把胸腔撐開。這下我終於看清楚，右心室的裂口正把血噴進傷口。當組織像這樣黏在一起時，掰開已經切開的骨頭可能會撕裂心肌，有時甚至嚴重到難以補救。算我走運，她的心臟還完好無缺——勉強算是吧。

這時，我自己心也狂跳不止。我看出問題了：右心室的游離壁有一條五公分長的鋸齒狀撕裂處，好險離冠狀動脈有段距離。護士長本能地用拳頭壓住撕裂處，我則繼續撐開牽開器，血終於止住。英格里希醫師又用點滴注射器灌入一單位的血，讓老太太的血壓回升到八十毫米汞柱。支援的刷手護士分好了連接心肺機的幾條長塑膠管，等我們準備好就能用。不過目前心臟露出的部分太小，還用不上心肺機。我必須先把血淋淋的破孔縫合才行。身為外科住院醫師，我縫過皮膚、血管和內臟——但就是沒縫過心臟。

護士長告訴我要用什麼縫線，還說最好用連續縫法，而不是一針一針縫。這樣比較快，密合度也更好。「結不要打太緊，」她還補充：「否則縫線會把肌肉切穿，她太脆弱了。快開始吧，這樣也許還能在帕內特過來擰下你腦袋之前縫完。」

難就難在心臟每跳一下，血液就從右心室湧出，要縫得精準真不容易。此時，我的手套外在滴血，手套內則在滴汗，幾乎不可能好好縫合。

英格里希醫師見狀，大聲說道：「用去顫器！讓心臟停跳兩分鐘。」

去顫器是一種電擊裝置，會造成一般我們絕對不想看見的情況——心室纖維性顫動，也就是心臟不再泵血，單純顫動，導致血液在正常體溫下流不進大腦。在四分鐘內，大腦就會開始受損。

英格里希醫生要我放心：「只要兩分鐘後再去顫就行了。如果到時候還沒縫好，我們就再等個兩分鐘，再讓它顫動。」

我感覺自己像個傀儡，由一群經驗老道的人在背後操控。我完全沒異議，於是將去顫器的電極接上我能看見的肌肉，由英格里希醫師打開開關。心臟隨即停跳，開始顫動，我用最快的速度開始縫合。此時，帕內特先生出現在手術室門口，看著監控儀上正處於心室顫動，已經做好最壞打算。但我頭也沒抬，只顧著繼續縫合。等英格里希醫師宣布兩分鐘時間到時，我已經快縫完裂口了。我繼續縫到第三分鐘。破孔終於縫合完成，只剩最後的打結。

我把去顫電極板盡可能貼近心臟，邊開口說：「去顫。」什麼動靜都沒有，原來電極板根本沒接上機器。這不打緊。時間一秒一秒過去，然後傳來了我期待的「滋」的一聲。心臟靜止了一下，接著又恢復顫動。

帕內特穿著一身瀟灑的西裝和戶外鞋，從門外大步走了進來，沒戴手術帽，也沒戴口罩。他看了看覆蓋巾下顫動的心肌，下達了理所當然的命令：「電壓加大。」又是一聲電流聲。心臟去顫了，精力旺盛地跳動起來。

帕內特露齒一笑，然後問我：「維斯塔比，有什麼要跟我說的嗎？你應該知道二尖瓣不在右心室吧。我還以為你很聰明呢。」說完，他向護士長眨了眨眼，跟大家宣布他要去喝下午茶了，別讓維斯塔比幹蠢事。

我把嚇飛的魂收回來，評估一下狀況，打上最後的結。即便被我折騰了一番，這顆心臟看來還算運作無虞。我的手術服沾滿了血，布羅克勛爵的靴子上也都是，大理石地板上也積了一灘，但病人的血壓恢復正常了。今日一戰，我們贏了。

我看向護士長，只看得見口罩上方那對沉著的藍眼睛。我伸手握住她沾滿血跡的橡膠手套，感謝她救了病人，也救了我。等帕內特先生回來接手時，除了挖苦我在心臟正面多縫的針腳外，彷彿什麼都沒發生。我很想對他大吼：「你為什麼不告訴我這是他媽的再次手術？」但我意識到，他大概根本不記得，畢竟老太太上次門診已經是幾個月前的事了。

手術其餘的部分都很順利。英格里希醫師和體循師繼續他們的棋局，我拿著抽吸器，帕內特切除畸形的二尖瓣，換上「球塞閥式」的人工瓣膜。然後就是一堆縫合工作。

外科住院醫師的一天是沒有止境的。那晚我坐在加護病房等老太太醒來，心急如焚地希望她沒有腦損傷，同時思索著，要是她出血過多、死在手術台上，我會有什麼感受。我還有勇氣繼續這條路嗎？還是我的外科生涯會在這一天終結？功成名就跟一敗塗地，兩者的界線是如此細微。但我熬過來了。現在我只希望她快點醒來。

老太太的丈夫和女兒在床邊守夜。她丈夫問我手術是否順利，我只圓滑地說：「是的，相當順利。帕內特先生的技術很好。」完全沒提自己搞砸的事。

老太太彷彿聽見我的要求，張開了眼睛，我大大鬆了口氣。她的丈夫和女兒一下子都站了起來，想讓還插著呼吸管、只能盯著天花板的老太太看見他們，並伸手握住了她。那一刻，我領悟到：對我來說，心臟手術也許會成為每天的工作，但對病人和他們的親屬而言，這種驚心動魄的事，一輩子可能就這麼一次。我一定要善待病人。

◆

心臟外科就像流沙，一旦踏入其中，就會越陷越深。我每次離開醫院都得天人交戰一番，深怕錯過什麼特殊情況。我會坐在林肯先生那些病嬰的小床旁，無休無止地聽著監控儀的嗶嗶聲，提防血壓下降，再想辦法讓血壓回升，希望血不會再滴進引流管。

下一場大災難很快就接著發生了。聖誕節前夕某個週六夜，我們一幫住院醫師在員工餐廳吃完晚飯後，跑去酒館小酌。由於布朗普頓醫院沒有急診部，晚上鮮少有緊急手術，週末就更少見了。正當幾杯啤酒下肚，值班總機通知我們，一架美國空軍的噴射機正從冰島起飛，載著車禍受傷的年輕男子。他的主動脈壁撕裂，帕內特先生在趕來手術的路上。這下糟了，問題不只是病情，也包括酒精。倒不是喝進多少的問題（我們已經很習慣了），而是一場四小時的手術，會有多少尿的問題。要躲也躲不了，因為帕內特需要兩個助手。我根本不可能在膀胱要爆炸的情況下集中注意力，但我也不想像個怯懦的學生舉手說要去廁所，那樣太丟臉了。

就在資深住院醫師去安排手術室時，我仔細考慮了幾種可能的作法。不如在手術期間接一根導尿管和引流袋吧？但我實在不太想親自幫自己插導尿管，也不想忍受站著的時候腿上綁著一袋尿的那種不適。這時，我突然想到：有布羅克勛爵的手術靴啊！一隻靴子就裝得了一、兩品脫的液體，再加上保羅管（Paul's tubing，過去給失禁男性導尿用的薄壁橡膠管），就不會像幫自己插導尿管一樣，容易膀胱感染了。

我跑到病房去找管子。這種管子是一整捲的，切下適當的長度就行，對我來說就是內側的腿長。找到管子後，我立刻前往外科醫師的更衣室，想在主刀醫師出現前準備就緒——按照慣例，穿好白色手術靴、備好手寫板，這回還有膠帶固定好的管子。我剛準備完畢，從希斯洛機場趕來的救護車呼嘯而至，比預期的早了許多。那些噴射機真夠快的。

午夜時分，我們已經下刀切開男子左側的肋骨，很快就面臨出血。帕內特從聖誕派對被叫回來，情緒暴躁。如我所料，啤酒很快就發揮了作用，我的同事開始焦躁難安，不停移動腳的重心，注意力也開始渙散。最後他只能請求去廁所，我於是補上了第一助手的位置，還故意大聲咳嗽，掩飾靴子裡發出的不尋常聲響。儘管右腳的手術靴越來越滿，但膀胱沒覺得不適，所以他回來後，我也沒換下位置。再過二十分鐘，那位資深住院醫師又忍不住去上了趟廁所。

這時，病人已經度過了危險期，帕內特卻發起怒：「他有什麼毛病？剛剛是在酒館嗎？喝酒了？」

「帕內特先生，我真的不知道。我整個晚上都在圖書館讀書。」我這麼回答，一邊等著天打雷劈。但什麼都沒發生。

「很好，維斯塔比。」帕內特說：「你來關閉胸腔，換他來協助你。下禮拜一見。」我處理掉證物，然後陪那位年輕病患回到加護病房。沒人知道發生了什麼。

反正也睡不著了，我索性坐在小兒科加護病房裡喝咖啡，一邊跟護士們聊天，一邊看著躺在舒適保溫箱的小小人類在聖誕夜裡掙扎求生。身為外科實習醫師，儘管我們全部都長期睡眠不足，但睡覺這件事沒什麼讓人興奮的。那是偶爾某個週末才有的奢侈。我們是腎上腺素成癮者，依賴持續的亢奮感維生；我們渴望行動，應付難題——從病患出血到心搏停止，從手術室到加護病房，從酒館到派對。

睡眠不足，鞏固了外科醫生的心理病態——對壓力免疫，勇於冒險，再扣掉同理心。我就這樣，一點一點加入了這個入會限制嚴格的俱樂部。

第四章
村童奧斯林

天才是百分之一的靈感，
加百分之九十九的汗水。

——湯瑪斯・愛迪生（Thomas Edison）

一九七九年十月，當時我是倫敦北部黑爾菲爾德醫院胸腔外科團隊的資深住院總醫師。每個接受心臟外科訓練的人，都必須學會操作肺部和食道的手術，這表示得面對癌症，這會讓我心情非常沮喪。很多時候，癌細胞早就擴散到身體其他部位，而大多數病人的預後都很不樂觀，他們自己也深陷沮喪中。何況，這類差事還往往單調乏味，能做的選擇總是殘酷：不是切除半顆就是整顆肺，看是左邊還是右邊；不然就是切除食道上半部或下半部。這些手術各做過上百次後，就沒什麼興奮可言了。

偶爾會出現一些比較有挑戰性的病例。馬力歐是四十二歲的義大利工程師，在沙烏地阿拉伯參與重建工作。他是個親切顧家的男人，為了賺夠錢買房才到當地工作，在吉達郊外的某座大型工業園區，頂著沙漠的高溫日以繼夜地勞動。然後，大難來了。某天他在一處封閉區域工作時，大型鍋爐無預警爆炸，空氣中瞬間充滿高壓蒸氣。蒸氣灼傷了他的臉，也燒傷了氣管與支氣管內壁。

爆炸的衝擊讓他險些當場喪命。灼傷的組織已經壞死，而壞死的膜從支氣管內壁脫落，這些碎片會造成阻塞，必須用傳統的硬式支氣管鏡清除。那是一根前端有燈的黃銅長管，從喉嚨深處穿過喉頭，一路深入病人的氣道。

為了防止馬力歐窒息，幾乎天天都得清除碎片，從喉頭插入再拔出支氣管鏡的工作變得越來越難。很快地，他的喉頭就傷痕累累，支氣管鏡穿不過去，需要進行氣管造口術，也就是在頸部開個洞，讓他可以呼吸。然而，壞死的支氣管內壁很快又被發炎組織取代，大量細胞像水管裡的水垢一樣，開始堵住他的氣道。他無法順利呼吸，病況也不斷惡化。

我接獲吉達那邊的來電。照顧他的燒燙傷科醫師解釋了他危急的病況，想知道我們有沒有建議。我唯一的建議，就是把他送到希斯洛機場，我們再看看能做些什麼。建築公司支付了運送傷患的費用，隔天病人就到了。當時，我老闆已經處於職涯晚期，樂得放手讓我做，只要我有信心應付。我可是天不怕地不怕哪。但這對一個中年男子來說，完全是場災難。我提議跟老闆一起檢查他的氣管，想辦法擬出治療方案。

馬力歐的樣子讓人怵目驚心。他大口喘著氣，氣切管不斷湧出感染的泡沫，發出可怕的咕嚕聲；嚴重燒傷的臉變得深紅，壞死的硬皮片片脫落，滲出血清。在裡外都灼傷的情況下，整條氣管都被脆弱又血淋淋的組織堵住，讓他幾乎要窒息。能夠麻醉入睡，對他而言是種解脫。

在他陷入昏迷之際，我先從頸部的造口吸出帶血的黏液，再把呼吸器的管子接上氣切管，開始擠壓黑色的橡膠氣囊。因為呼吸道受阻，他的肺部很難順利擴張。我決定嘗試傳統途徑，把硬式支氣管鏡從聲帶和喉部穿入。這麼做猶如吞劍，只不過是沿著氣道，而非食道。

我們需要完整觀察整條氣管，以及左右兩根主支氣管。為此，必須讓病人的頭仰到合適的角度，才能看清喉部後面的聲帶。動作也要非常小心，以免撞掉他的牙齒。過去，這種技術甚至會用在剛做完肺部手術、狀態清醒的病人身上，我常要親自幫病人把氣道吸乾淨，因為理療師總是人手不足。雖然過程煎熬，但總比讓病人活活嗆死來得好。

我小心地將硬式支氣管鏡繞過牙齒，沿舌頭後方向下探看，確定那塊吞嚥時保護喉頭入口的小軟骨，也就是「會厭」的位置。用支氣管鏡掀開軟骨尖端，應該就會看到兩條閃著白光的聲帶，中間有條垂直的縫隙。那就是進入氣管的通道。做肺癌切片或是取出卡在氣管的花生時，都要做這種手術，我已經操作過幾百回了。但這次，病人的喉頭燒傷，聲帶發炎腫脹得像香腸，支氣管鏡根本沒辦法插入。馬力歐只能完全依賴氣管造口呼吸。

我將支氣管鏡擱在馬力歐的牙齒上，維持不動，站到一邊讓老闆瞧瞧情況。他搖搖頭，咕噥道：「再試試看用力往下推。我想再糟也就是這樣了。」

我對準聲帶中間裂口的位置，用力把支氣管鏡推進去。腫脹的聲帶分開了，支氣管鏡撞到了氣切管。我們將呼吸器接到支氣管鏡的側邊，拔掉氣切管。一般情況下，可以一路看到整條氣管分岔成兩根主支氣管，但在這個病例中根本不可能。他的氣道幾乎被增生的細胞組織堵死，所以我用抽吸器吸出血液和剝落的組織，繼續小心地推進支氣管鏡，同時透過支氣管鏡前端打入氧氣。我一心祈禱著能看清楚燒傷的範圍，最後終於在兩根主支氣管的中段，看到了正常的氣道壁。但此時，受創的內壁開始滲血。

馬力歐鮮紅的面孔已經開始發紫，隨著時間越變越青。於是老闆接手，順著管子向下查看，時不時插入長長的支氣管鏡，希望能看清楚點。情況岌岌可危，我們卻找不到立即的解法。人無法呼吸，就會死。幸好過了一陣子，血漸漸止住，氣道在清除掉堵塞物之後，比之前通暢了許多。我們重新插入氣切管，再次接上呼吸器。他兩側的胸部仍有起伏，肺部也都能正常擴張。雖然這已算是一次勝利，但我們都不確定，接下來究竟能怎麼辦。我和老闆都認定，馬力歐的前景嚴峻。

過了兩天，馬力歐的左肺塌陷，我們又重做了一遍同樣的手術。情況一樣糟糕。那些組織依舊繼續增生，接上呼吸機的他雖然完全清醒，卻非常痛苦。

窒息，是最慘的死法。我不由得想起被甲腺癌勒殺的外婆。醫生告訴她需要做氣管造口術，到頭來卻只能放棄，於是她只能背靠東西坐在床上，沒日沒夜地艱難呼吸著。我也記得，自己曾想盡辦法幫她。為什麼不能把管子再往下推一點，推過阻塞的地方呢？為什麼氣切管不能做得長一點？雖然這些想法都很簡單，大家卻總是告訴我，那行不通。

根據我透過支氣管鏡看到的情況，馬力歐的狀況和外婆如出一轍。他需要可以疏通整條氣管和兩根主支氣管的東西，否則幾天內他就會死。我們沒辦法繼續用支氣管鏡疏通氣道，這不是長久之計。死神就快得逞勝出，差不多要揮鐮刀了。

我抱持著一如既往的樂觀，開始思考是否還有其他辦法。能不能做一根可以繞過受損氣道的分岔管？老闆認為不行，因為管子會被分泌物堵住；如果可行，應該早就有人用在癌症病人身上了。但我又有了別的想法。美國麻州波士頓的胡德實驗室（Hood Laboratories）公司，做過一種叫做「蒙哥馬利式T型管」（Montgomery T-tube）的矽膠製氣管，側邊帶有造口分支，是以發明它的耳鼻喉外科醫師命名的。或許我應該聯絡他們，說明一下我碰到的問題。

當天下午稍晚，我替馬力歐做支氣管鏡檢查時，順便測量了從氣管延伸到兩條主支氣管所需的管長，當晚就致電胡德實驗室。那是間規模不大的家族企業，但相當樂於助人。雖然據說從來沒人這麼試過，但他們還是答應要幫忙製作合適的分岔管。他們聽說情況迫切，不到一週就寄來了管子，連發票都沒附，說是很樂意協助這樣的特殊病例。現在，得想辦法把管子放進去。

我得透過導線，同時將分岔管的兩端塞進兩個主支氣管。但導線太鋒利，可能劃破柔軟的矽膠，我需要又鈍又不會造成損害的替代品。我們以前會用彈性橡膠探條擴張食道狹窄的部位，拿兩根最細的探條，應該伸得進這條「T-Y管」（帶Y型分支的T管），順利進入兩邊的分岔。我可以將兩根探條推進受損的氣管，再分別推進主支氣管中，讓管子順利塞到定位。我把整個技術步驟一一畫下來，拿給其他的胸腔外科醫師看。大家一致認為，沒別的辦法了。如果不出什麼瘋狂新招，馬力歐必死無疑。

隔天，我們將馬力歐送進手術室，拿掉氣切管，將支氣管鏡從燒傷的喉部插入。這次我想盡辦法減少出血的情況。我們透過外科手術的方式增大氣管造口，以便放進T-Y管，然後直接透過支氣管鏡所見，將探條插進左右主支氣管，同時強力灌送純氧。目前為止，一切順利。我用K-Y潤滑劑[1]潤滑矽膠管，硬將他往下塞進去。T-Y管的分岔管在氣管分岔處展開，我一直推到無法再推進為止。管子定位了。這比性愛還棒。我老闆放手一搏，把支氣管鏡抽回喉部。

接著，他像個愛爾蘭佬那樣驚聲大喊：「天啊，你瞧瞧！維斯塔比，你真

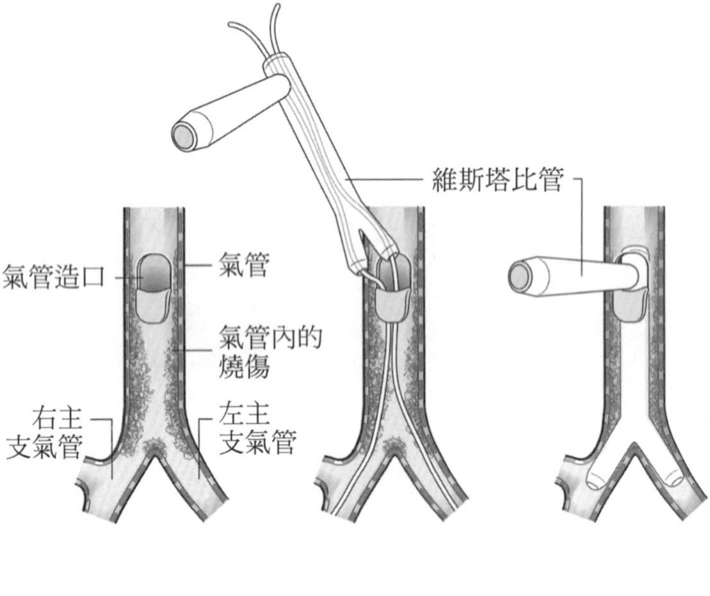

維斯塔比管插管術

是他媽的天才。」一根乾淨的白色矽膠管取代了這條破碎不全的氣管，Y型分岔的位置也恰到好處。管子沒有彎折，也沒有壓縮，再往下就是乾淨健康的氣道。

這時，馬力歐因為缺氧開始臉色發青。我們都激動到一時忘了給他通氧氣，於是立刻開始用力送進氧氣。幸好，如今透過寬敞的矽膠氣道，送氣變得輕而易舉。這真是完全出乎意料。我們不知道這方法能維持多久，只能等待時間來證明了。一切取決於馬力歐是否有足夠力氣，能透過到管子把分泌物咳出來，還有我們能否透過分支管吸出分泌物，同時為他送氣。他的喉部與聲帶的腫脹消退後，我們就會用橡膠塞把分支管封起來，讓他能夠透過自己的喉頭呼吸，甚至開口說話。雖然仍有太多未知，但至少馬力歐目前是安全的。他能呼吸了。十五分鐘後，他醒了過來，症狀緩解了許多。

這個點子奏效，我本應激動興奮，但卻沒有。當時我的心境艱難。我有個漂亮的寶貝女兒潔瑪，但我沒能跟她住在一起，卻住在醫院裡。這件事在內心不斷折磨著我，為了補償，我瘋狂動手術，幾乎是逮到機會就開。我總處在待命狀態，但其實是像著魔似地停不下來。

另一方面，馬力歐復原狀況良好，儘管沒有聲音的生活仍然艱難。他能從管子裡咳出分泌物，確保呼吸道暢通（原先所有人都認為不可能），最後還回到義大利和家人團聚。胡德公司開始大量製造這種T-Y型支架，還將它命名為「維斯塔比管」，這倒讓我欣慰。我們常將它

---

1 譯注：水性潤滑劑，常為性愛之用。

用於肺癌威脅導致下氣道堵塞的病人，避免他們遭逢我外婆當年被迫忍受的可怕窒息感。為什麼當初外婆需要協助，而我為此痛苦時，沒人能這麼做呢？

我從未確切曉得「維斯塔比管」生產了多少副，不過它在胡德公司的產品清單中，倒是存在了多年。我最初的設計稿也被刊登在某本胸腔外科期刊裡，作為其他醫師的指南。在我從事胸腔外科的那段期間，也持續利用它解決複雜的氣道問題，通常作為放射療法或癌症藥物讓腫瘤縮小前的臨時手段。這是我外婆留給後世的遺產。後來，我迎來一個罕見的機會，得以將這種人工氣道與我使用心肺機的專長結合。

一九九二年，我受邀到開普敦參加一場會議，慶祝巴納德（Christiaan Barnard）醫師完成世界首例心臟移植手術的二十五週年。會議上，知名的小兒心臟外科醫師沃斯洛（Susan Vosloo）拜託我看看一名兩歲病童，他已在紅十字兒童醫院住了好幾週。小病童奧斯林住在開普敦機場與市區之間那片雜亂蔓延的貧民窟，鐵皮屋、木棚與帳篷密密麻麻地佔滿整片土地，飲用水混濁無比，幾乎毫無公共衛生設備。儘管如此，小奧斯林依然樂觀，金屬油桶、鐵罐和幾塊木頭就是他的玩具。對他而言，生活不過如此。

有一天，他家那顆老舊失修的瓦斯鋼瓶在鐵皮屋裡爆炸，大火引燃了牆壁和屋頂。爆炸讓奧斯林的父親當場喪命，奧斯林的臉和胸部則嚴重燒傷。更慘的是，他也吸入了爆炸產生的灼熱氣體，就跟馬力歐一樣。紅十字兒童醫院的急診部門及時搶救了他的生命，在他窒息前插管並接上呼吸器，之後又用靜脈輸液和抗生素處理他的燒傷。這小傢伙或許熬得過皮外傷，但嚴重灼傷的氣管和主支氣管卻會要了他的命。若沒有反覆用支氣管鏡清除壞死組織與分泌物，他注定因窒息而死。此外，他的臉還嚴重損毀，幾乎完全失明，無法吞嚥食物，只能吞下自己的唾液，所以必須依靠直接通入胃部的管子進食流質食物。

蘇珊恰巧在某篇期刊文章裡，讀到馬力歐的故事和我設計的管子。雖然奧斯林的體型小很多，但她仍想知道，我們是否能幫上忙。第一次見到這個小傢伙時，他身穿亮紅色的汗衫，一頭黑髮又密又捲，正背對著我，用兒童腳踏車推著自己在病房裡繞。蘇珊叫了他一聲，他轉過頭——一看到那張臉，我嚇呆了。他前面的頭皮一根頭髮也不剩，也沒有眼皮，只剩白色的鞏膜和嚴重燒傷的鼻子與嘴唇。脖子上滿布氣切管造成的攣縮型疤痕，發出的聲音教人揪心——厚重的痰液在呼吸道中嘎啦作響，先是長長的吸氣雜音，然後是刺耳的尖銳呼氣聲。這比恐怖電影還可怕，悲慘得不可思議。我腦中第一個念頭是：「可憐的孩子，他不如跟爸爸一起死了，那樣還仁慈一點。」

奇妙的是，他看起來很快樂，畢竟在爆炸之前，他從來沒擁有過腳踏車。我跪在地板上和他說話。他直直盯著我，不過因為角膜混濁，我很難分辨他是否有看清我的臉，於是牽起了他小小的手。這樣的討論沒什麼客觀可言，因為就算不確定怎麼做才能幫他，我都非幫不可。我們會想出辦法的。

當時我已經是牛津的心臟外科主任，必須趕回醫院做手術。開普敦也沒有「維斯塔比管」，就算有也無法植入，因為成人的尺寸太大了。我能不能說服胡德實驗室做個小一點的？大概沒問題，不過眼前的時間不夠，要是奧斯林在接下來的兩週內感染肺炎，那必死無疑。

我隔天就要飛回希斯洛機場，所以我沒去開普敦港吃午飯，而是問蘇珊能不能帶我去看看奧斯林住的貧民窟。開普敦向來是我最愛的城市，但那是我從未見過的一面——一個需要武裝隨扈才能穿越的地方，千畝貧困與墮落交織的土地。我打算幾週後帶著氣道管與完整的手術計畫回來，飛行時間就是用來想這些的啊。我快速在腦海裡釐清策略，班機都還沒著陸希斯洛，我就已經擬好了手術的細節。

三個禮拜不到，我又回到了紅十字兒童醫院。此前他們就已經發起幫助奧斯林的募款活動，想要支付我的費用。但這都不重要。我得幫這個小男孩，因為全世界沒有一個孩子該受那樣的苦。我想，數千名越南兒童也因為汽油彈而飽受同樣的苦吧，但我沒見到他們。而我現在知道奧斯林這個小傢伙了，我必須關心他。紅十字兒童醫院的所有醫師和護士都在乎他。搞不好整座開普敦市都在乎他。機場計程車要開到市區時，我看到一根根路燈的新聞公告欄大肆寫著「英國醫師飛來拯救垂死的村童」。真讓人「沒壓力」啊。

我在醫院第一次見到奧斯林的母親。瓦斯桶爆炸時，她在上班，此刻顯然非常消沉。她完全沒說話，倒是簽了就連我都不懂的手術的同意書。

隔天上午我們動了手術。我事先將成人用的氣道管做了修整，縮短了兩側支氣管的管臂、氣切的T型接頭，以及要插在聲帶下下方的上端部分。但即使如此，這支已經修剪過的成人氣道管，對於兩歲病童布滿疤痕的氣管來說也還是太大。我的目標是以這根管子為中心，重建他的主要氣道。如果成功，他的氣道會比爆炸意外之前還寬敞。

顯然在重建手術期間，他無法自行呼吸，我們也沒辦法給他送氣，所以我們決定讓他接上心肺機進行手術。也就是說，我們要像動心臟手術那樣切開他的胸骨。難就難在要從胸前的切口進入整根氣管和主支氣管，這些正好位於心臟和大血管的後方。

此前，我已經在牛津的解剖室拿一具大體演練過一遍了。在主動脈和緊鄰的腔靜脈繞上一條懸帶，就能將這兩條大血管拉到一邊，看到心包囊的後方，就像拉開窗簾、望著外面的樹那樣。接著，只需在這兩條血管之間劃一道垂直切口，就可以看到下半部氣管和左右主支氣管了。

我的計畫是切開這些受損的氣道，放進剪短的T－Y支架。接著我們就修補切開氣道的正面，取奧斯林心包的一片，蓋住支架。這就像是在夾克袖子的手肘破損處縫一塊補丁，簡簡單單。氣道應該會在管子周邊癒合，也許等組織恢復完畢並在矽膠周圍定型後，就能移除人工支架了。總之，這就是我的計畫，或許用比較實際的講法是「幻想」吧，但眼下沒有更好的辦法了。

我們從奧斯林喉頭下方的頸部開始下刀，一路切到胸骨下端那塊軟骨。因為奧斯林無法進食，消瘦得幾乎沒有脂肪，骨鋸一切就切穿了骨頭，鋸開了整個胸骨。我切除多餘肥軟的胸腺，進入發炎氣管的上半部，整個過程都透過氣切管為他送氣。在拿掉氣切管、讓氣道其餘部分露出來之前，必須接上心肺機。金屬牽開器撐開他那布滿疤痕的小小胸腔，這下纖維心包可見的部分變多了。我切下了心包的正面部分，之後要用來補氣管。此時，我看見他小小的心臟正快樂地跳動著。能見到一顆正常兒童的心臟實屬罕見，因為我看到的大多數都是畸形且掙扎跳動的心臟。

準備要切開氣管之際，我們啟動了心肺機。這樣肺臟就暫時不需要運作，可以把受污染的氣切管拿出乾淨的開刀房。透過造口，內部嚴重受損的情況一目了然。可憐的奧斯林一直靠著一根污水管呼吸。我用電刀切開整條氣管，再繼續往下切開兩條主支氣管，切到能搆到的最低位置，終於看到正常的呼吸道內壁。大量濃稠的分泌物從堵塞的氣道中湧出，我們接著刮除內壁的組織，不出所料，引發大量出血。

不過，我們用電烙的方式止住出血，再來就塞入那根閃亮潔白的T、Y管，同時把奧斯林的心包切片蓋在上面。我最後一次調整矽膠管的長度，確定長度剛好，然後把心包切片縫定位，封住植入的支架。一定得封成氣密狀態，否則呼吸機就會把空氣送進頸部和胸腔的組織裡，讓他像米其林寶寶那樣膨脹起來。接上那條嶄新光亮的氣道管後，我們開始用呼吸器為他的小肺部送氣。沒有漏氣。兩側肺部都能正常充氣與回縮。整間手術室瀰漫著興奮的氣氛，因為這項高風險的策略，正在發揮效用。

奧斯林的心臟脫離心肺機後怦怦搏動，肺正常運作，所需的呼吸機壓力也比之前小很多。我們的麻醉醫師喃喃說道：「難以置信。我從沒想過這竟然真的能成功。」我縫合心包後壁，蓋住修補處，吩咐住院醫師放置引流管，關閉切口。

透過手術室的窗戶，可以看見奧斯林的母親就坐在等候室，依然毫無表情，憂懼到身子僵硬。我原本預期她對我們的消息會有很直接的反應，但她的心早已被掏空，再流露不出如釋重負的情緒，只是伸出手，緊緊握住我的手，輕聲說：「願上帝保佑你。」語畢，眼淚順著她凹痕滿布的臉頰蜿蜒流下。我祝願她未來的日子能好一些，不論以什麼方式。

加護病房很高興奧斯林能回來。裡面大多數的病人都是來自貧民窟、接受心臟手術的孩子，其中有些護理人員自己也生活在那樣的環境裡。他們照顧奧斯林和他消沉的母親好幾個禮拜，眼睜睜看著兩人一天天惡化。如今，這位「英國醫生」飛來拯救「貧民窟的男孩」，成功完成任務。我很自豪。現在是時候像電影裡的英雄那樣，朝著落日騎馬而去啦。

奧斯林恢復健康，能透過白色矽膠管自由呼吸了。雖然還是沒辦法說話，但他又繼續做了角膜移植手術。既能呼吸，也看得見，他已別無所求。這個小家庭搬進了市郊比較好的社會住宅裡，雖簡陋卻乾淨，也比較安全。胸部感染可能會要了他的命，所以手術過後的前幾個月，我還是時時和開普敦那邊保持聯繫。奧斯林術後狀況很好，他的母親靠著抗憂鬱藥，也過得更好了。就這樣，我沒有再打電話。

過了十八個月，我收到紅十字兒童醫院寄來的一封信。奧斯林被人發現死在家裡，死因無人清楚。有時候，人生他媽的就是件破事。

第五章
無名女子

我夢見我的小寶寶又活過來了。之前只是體溫冷，我們挨著火搓她的身體，她就活過來了。醒過來之後，我發現根本沒有寶寶。

——《科學怪人》（*Frankenstein*）作者瑪麗・雪萊（Mary Shelley）

那女子美得教人難忘，炙熱的雙眸如同雷射，連沙漠的酷熱（白天高達攝氏五十度）都遠遠不及。她注視著我的眼睛，眼對眼、瞳孔對瞳孔、視網膜對視網膜，直接向我的大腦皮層傳遞了訊息。當她抱著一捆破爛的嬰兒包布站在那，我完全明白了她的意思：「請救救我的孩子。」但她從未開口。沒跟我們任何一個人說過話。從來沒有。我們甚至連她的名字都不知道。

那是一九八七年的沙烏地阿拉伯王國。當時的我年輕無畏，自認所向無敵，自信遠過了頭，而且剛被任命為牛津的主治醫師。既然如此，我為何會在沙漠裡？因為心臟手術是要燒錢的。雖然我們努力在牛津創立新的心臟中心，還把排隊的病患都處理一空，但年度預算卻在五個月內就被燒光了，管理部門於是關閉了我們的中心。倒楣的還是病人哪。院方告訴心臟內科醫師，還是把病人轉送回倫敦吧。

就在我被禁止進手術室的前一天，接到沙烏地阿拉伯一家聲譽卓著的心臟中心打來的電話。他們的服務範圍是整個大阿拉伯地區。由於主刀外科醫師要請三個月病假，正在尋找能處理先天性以及成人心臟手術的代班醫師，這有如大海撈針。當時我並不感興趣，但隔天我就改變了主意，三天後便登上了飛機。

時值賈瑪迪二月（Jumada al-thani），即中東的「第二個乾燥月」。我從未體驗過那樣的熱，熱得灼人且沒完沒了，伴隨著炎熱的夏馬風（shamal），將沙塵吹進城市。不過，那間心臟中心確實優秀，同僚集結了各方人馬：海外受訓歸來的沙烏地阿拉伯男人、來自各大醫療中心輪調汲取經驗的美國人，還有從歐洲和澳大拉西亞地區重金聘來的醫師團。

護理工作就不太一樣了。當地的女性不當護士，因為這個職業得接觸異性，被視為文化禁忌，人們會質疑與蔑視。因此，所有女護士都是外國人，而且大部分只簽一、兩年的合約。她們享有免費食宿，不必繳稅，存夠錢繳付家鄉那難以支應的房貸後就會離開了。代價就是不能開車，在公車上只能坐後排，在公共場合還必須遮蓋全身。

我迷上了這個新環境：從清真寺宣禮塔反覆傳來的禮拜宣告，醫院四處縈繞的檀木、焚香和琥珀的誘人氣息，阿拉伯咖啡在平底鍋上烘烤或和豆蔻一同煮沸的香味。那是截然不同的生活，必須謹言慎行。這是他們的文化、他們的規矩，違規的代價可能非常嚴重。

這工作還提供我一個獨一無二的機會，就是為所有想像得到的先天性心臟異常病例動手術。從窮鄉僻壤轉送到這裡的年輕風濕性心臟病患者多到數不清，他們大多都無法取得西方世界習以為常的抗凝血劑療法或藥物。農村醫療還停留在中世紀，我們得用創新和臨時湊合的方式修補他們的心臟瓣膜，而不是用人工醫材置換。我記得當時的我還心想：每個心臟外科醫師，都應該來這裡歷練一番才對。

某天早上，一位年輕聰明的小兒心臟內科醫師到手術室找我。他來自梅約診所，是美國明尼蘇達州一間世界知名的醫學中心。他開口就說：「有個很有趣的東西，你想看看嗎？我賭你絕對沒見過。」接著又說：「可惜了，我想你大概也沒轍。」我病例都還沒看，就下定決心要證明他錯了。因為對外科醫師而言，罕見的病例永遠是種挑戰。

他一把將X光片貼在燈箱上。在一般的胸腔X光片上，心臟不過就是個灰色陰影，但在受過訓練的人眼裡，陰影也能透露訊息。顯然這病例是個幼童，心臟肥大還長錯邊，是一種名為「右位心」（dextrocardia）的罕見異常現象，而正常的心臟位於左側。此外，他的肺部還有積液。但光是右位心並不會造成心臟衰竭。肯定還有其他問題。

這個興致高昂的梅約心臟內科醫師在測試我哪。他已經幫這個十八個月大的男童做過心導管檢查，知道答案了。為了賣弄，我提出了一個頗有見地的猜測：「在這個地區，有可能是魯滕巴赫症候群（Lutembacher's syndrome）。」這顆右位心的左右心房之間有個大孔，再加上風溼熱讓二尖瓣變窄，這罕見的組合會讓肺部充滿血液，但身體其餘的部分卻缺血。梅約男很佩服，但我還沒完全說中。

他接著說，要帶我去心導管室看血管攝影（在血流中注入染劑，再用X光影片釐清解剖結構）。這時我已經對他的測試厭煩透頂，但還是跟著去了。在男童的左心室主動脈瓣下方，有個危險的巨大腫塊，幾乎截斷了循環身體的血流。我看出這是個腫瘤，而且無論良性或惡性，這男嬰都活不了多久。我能摘除這腫瘤嗎？

在此之前，我從來沒見過在右位心動的手術。見識過的年輕外科醫生很少，大部分大概一輩子都見不到，不過我倒是很懂兒童的心臟腫瘤。我曾經以此為題，在美國發表過一篇論文，這位梅約醫師也讀過。因為這樣，我在沙烏地阿拉伯成了這方面的專家。

嬰兒身上最常見的腫瘤，是異常心肌和纖維組織構成的良性腫塊，就是所謂的「橫紋肌瘤」，通常與一種會導致癲癇發作的大腦功能異常有關。沒人知道這可憐的男嬰是否遭受癲癇之苦，但他肯定會因為這顆阻塞的心臟而不久於人世。我詢問男嬰的年齡，以及他的父母是否了解病情的嚴重性。就這樣，悲劇的故事被揭露出來。

紅十字會在阿曼和南葉門的邊境發現男童和他年輕的母親時，他們已經奄奄一息。在灼人的高溫下，兩人都虛弱不堪、全身脫水，幾近虛脫。顯然她是背著兒子穿越葉門的沙漠與山區，心急如焚地尋求醫療救助。他們被空運送往阿曼的馬斯喀特軍事醫院。她沒有其他東西能餵兒子，因此還是想辦法哺乳，但一滴奶水都不剩了。男嬰接受靜脈輸液後開始呼吸困難，被診斷為心臟衰竭；母親則因為骨盆腔感染，出現嚴重腹痛，併發高燒。

葉門是法外之地。那個母親曾遭遇強暴、虐待和殘害。而且她還是非洲人，不是阿拉伯人。紅十字會猜想她是在索馬利亞被綁，被帶到亞丁灣另一頭當奴隸賣掉。但有件離奇的事，讓他們難以確定事實。這女子從不開口說話。一個字也不說，而且幾乎不顯露任何情緒，對疼痛也毫無反應。

阿曼的醫師看完男嬰的X光片，診斷出右位心和心臟衰竭後，就把他轉到我們的醫院了。現在，那個梅約男好奇我是否能創造奇蹟。我知道梅約有位很棒的小兒心臟外科醫師，叫丹尼爾森（Dr. Danielson），於是試探地問梅約男，那位醫師會怎麼做。

「我猜會動手術吧，」他回答：「反正情況只會越來越糟，也沒什麼損失。」我就知道他會這麼說。

「那好吧，我盡力，」我說：「至少我們會知道這是怎樣的腫瘤。」

關於這個男童，還需要知道些什麼？他不只心臟長錯邊，連腹部器官也換了位置，亦即「器官轉位」（situs inversus）。肝臟在左上腹，胃臟和脾臟則在右腹。更嚴重的是，左右心房之間有個大孔，讓身體和肺靜脈回流的血通通混在一起。也就是說，動脈血液的含氧量是低於正常值的。要不是他是黑皮膚，可能早就被認定為靜脈血直接流進動脈的藍寶寶[1]了。這些情

1 譯注：罹患法洛氏四重症這種常見先天性心臟病的病童，因為臨床上有明顯的低血氧症狀，皮膚、嘴唇和指甲往往會呈現藍紫色，故被稱為藍寶寶。

況，就連醫生都覺得複雜。

在這家醫學中心，錢不是問題。我們有先進的心臟超音波，這在當時可是又新又教人激動的新技術。利用偵測水下潛艇的那種超音波，熟練的操作員便能提供鮮明可辨的心臟內部圖片，測得各阻塞部位的壓力梯度。我在那小小的左心室裡看到了清晰的腫瘤樣貌，表面光滑，圓得像顆雞蛋。我敢確信那是良性的。只要移除，就不會再長回來。

我的計畫是清除阻塞，同時將心臟的孔洞封起來。我滿懷抱負，想讓他恢復正常生理機能。理論上很直接明瞭，但要在一顆前後顛倒又長錯邊的心臟上動刀卻非常艱難，我完全不希望出什麼意外。所以，我做了每碰到棘手情況必做的事：繪製詳細的解剖圖。

這種手術辦得到嗎？我也不知道，但總得試試。就算沒能成功完全移除這顆腫瘤，對男孩也有幫助。但萬一這顆腫瘤是罕見的惡性，他的前景就很嚴峻了。話雖如此，我倆彼此都知道，那是橫紋肌瘤，不會錯的。

是時候見見男孩和他的母親了。梅約男帶我到小兒高依賴病房，男孩還是依賴鼻胃管進食，但他非常厭惡那根管子。他的母親盤腿坐在床邊的地墊上，日夜都守在男孩身邊，從未離開過。

我們一走近，她便起身站了起來。她跟我料想的完全不同——人長得極美，像極了大衛．鮑伊（David Bowie）的模特兒遺孀伊曼（Iman）。一頭烏黑的頭髮又直又長，極瘦的手臂在胸前交叉。紅十字會已經證實她是索馬利亞人，而且由於是基督徒，並沒有遮住頭髮。

她纖長的手指緊抓那綑破布，而那珍貴的破布為她兒子抵擋炙熱陽光，也在寒冷的沙漠夜保暖。在層層襁褓中，露出了一條猶如臍帶的點滴管，連接到點滴架上的點滴瓶，裡面裝滿葡萄糖、胺基酸、維生素和礦物質的乳白色溶液，為了讓男童小小的骨架重新長點肉。

她目光望向眼前這位陌生人，大家口中的英國心臟外科醫師。她微微仰起頭，似乎想保持鎮定，但頸根還是冒出一顆汗珠，滑落到鎖骨凹陷處。體內的腎上腺素氾濫，她開始焦慮了起來。

我試著用阿拉伯語和她交談：「早安，妳叫什麼名字？」她什麼也沒說，只是盯著地板。我賣弄著語言能力，繼續問道：「妳懂阿拉伯語嗎？妳從哪裡來的？」她還是沒回話。最後，我無計可施地問：「妳會說英文嗎？我是從英國來的。」

此時她抬起頭，眼睛瞪得大大的，我知道她聽懂了。她張開雙唇，卻還是沒說半個字。梅約男也說不出話來——我的語言能力讓他目瞪口呆，殊不知我會的也差不多講完了。女子似乎很感激我這麼費心思，肩膀垂了下來。她放鬆了。我想握住她的手表達善意，但在這種情況下，我做不到。

我示意要檢查男童，她同意了，只要還能繼續抱著孩子就好。但一掀開亞麻包布，我大吃一驚。那小傢伙瘦得皮包骨，肋骨根根分明；身上幾乎毫無脂肪，看得見那顆異常的心臟撞擊著胸壁。由於肺部僵硬，他的呼吸急促，突起的肚子都是積液，腫大的肝明顯可見，與正常的位置相反。從他與母親有別的膚色看來，我猜他的父親是阿拉伯人。男孩深橄欖色的皮膚上起滿了莫名的疹子，我在他的眼裡看見了恐懼。

他的母親愛惜地將亞麻包布蓋回他的小臉上。那是她在這世上僅存的東西了，就剩這個小男娃，幾張破包巾和戒指。我忍不住對這對母子心生同情。雖然這是工作，但我被捲進了絕望的漩渦，再也維持不了客觀了。

那時我有個紅色的聽診器，我把它放在男嬰胸上，想辦法表現出專業的模樣。我聽到刺耳的心雜音，那是血液從腫瘤邊硬擠出去，再穿過主動脈瓣流出的聲音，還有濕肺的劈啪聲，甚至空腸道蠕動的聲音。就是些人體的雜音。

接著我問：「妳願意讓我幫妳嗎？」有那麼一瞬間，我以為她回應了。她的雙唇有動作，雙眸緊盯著我。我感覺她輕輕說了聲「好」。我試著跟她解釋，為了男孩的健康，我必須幫他開刀，他們才能過更好的生活。她雙眼泛淚，那一刻，我知道她明白了我的意思。

話雖如此，該如何說服她簽署知情同意書呢？我們找來一個索馬利亞的口譯人員，但她還是沒有回應。在我想盡辦法表達手術複雜的內容時，她依然不為所動。手術的名稱是「右位心之左心室流出道阻塞疏通術」，我還在後面補上一句「高風險病例！」，這樣就不必擔責，起碼從文件來說是如此。我告訴她，這是男孩活下去的唯一機會，只要在同意書上確認就行了。但對她來說，那是自己的全部生命，是她活下去的唯一理由。最後她終於接過筆，在同意書上潦草畫下幾筆，我叫梅約男做見證，自己也簽了名。簽名時我並沒有看著文件，而是直盯她的雙眼，也許在尋求她的同意吧。她的皮膚閃著汗水，腎上腺素在那一刻暴漲，焦慮到全身發抖。

打擾到此為止，我們該走了。我告訴她最好的小兒科麻醉醫師禮拜日有空，所以我會當天動手術，接下來我用英文跟阿拉伯文說再見，讓她知道我有盡力與她溝通。

那是週四下午的事，隔天就是沙烏地阿拉伯的週末，同事們打算帶我去沙漠，逃離城市的沉悶，在夜空下的沙丘露營。車隊在向晚之際，灼人的熱正要開始退去時出發。開出道路盡頭，吉普車鏟著綿延數英里的沙子前行。那裡有個規矩，就是絕對不能只開一輛車。因為如果車拋錨，即使二十英里內有醫院，也可能就此完蛋。

沙漠的夜晚萬里無雲，氣溫寒冷。我們圍著營火坐著，一邊喝私釀酒，一邊觀賞流星。期間，有支貝多因[2]駱駝隊靜靜地從離我們不到兩百碼的地方經過，月光下，他們身上配戴的劍和AK步槍白晃晃的。他們連瞧都沒瞧我們一眼。

我不安了起來，心裡琢磨著那母親究竟是怎麼應付這些的。一邊趕夜路，一邊祈禱能找到白天的掩蔽處，還要帶著水、抱著男童，她的動力幾乎就只有希望吧。我逼著自己，無論到頭來這手術多困難，一定要救這個男童，看著他們強健起來。

這個手術絕不算簡單，我甚至不確定怎麼接近腫瘤。打開左心室的心尖才能接近阻塞處，但這樣會損害左心室的泵血功能。我在腦海中不斷演練手術的步驟，卻總是回到相同的問題：「要是○○的話怎麼辦？」用傳統的外科醫學，根本克服不了這顆右位心的技術難題啊。如果把他送到美國，讓更有經驗的外科醫師動手術，會更好嗎？我不這麼認為。因為他的病理組合

2 譯注：Bedouin，居住於敘利亞、阿拉伯等地帶的阿拉伯游牧人。

獨一無二，八成沒有其他病例。即便其他地方有更棒的團隊，也不會有經驗更豐富的人選。我的團隊夠好了，器材又棒，都是錢能買到的上上之選。既然如此，我不就是最適合的人選了嗎？

就在我抬頭凝望銀河時，突然靈光乍現。有了！我突然想到，有個直截了當、顯而易見的方式，可以接近那顆腫瘤。雖然這想法大膽得離譜，但我已經有了計畫。

禮拜六那天，我介紹麻醉團隊和外科手術團隊相見，一起討論這個病例，同時讓大家看看圖片，了解男童罕見的解剖結構。然後，我一反往常地把男嬰撕心裂肺的故事告訴了大家——通常在幫機會渺茫的病人動手術時，最好不要夾雜個人情緒。每個團隊成員都同意，要是不努力，這男童必死無疑。但大家也都提出了合理的顧慮，擔心在右位心的情況下，無法順利動腫瘤手術。我告訴他們，除了一試，誰都無法得知結果，不過我還是沒透露計畫。

那晚很熱，我難以成眠、思緒飛轉，不理性的念頭讓我煩亂難安。要是在英國，我會冒這個險嗎？我這麼做究竟是為了病人，為了那個母親，還是為了讓自己發表論文？如果成功了，誰來照顧這個奴隸女子和她的私生子？這男嬰是個累贅。在葉門，他會被丟在灌木叢裡餵狼。他們要的只有這個母親。

清晨的禮拜宣告傳來，終結了我的不安。離開公寓前往醫院時，外面已經是攝氏二十八度。母親和男童早上七點就來到手術中心，進了麻醉室。她抱著兒子一夜沒睡，護士們整晚都在擔心她會放棄與死神搏鬥，帶著兒子逃走。雖然她沒這麼做，不過大家還是擔心，她會不會不願交出男童。

雖然已經給了前驅藥，但麻醉醫師企圖麻醉男童時，他還是大哭不止，邊揮舞四肢。這情況對母親而言很可怕，對麻醉團隊來說頗難應付，但在小兒外科手術中，倒是家常便飯。面罩送出麻醉氣體，醫護人員終於可以插靜脈管，他昏睡過去，沒了意識。他的母親還想跟進手術室，最後被病房護士拖走了。她終於突破面具，表達出最真實的情緒，無論她之前受過什麼苦痛，都不及眼前這一切。但她還是隻字未說。

我平靜地坐在咖啡室，喝著濃土耳其咖啡配椰棗當早餐，等這場騷動平息。體內的咖啡因這麼一竄升，雖然有助於克服我的注意力不足過動症（ADHD），但責任感也因此暴漲。要是男童死了怎麼辦？那母親會一無所有。孤絕一人。

有位澳洲的刷手護士前來要我檢查設備。為了那晚在沙漠夜空下想出的極端計畫，我額外準備了一些器具。到現在我都沒讓團隊知道。

在閃亮的黑色塑膠手術台上，那具瘦弱的身體裸露著，模樣令人心疼，毫無每個嬰兒應有的嬰兒肥。取而代之的是浮腫的瘦小雙腿，而這正是心臟衰竭的矛盾之處：心肌被水分取代，但體重卻沒有減輕。瘦骨嶙峋的突出肋骨隨著呼吸器上下起伏，因為他早已無力自行呼吸。此刻所有人都明白，那母親為何要極力守護孩子了。我們可以清楚看到，那顆心臟在胸腔的錯誤位置跳動著，也能在腹部隆起的反側辨認出腫脹肝臟的輪廓。每個臟器都長反了。對旁觀者而言實屬奇觀，但對我來說，卻是望而生畏的難題。我曾在美國見過一例右位心的手術，也在大奧蒙德街醫院（Great Ormond Street）見過一次。但這是我首次親自嘗試。

男孩臉頰上還留有與母親痛苦分離時的淚痕，如今成了幾道鹽的痕跡。過去每當有人問我，做手術前會不會焦慮，我總會回答：「不會。躺在手術台上的又不是我！」儘管我並不習慣焦慮，要在陌生又危險的環境中執行未經試驗的手術，還是感覺汗水正隨著背淌下。一切好像都離牛津遙遠無比。

當那具孱弱的小小身軀被藍色的覆蓋巾蓋上，只留下一塊長方形的深色皮膚暴露在胸骨上方時，所有人都鬆了一口氣。此時，他不再是個孩子，只是一道外科手術的難關——直到我們聽見痛苦的母親拚命敲打手術門的聲音。她掙脫了看守的人，衝回這裡，經過一番短暫的拉扯，他們同意讓她坐在手術室外的走廊。她這一天已經歷夠多創傷，實在無須再被強行帶走。

回到手術室內。手術刀從左至右劃過男童的胸骨，鮮紅的血流滑滿了塑膠覆蓋巾。電刀很快止住了出血，當它滋滋作響地切進白色的骨頭時，我不禁想起《現代啟示錄》（*Apocalypse Now*）裡的那句台詞：「我喜歡清晨汽油彈的氣味。」白煙意味著電刀的功率太強，我提醒助手，現在是幫兒童開刀，不是選教宗[3]，請把電壓調低。

心臟衰竭的積液正推擠著橫膈膜。我在腹腔開了個小口，稻草色的液體像尿液般湧進手術傷口。抽吸器發出噪音，幾乎吸了一品脫的積液進引流瓶裡，他的肚子變平坦——真是減重的速成方法。骨鋸鋸開胸骨，滴滴骨髓濺到塑膠覆蓋巾上。打開右胸腔，映入眼簾的是一團堅硬、呈粉紅色、充滿積液的肺。就算如此，積液還是繼續溢出，得換個引流瓶。沒人會懷疑這孩子病情的嚴重程度。

我等不及要看看這顆先天畸形的心臟。我切開多餘的胸腺，割開包住心臟的纖維性包囊，也就是心包。那一刻的興奮與期待，猶如聖誕節拆驚喜禮物。

每個人都想在我動手前好好看一眼這顆右位心，所以我退後一步，休息了一分鐘左右。我的計畫是盡量挖去這顆實心腫瘤，讓主動脈瓣下方的通道變寬，然後把房中膈上的缺口縫合。我下令啟動心肺機，接著用心臟麻痺液灌注，讓排空的心臟停止跳動。它一動也不動地癱在心包底部，冰冷、靜止了下來。我輕輕按壓心肌，摸得到心壁裡那顆有彈性的腫瘤。此時我已經肯定，若只用傳統手術方式，無法完全切除腫瘤，而單純為了探索而切開病患賴以維生的心室，也毫無意義。於是我對自己說：「放手做吧。」啟動B計畫，那晚我靈光乍現的念頭，或許是從未有人嘗試過的方法。體循師開始為男童降溫，把整個身體從攝氏三十七度降到攝氏二十八度。男童可能要接上心肺機至少兩小時。

事到如今，我也只能將B計畫告訴整個團隊了。我要把男童的心臟從胸腔取出，放在裝滿冰塊的腎形盤中保持低溫，然後在手術台上為心臟動刀。這樣就可以隨意翻轉與調整心臟的位置，確保手術徹底而精準。雖然我認為這是個絕妙的主意，但必須快點動作才行。

3　譯注：教廷選舉教宗時，會透過煙囪冒出的煙霧顏色，告知投票結果，當煙囪飄出白煙，就代表已經選出了新的教宗。

這過程相當於取出一顆心臟準備移植，然後又縫回同一個人身上。我當初做研究時，也曾經移植過老鼠微小的心臟。雖然這男孩的解剖結構異常，但要處理應該也不是問題，於是我在冠狀動脈起點上方的位置橫切主動脈，又切斷主肺動脈。將這些血管往我的方向一拉，就可以看到男童心臟後方左心房的頂部了。我切開左右心房，保留連接身體與肺部的所有大靜脈不動，然後抬起心室，將大部分心房留在原位。接著，我把這塊冰冷又軟趴趴心肌放到冰塊上，就像處理捐贈者的心臟那樣。

現在，終於可以看見長在左心室出口處的腫瘤了。我開始將它剝離，沿著腫瘤切開一條通道，讓它不再阻塞心臟。這塊腫瘤呈橡膠質地，符合良性腫瘤的特性，這讓我對自己的決定樂觀了起來。空蕩蕩的胸腔讓兩個助手震驚不已，遲遲不能回神，都忘了要協助我。而心臟缺乏血液供應的時間越長，重新接回體內時，無法恢復跳動的風險就越高。老實說，那位澳洲來的刷手護士還比這些受訓醫師機靈得多，於是我把她請來幫忙。她幾乎憑直覺就曉得我需要什麼，立刻跟上了手術的步調。

這時我猶豫了：究竟是清除夠了就好，還是應該徹底根治？但我想告訴男童的母親，我已經成功摘除全部腫瘤，所以我繼續清除心室中膈剩下的腫瘤，就在心臟的電傳導系統附近。我曉得正常心臟心室中膈的位置，但在這個病例中，就沒那麼肯定了。三十分鐘後，我再次注射心臟麻痺液到左右冠狀動脈，讓心臟維持低溫且鬆弛的狀態。又過十五分鐘，切除完成了。

我拿起心臟放回男童體內，對齊心室與保留在體內的心房殘端，開始縫合固定。那一刻我相當佩服自己，期刊論文在腦子裡都完成一半了。這次的重新植入同時也封閉了心臟內的缺口，如果一切順利，他就算是痊癒了。

這部分手術必須萬無一失，因為這些縫線在跳動的心臟裡，根本不可能搆得著。縫起兩側心房後，就該接回主動脈，讓血液重新流進冠狀動脈了。心臟會恢復搏動，我們就能讓男孩的體溫回升，剩下的步驟就只有接回主肺動脈。此時，隨著心臟回到原位，再度進入外科助手們熟悉的領域，他們也開始進入狀況。

通常一恢復血流，兒童的心臟就會開始迅速自行搏動，但這顆心跳得太慢了。更糟的是，我可以看出心房與心室以不同的節奏在收縮，這表示它們之間的傳導系統沒有運作。這可不好，因為心律要協調，效率才會高。麻醉醫師早已從心電圖上注意到這一點，但他沒說什麼。在降溫手術後，傳導系統常會短暫進入休眠狀態，之後才會自行恢復功能。

十分鐘過去了，情況沒有改變。一定是我切除腫瘤的時候切斷了電傳導束。見鬼！這樣他就得裝心律調節器了。這讓我擔心起另一個問題：移植的心臟也會和腦神經失去聯繫，這些神經負責在運動或血量產生變化時自動調整心率。神經阻斷再加上電傳導系統中斷，問題可能會很嚴重。

我先前的欣喜、樂觀與自得頓時消失，腦海又浮現那位年輕的母親。但這不是分心的時候。心臟腔室還有空氣，必須排出才行。於是我把一根空的針管插進主動脈和肺動脈，兩邊嘶嘶地排出了空氣。當空氣進入最上方的右冠狀動脈時，右心室膨脹起來，停止了泵血。

心肺機還得多連接個十五分鐘，這些作用才會逐漸退去。在此期間，我在右心房與右心室上放置了臨時的心律調節電極。我們要調控他的心律，再等心臟內科醫師為他植入永久性心律調節器。慢慢地，男童心臟的功能好轉了。阻塞不復存在，肺部也不再充滿積液，他的人生已經擺脫心臟衰竭和呼吸困難了——至少，我是這麼希望的。

男童的脈搏只有每分鐘四十下，不到正常速度的一半。我們用體外心律調節器把他的脈搏提高到每分鐘九十下，但心臟背面卻開始冒血。我以為是縫合處還在滲血，於是指示體循師關閉心肺機，排空心臟，好讓我抬起心臟，檢查縫合處。什麼都沒有，一切看起來都好。沒有滲漏。

三十秒後，我們重啟心肺機，發現出血變多了。我檢查了主動脈與肺動脈的縫合處，也沒發現任何滲漏。最後，我的第一助手發現主動脈有點滲血。原來是先前用來排氣的針頭，把血管背面穿出了一個小洞。等到凝血功能恢復，這點並無大礙，於是我們讓男孩脫離心肺機，並關閉胸腔。

我沒來得及多想團隊這場手術的成功，就接獲了成人心臟內科傳來的訊息。他們剛收治了一名發生高速車禍的年輕男性。由於當時沒繫安全帶，他的胸腔受到方向盤嚴重撞擊。目前處於休克狀態，即使輸液也無法恢復血壓。

轉診前的醫院拍的胸部X光顯示，他胸骨骨折，心影增大，頸靜脈擴張，這表示心包內有受壓的積血。不只如此，超音波檢查也顯示，右心房和右心室之間的三尖瓣有嚴重的回流現象，這正是他持續低血壓跟嚴重休克的原因。他們說這名男子需要緊急手術，事不宜遲，拜託我能否過去看看。

我確實無法放心離開眼前的男童，但也別無選擇了。離開手術中心時，我看到他的母親仍獨自盤腿坐在走廊上，形單影隻。她已經在那裡等了五個小時，我感覺她正處於精神崩潰的邊緣：長時間壓抑情緒，再加上無法與人溝通，內心就快要爆炸了。而現在，我們又把她那團破布似的寶貝帶走了。她看見我，立刻驚慌地跳起身。手術成功了嗎？我不需要說話。我們再度四目交會，瞳孔對瞳孔，視網膜對視網膜。我的微笑足以傳達所有訊息：她的兒子還活著。

管他的禮節和其他在場的心臟科醫師。我想讓她感受到我的情感，便伸出了自己黏呼呼的手，心想她是否會握住，又或是依然冷漠。這個善意的舉動化解了緊張的狀況。她握住我的手，控制不住地顫抖起來。

我把她拉進懷裡緊緊抱住，彷彿在說：「妳現在安全了，我們不會再讓任何人傷害妳。」我鬆開手時，她卻緊抓不放，隨即失控地哭了起來，情緒如潮水般傾洩在醫院的走廊，而我那些沙烏地阿拉伯的同事尷尬地站在一旁，什麼都沒說。安撫她花了一些時間，那幾個醫生越來越擔心那位重傷的病人。

我告訴她，她的兒子很快就會離開手術室，醫護人員會用小加護病床推他出來，身上會接著點滴和引流管，如果看到可能會嚇到。她當然可以陪著一起走，但不能干預處置。我再次感覺她能聽懂英文，不過為了以防萬一，其中一位心臟科醫師用阿拉伯語把我的話重複了一遍。

隨後，我們就離開去看那名重傷男子的心臟超音波影像，探討心腔的超音波檢查結果。

此時，那名重傷病人性命已危在旦夕。他的三尖瓣撕裂，這是一種罕見的高速減速型傷害，在強制繫安全帶的地方幾乎不會出現。他的右心室在胸骨骨折的瞬間遭到重創，反向壓迫了脊椎，血壓迅速上升，導致三尖瓣爆裂。這表示當心臟收縮，一半的血液就會倒流，幾乎沒有血液能順利通過肺部，而且由於心包積血，心臟也無法好好被填充。這就是所謂的心包填塞（Cardiac tamponade）。

一看完超音波影像，我就決定不必浪費時間查看了。我只要打開病患的胸腔，緩解填塞，可能的話再修補他的三尖瓣。我們得快點幫他接上心肺機，恢復腦部的供血，矯正那糟糕的代謝狀態。這時，有人在我身後小聲說了一句：「別急。這傢伙是瘋子。他害死了另一輛車的司機。」我沒有回話。那不干我的事。我大步走回手術室，正好碰上送男童到小兒加護病房的隊伍。監測器快速而規律的嗶嗶聲讓人安心。我們擦身而過時，那母親的目光未曾偏移，卻伸出了她的手，我也伸出我的手。那是我們之間的聯繫。

我本該待在加護病房陪著那個男孩，起碼待幾個小時，等確定他情況穩定再離開。但現在我沒法那麼做。沒一會功夫，重傷的病患就已經被抬上手術台，等待我們搶救。他傷得顏面毀損，胸壁有大量淤青，斷裂的胸骨邊緣錯位，出現階梯狀變形。不過，這都是用鋼釘和鋼絲就能修復的情況。

我幾分鐘就把胸腔打開，接著把一團團的血塊舀進腎形碟。這麼做讓他的血壓有所回升，但右心室看起來就像一塊被槌爛的牛排，收縮能力也跟牛排差不了多少。而右心房看起來快被撐爆了。所以，我把導管直接接到大靜脈上，隨著心肺機啟動，他那顆掙扎中的心臟排空了血液，像條溼答答的魚在心包底部亂跳。他安全了——我們正好驚險趕上。

我直接切開右心房，破裂的三尖瓣映入眼簾。它像窗簾一樣被撕裂開來，但我把它當布料縫合時，修補起來倒很順利。我用球狀注射器將右心室灌滿，測試修補的結果。沒有滲漏。於是我縫合右心房，移除線圈，讓心臟再次充血。手術大功告成。那塊被搗爛的心肌表現得比預期還好，也不必再依賴心肺機了。這時的我已經筋疲力盡，交給助手修補斷裂的胸骨，關閉胸腔。我很肯定，這傢伙會活下來去坐牢。

這又熱又難熬的一天，終於要結束了。做完兩台「突破極限」的手術、處理完心臟外科醫師整個職涯都碰不到幾次的棘手病例，突然感到心滿意足。我渴望來杯啤酒，很多杯，但這不可能。我在想那個母親現在是否比較安心了。她達成了自己一直想做的：為垂死的孩子治病。

我沒聽到加護病房傳來什麼消息，以為男童情況不錯。但我錯了。加護病房那邊處境危急。不知為何，醫師們亂動了臨時的心律調節器，節律器發出的電流刺激正好跟男童心臟的自然節律相符，造成心臟纖維性顫動，馬上誘發那種不協調、蠕動式的節律，預示著死期將近。

為了搶救，他們在去顫器送來男童床邊前，施行了體外心臟按摩。劇烈的胸部按壓，導致原本放在心房內的心律調節導線移位。儘管第一次電擊後，心臟成功去顫了，但接著先針對心房、後針對心室的調節，都沒有效。如今只剩心室可以調節了。男童的心輸出量驟減，腎臟也不再製造尿液。狀況不斷惡化，但因為我在處理另一個嚴重病例，沒人告訴我。真該死。

這場潰敗中，那個可憐的母親從頭到尾都待在病床邊，眼睜睜看著醫護人員先是猛擊男孩的胸部，又目睹電擊讓男童小小的身軀從床上彈起，再劇烈抽搐。還好只電擊一次就去顫了。去顫後的嗶嗶聲讓她的心稍稍寬慰，但她就跟自己的孩子一樣，狀況急轉直下。

看見她緊抓著男童小小的手，我的眼淚撲簌落下。剛才護送兒子從手術室出來的時候，她是那麼快樂。如今的她，孑然一身，而我也有同感。顯然這些加護病房的醫師根本不懂心臟移植的生理學。

他們怎麼會懂？他們從沒參與過心臟移植手術，所以沒辦法理解從人體中取出心臟，會切斷心臟正常的神經支配。在血量不足的情況下，他們用每分鐘一百下的速度調節男童的心律，同時用高劑量的腎上腺素鞭策這顆心臟，提高血壓。通往肌肉和器官的動脈因此縮窄，以血壓取代血流，再次造成代謝混亂。

在加護病房照顧男童的護士見到我很高興，她看起來很擔憂。她是個能力很好的紐西蘭人，但並沒有責罵重症住院醫師。見到我，她第一句就說：「男童沒有排尿，但他們沒做任何處理，」又更直接地表示：「要是一個不小心，他們就會把你的好事搞砸了！」

我把手放在男童的腿上，要判斷心輸出量，這是最佳辦法。他的雙腳本該是溫暖且摸得到脈搏回彈的，但現在雙腳都好冰冷。他需要的是擴張的動脈、讓血流阻力變小、減少虛氧量，於是我更改了所有的做法。這下，那位護士滿意了，但住院醫師對我很不滿，打電話給待命的主治醫師。無妨。我叫主治醫師從家裡來一趟，我們討論討論。

眼前岌岌可危，行差踏錯，就是痊癒和死亡之別。重點取決於行家的處理——在分秒與次次心跳之間，權衡強力藥物的搭配，盡量提高這顆累壞的小小心臟的泵血能力。男童的肺部因為長時間連接心肺機發炎、變硬，導致血氧量持續下降。又因為腎衰竭，他得透過一根插進腹腔的導尿管做透析，利用濃縮的液體，將毒物從他體內的膜吸出。

我需要能信任的人幫忙。就是梅約男了。我要在住院醫師睡覺的值班室休息個幾分鐘。

那個母親不願我離開。她緊盯著我，高高的顴骨上沾滿了淚。強烈的分離焦慮想把我拉回去，但那時我已經精疲力竭，又擔心男童萬一死了該怎麼辦。她在這世上沒有其他人了。雖然滿懷同情，但這是我該退一步的時候了。要說這是專業態度或自我保護都行，也許都有吧。於是我跟她保證梅約男正在趕來的路上，接著就離開了。

此時早已過了午夜。值班室俯瞰著交誼室的屋頂，交誼室會通往一條夜空下的廊道。雖然景色不如夜晚的沙丘那麼教人驚嘆，但也夠美了。那裡有果汁、咖啡、橄欖、和椰棗，還有阿拉伯的糕點，最棒的是有個觀星用的望遠鏡。我向外望，沒特別要看什麼，一心希望可以看到英格蘭，看到家鄉。我最想見的是我的小小家庭。

這會兒，我想辦法休息。梅約男知道我明天早上要幫更多嬰兒做手術，所以除非必要，他們絕不會打電話來。我好希望能見到情況變好的孩子，有暖暖的小腿，還有金黃的液體在導尿管裡。我還想見到他的母親快樂，再用破包布撫育自己的兒子。

我人一攤，昏睡過去，那對懾人的雙眼依舊緊盯，懇求著我讓一切變好。

天剛亮，我被宣禮塔傳來的反覆宣告喚醒。五點三十分。加護病房晚上沒打電話來，因此我抱持謹慎樂觀的態度。今天的手術很簡單：用纖維補片封起心臟的缺洞，再小心縫合，從此就終生痊癒，家人也會興高采烈。

不一會兒，我想起那個母親。她現在感覺怎麼樣呢？炙熱的太陽還在緩緩升空，我趁著此時的空氣還算涼爽清新，溫度還耐得住，端著茶走上屋頂。

六點時，梅約男打電話來。他語氣凝重，停頓了一會才開口：「抱歉用壞消息吵醒你。男童凌晨三點剛過就死了。死得很突然。我們救不回來。」語畢，他沒作聲，等著我提問。

像這樣的電話，在我的職涯中從沒斷過，但這一通卻讓我痛苦不已。我問他怎麼回事。男童先是開始抽搐，或許是代謝混亂和高體溫的反應；抽搐情況嚴重，用巴比妥類藥物也難以控制。血酸和血鉀則因為還沒開始做透析而很高。接著心臟驟停，就救不回來了。梅約男一直猶豫該不該用壞消息吵醒我，還表示為我的損失感到遺憾。

他很有同情心，但那個女子怎麼樣了？他們要我過去想辦法和她溝通嗎？梅約男認為這麼做也沒什麼幫助。在搶救的過程裡，那個母親還是一直待在病床旁。現在她看起來悲傷極了，得知孩子死亡時，更是情緒崩潰、歇斯底里。醫療人員把病床移到病房外的一間單人房，讓母親可以不受打擾，抱一抱、哀悼自己的孩子。在解剖完成前，所有導尿管、引流管和心律調節的電線都不能動。我覺得難過極了。那個已失去生命、身上插滿各種管子的嬰兒，要她怎麼抱？

這就是心臟外科。這對我來說，又是個辦公日；對她而言，卻是世界末日。

我像塊磁鐵一樣被她吸引，但我得保持距離才行。我再一個小時就得到手術室，而且要用最好的狀態，救別人的寶寶。又一個跟她一樣急切的母親。這真是個天殺的工作。我是個要在世界的另一頭幫小小嬰兒動手術、睡眠不足，心理還嚴重不健康的傢伙。

我打電話到成人加護病房，詢問那個重傷病人的情況，就是那位開車不計後果，結果還害死另一個司機的男子。他情況良好。他們正打算讓他醒來，拔掉呼吸器。某種程度來說，這真諷刺。想起那個男童，我真希望結果是相反的。但我不能這麼想。外科醫師必須客觀，我們並非凡人。

我帶著滿腹絕望走進員工餐廳，瞥見那個慘兮兮的小兒科住院醫師正狼吞虎嚥吃著早餐。我本能地想避開，但錯不在他。做手術的人是我，我後悔自己沒有熬整夜，把份內的工作做到底。他看見我時，我一眼就看出他有話想說。

他告訴我，那個母親帶著她死掉的孩子失蹤了，已經不在病房裡。沒人看到或聽到她離開，也沒人再看見她。我只說了兩個字：「該死」。我不想再繼續聊這個。我猜她趁著黑夜匆匆離開了，就像逃離葉門那次，只不過這次，她抱的是一綑沒有生命的布包。此刻，她可能已經去了別處，我感到很憂心。

聽到消息時，我人正在為當天第一例心室中膈缺損縫上補片。沙烏地阿拉伯醫院的員工上班時發現了他們——兩具身裹破包布、躺在塔樓底部的屍體。在跳下去之前，她先拔除了孩子身上的點滴與引流管，然後縱身一躍，追趕在天堂的兒子，從此再無人記得。如今，他倆在冰冷的太平間相聚，至死永不分離。對我而言，這是百分之兩百的死亡率。

大部分的作者寫到母親自殺、屍體在塔樓底被發現，悲慘的故事就算結束了。兩條脆弱的生命，毀滅性的結局。但現實生活的心臟外科不是肥皂劇。工作仍然要繼續，還有太多未解的疑問。我一向會參加自己手術病人的驗屍。首先，這是保護我的自身利益，確保解剖病理醫師能理解我們做了什麼，又為何這麼做；其次，我把這當成學習的經驗，看看是否有什麼地方可以做得更好。

太平間的工作人員因為整天與死者為伍，顯得格外不同，我早在斯肯索普戰爭紀念醫院時就有這種感悟。那些醫療技術員工作起來像屠夫一樣，切開屍體，取出內臟，鋸開顱骨，拿出人腦。這個醫學院的太平間由一位年邁的蘇格蘭解剖病理醫師主事。他身著綠色塑膠圍裙，腳踩白色橡膠雨靴，袖子捲起，嘴角叼根菸，一邊低聲咕噥，一邊記錄著那名重傷病人撞死的男子死因：頸椎斷裂、腦出血，主動脈破裂，是典型的高速撞擊傷。我對他來說是新面孔，畢竟外科醫師很少親自走進太平間。那些重金聘來的醫師，通常對從失敗中學習並不感興趣。

那天早上有七具赤裸的屍體，在大理石桌板上排成一列。我馬上注意到並排放著的母子，還沒輪到他們。我跟那個蘇格蘭佬解釋自己趕時間。他脾氣不好，但醫療技術員加入後，倒是蠻配合的。嚴格說來，只有那個男孩是我的病人。他頭部先著地，顱骨裂開，腦子像果凍掉到地上粉碎。關於他的腦部，我有個重要的問題：心臟的橫紋肌瘤，是否一併引起了結節性硬化症（tuberous sclerosis）？這種病變會導致抽搐，可能造成突然死亡。

我自己拆掉縫線，重新打開男童的胸腔。關於心律調節導線脫落的事，我的推測正確嗎？這點很難確認，因為他的母親在男童死後拔掉了電線。不過，還是能發現線索：一塊血塊從右心房旁擠了出來。除了這點，手術其他部分都很成功，腫瘤幾乎已被完全切除，阻塞也疏通了。蘇格蘭佬把心臟丟進一罐福馬林液裡，當成罕見標本擺在架上。

技術員一心想著不慢下腳步，接著剖開腹腔，取出內臟。所有器官的位置都顛倒，浸泡在心臟衰竭導致的體內積液裡，但除此之外一切正常。死因：先天性心臟病，有動過手術。另一位技術員隨後前來，把大腦和內臟重新塞回腹腔，然後縫合傷口。修復完頭部的破洞後，男童被裝進黑色塑膠袋。故事結束了。大理石桌板上的血液和體液被清洗乾淨，從此，他那短暫而悲劇的人生再也不留一絲痕跡。沒有人為他下葬。

我的視線轉移到那具烏黑破碎的裸露大體。此刻，那位母親靜靜躺在隔壁的桌板上。她如此纖瘦，卻又依然保有尊嚴。老天垂憐，那美麗的頭顱和修長的脖頸依然完好，曾經晶亮閃爍的雙眼瞪得老大，如今黯淡地凝視著天花板。她的傷勢無需解剖便一目了然：雙臂斷裂、雙腿嚴重變形，腹部因肝臟創傷而腫脹。她很清楚，這麼一跳誰都活不了。要是男孩活下來，一切會多不同呢？能看見兒子帶著健康的心臟長大，她該多快樂？我眼看著技術員將頭皮蓋到她臉上，用圓鋸鋸開顱骨，掀開那段悲慘記憶的蓋子。為什麼她從不開口說話？

就像考古挖掘一般，關鍵的線索逐漸浮現。在她左耳上方的顱骨處，有一道已癒合的骨折痕跡，底下的硬腦膜與腦組織也曾受損，損傷的正是布洛卡氏區（Broca's Area），也就是大腦皮質中掌管語言表達的區域。蘇格蘭佬將她柔軟的腦部切片時，傷疤更加明顯了，傷得很深，切斷了連結舌頭的神經。這是她在索馬利亞被綁架期間僥倖存活的結果，也是她從不開口說話的原因。她聽得懂，卻無法回應。

我看夠了。我不想看她內臟被取出，血濺太平間解剖台的樣子，也不願再目睹她破裂的肝臟與斷裂的脊椎。她死於內出血，但我記得自己當時心想，如果致命的是頭部受傷，對她而言或許還仁慈一些。要是當初死在索馬利亞就好，也不必在南葉門受苦了。想著想著，我謝謝蘇格蘭佬的配合，準備回到屬於我的地方——手術室，心中只盼望今天比昨天好，並迫切地想做些真能幫上忙的事。

第六章
擁有兩顆心臟的人

成功的心臟外科醫師，就是被問到「世界上最優秀的三位外科醫師是誰」時，沒辦法講出另外兩位的那種人。

——美國著名心胸外科醫師，丹頓・庫利（Denton Cooley）

我會遇見羅伯特・賈維克（Robert Jarvik），完全是個偶然。一九九五年，我前往德州聖安東尼奧市，參加美國胸腔外科醫學會的會議。在阿拉默古戰場閒逛時，有位心血管產業的高階主管請我對一項新產品提供意見。他帶我回去參加一場公司會議，會場裡有位我早就耳熟能詳的工程師羅伯特・賈維克。

當時討論的裝置是一種小型渦輪泵，用來提升血流，幫助那些罹患嚴重周邊動脈疾病的病患改善下肢血液循環。當那幾位公司代表離開，準備去與客戶共進晚餐時，賈維克轉身對我說：「來我房間一趟吧。給你看個有趣的東西。」對於男人這樣的邀約，我一向保持警覺，但這一次，好奇心戰勝了一切。

他先在浴室洗臉盆放滿水，然後從公事包拿出一個看起來像三明治盒的塑膠容器。裡面有個拇指大小的鈦金屬圓筒，上頭連著一條人工血管和矽膠包覆的電源線。他將鈦金屬圓筒放進水裡，將電源線接上了一台大小如電話的控制器，然後打開電源。水流的嘩嘩聲就傳出來了！

這個小巧的連續式流動泵每分鐘能輸送約五公升的水，透過那條人工血管將水重新導回洗臉盆，全程毫無噪音與震動。他們多年來一直致力於研發這種左心室加壓泵，想為病人做一個「既能發揮作用，又讓人忘了它存在」的裝置。

我回了句蠢話：「這個泵用來抽水是很棒沒錯，但如果放進血流裡，可能會導致血液凝結成塊或是破壞紅血球。」彷彿賈維克從來沒考慮過，也沒嘗試解決這些問題。接下來說的話，總算有點建設性：「不過，我很樂意在不受美國食品藥物管理局（FDA）限制的情況下，跟你合作測試。如果效果良好，我們或許能在英國搶先使用，比你取得這裡的許可快得多。」

這其實是個摸黑下注的提議，所以我接著問他，是否已經跟美國某個醫學中心展開合作了。他說他正和巴德．佛雷澤（Bud Frazier）合作測試，對方是德州心臟醫學中心移植部的負責人，也是機械循環輔助裝置在美國的頭號擁護者。賈維克說巴德也參加了這場會議，問要不要引介我們認識。我們於是一起去找他。

巴德是個徹底的德州佬，一身休閒不失正式的裝扮，頭戴牛仔帽、腳穿牛仔靴。他低調中不失魅力，除了是外科醫師，還是個古書收藏家。他對這個當時稱做「賈維克二〇〇〇」（Jarvik 2000）的新產品很有信心，若實驗室研究進展順利，那麼，預計就能在二〇〇〇年實施人體植入。他問我要不要看看德州心臟醫學中心那些已植入加壓泵的牛隻。那裡的動物實驗室規模遠勝過我所用於病患的設施，擺滿了先進、現代化的設備，盡是些我永遠無法為病人爭取到的資源。

當我前去參觀時，那些小牛正快樂地在欄裡咀嚼乾草。從監視器上可以看出，渦輪葉片以每分鐘一萬轉的速度運轉，每分鐘可輸送約六公升的血，已經超過一名靜止狀態的患者所需的血流量。巴德把聽診器遞給我，讓我聽聽渦輪在血液裡運轉時發出的嗡嗡聲。

我錯了。這個裝置並不會破壞紅血球，而且即使在沒有使用抗凝治療的情況下，也沒有形成血栓。這完全顛覆了我的預期。這個裝置，是否可能成為心臟衰竭病人治療的一大突破？顯然可以，而且我還有機會參與。我決定抓住這個機會，提出要在牛津進行賈維克二〇〇〇的羊隻實驗測試。

因為這一連串意外而幸運的相遇，我回到牛津時滿懷期待，覺得一項龐大的國際合作計畫即將啟動：休士頓、來自紐約的賈維克心臟公司……還有牛津。說真的，我感覺自己不需要飛機也能直接飛回倫敦。但當我冷靜下來仔細思考後，就沒那麼有自信了。說到底，我沒有研究經費，也沒有大型動物實驗室可用。我只有堅定的決心和想成功的心願而已。

幾個月內，我就從一些慈善捐助者那裡籌到了足夠的經費，得以啟動這項計畫。此時，劍橋已有他們的豬心臟移植計畫，而牛津則擁有微型人工心臟計畫，簡直是名副其實的學府對決。我們很快就證實了休士頓那邊早前的推測：沒有脈壓的連續血流，是安全且有效的。這一發現徹底改變了血泵設計的理念，不再需要複製人類心臟的搏動特性。

有鑑於這個蓬勃發展的研究計畫，我認為自己有正當理由在牛津開始一項心臟衰竭外科治療服務。當時英國有數以千計的末期心臟衰竭病患，但每年接受心臟移植的卻不到兩百人。大多數腎功能與肝功能衰竭的病人被認為病情過重，連心臟移植的候補名單都排不上。他們的生命，最終會在「緩和醫療」的名義下以藥物終結。我的願景，是為這些極度痛苦的病人提供「終生型」的血泵輔助，而有了這種「現成的」機械裝置，就不再需要有人死，或者大半夜出動直升機緊急取得捐贈者的心臟了。我那近乎自大狂的企圖心驅使著我，想將牛津打造成一個全國性的機械循環輔助中心。

在休士頓，巴德已經開始植入一種較為傳統的搏動式心室輔助裝置，讓病人存活到找到可用的心臟。那是熱力心臟系統公司（ThermoCardiosystems）生產的「心伴泵」（HeartMate pump），用作所謂的「移植銜接治療」，就是靠著有節律地充填與排出血液，取代病變的左心室。它的形狀像個圓形的巧克力盒，體積大到胸腔裝不下，必須植入腹壁製成的囊袋裡。從幫浦連接出一條硬質的電纜，通往外部的電池與控制器。這條「生命線」上還設有一個通氣孔，與幫浦的運轉節奏同步地不斷發出嘶嘶聲，聲音大到隔一條街都聽得到。

長期住院造成極高的醫療開銷，也對病人的心理造成嚴重打擊——畢竟使用心伴泵輔助裝置的病人，等待捐贈心臟的平均時間是兩百四十五天，血型是O型的病人還要等更久。但隨著經驗累積，休士頓的醫療團隊逐漸有了信心，認為這些病人其實可以出院。不只如此，他們甚至開始認為，這種機械式血泵可以作為心臟移植的替代方案。

巴德曉得，當時美國的食品藥物管理局不會認為這是永久性的治療方案。他打電話到牛津給我，表示既然我們已經在合作測試賈維克二〇〇〇了，那麼是否也能在英國國民健保系統（NHS）的病患中，使用心伴泵測試這個「終生輔助」的概念。熱力心臟系統公司願意免費提供這些血泵，是那些已被移植中心拒收、生命垂危病人的最後希望。這些人稍微活動就氣喘吁吁，身體因積水腫脹，只能困在家中——說是「行屍走肉」，但其實連「走」都很難做到。

這正是我一直在等待的機會。我飛往休士頓，親自觀摩了一台植入手術，並與那些正在醫院中依賴這台裝置維生的移植潛在受贈者見面。當有人問我想不想協助一台手術，我立刻答應了。病人是一位來自美國中西部的大學橄欖球員，感染了病毒，他本來強壯，如今卻病毒纏身，從運動員變成病弱者。他的身體已經嚴重衰竭、全身積水，生命正以一種莫名其妙的方式流逝。他的女友坐在病床旁，看起來不知該說什麼才好。面對一個即將需要人工心臟的人，又能說些什麼呢？

那女孩是橄欖球啦啦隊員，非常漂亮，但她的英雄如今奄奄一息，她也沒什麼可為之歡呼了。她親眼看著他一天天惡化，失去了球隊的位置，然後輟學。但他們花了太長時間才意識到，男孩是真的生病，而不是有些人懷疑的嗑藥。那她現在該怎麼辦？離開他回去完成學業，還是留下來陪著這個唯一希望是心臟移植的男孩？人生有時真是個混帳，而我們很少會停下來想想，身處另一種人生是什麼感受。我想這也沒錯，因為想了也不會比較好受。

在手術室裡，護士們幫外科醫師穿上手術袍、戴上手套，然後對病人進行消毒與覆蓋，只留下整個胸腔與上腹部裸露在外。這個年輕人曾經肌肉發達，二頭肌、胸肌、腹肌樣樣俱全，如今卻只剩下皮包骨，肋骨下方腫脹的肝臟高高隆起。心臟衰竭真他媽的糟透了。那些拒絕資注我們研究的討厭鬼真該來這裡，站在手術台邊看看。

巴德從男孩的頸部一刀往下切到肚子，因為安裝心伴泵需要在腹壁內創造出一個相當大的空間，裝好之後，會像一個鬧鐘在皮膚下隆起。他的心臟擴張得超大，而且左心室幾乎沒有在動，心包則如常滲出了黃色液體，流進新挖出的幫浦腔室，直到被抽吸器抽光。

就在我為這個優秀的運動員感到無望之際，巴德已經在專心思考該將那條堅硬的電力導線從哪個位置穿出來——他要找一個不會妨礙繫皮帶穿褲子，還能盡量不動就能清潔傷口的位置。他用手術刀戳出一個口，我們再把電源線拉出來。這條導線直徑超過一公分，硬到可以防止排氣管打結——它可不是家用電燈線。這是他的生命線，就像胎兒與母體之間的臍帶一樣重要。接下來，我們小心地將血泵的流出管縫到心臟的升主動脈基部，必須確保精準密合，否則一加壓就會大量出血。

剩下的就是在心尖縫上一個束環，再用環形去核刀造出一個硬幣大小的孔，給血泵的流入管使用。從肺部回流至心臟的血液，現在將直接穿過二尖瓣進入這台機器，他原本那顆壞掉的心室就徹底退場了。但此刻，我的腦中已經在思考賈維克那台新型裝置——它的體積幾乎只比這個血泵的流入管略大一些。相較之下，心伴泵那個搏動泵增壓室的鈦金屬外殼顯得龐大無比。

心伴泵在啟動前必須先注滿血液，排掉裡面的空氣。我打趣說：「腦子裡進了空氣，生命就會像氣泡破掉了。」這種說法挺有畫面的，不過那時的我時差混亂、睡眠不足，跟瘋子差不多。技術團隊已完成所有接線，我們準備好進行那關鍵的一刻。當泵裡面的壓板開始運作時，通氣孔嘶嘶作響，就像啟動時的蒸汽火車。泵室充滿血液，將血液射入主動脈，殘留的空氣從人工血管的針孔中嘶嘶排出。失去功能的心肌癟了下去，不再為了活命而緊繃顫動。他有了一顆新心臟。雖然只是暫時的，但我希望對他來說有用。

我不禁想著，他的女友會如何看待這台在他體內搏動、嘶嘶作響的怪物，以及那條從腹部伸出的僵硬管線。她還會留在他身邊多久呢？這種念頭平常我是不會有的，這種缺乏同理心的狀態，多半來自長期的壓力與疲憊。如果再見到那女孩，我一定要真誠地支持她，告訴她手術進行得多順利。告訴她，他現在將會慢慢好轉，越來越強壯。反正在休士頓，很快就會有人開槍轟別人腦子，如果他夠幸運，就可以接收這些人的心臟了。

我們花了不少時間才止住出血，那是來自肝臟與骨髓功能不全所引發的滲血，在心臟衰竭病人中非常常見。出血、大量輸血，接著是肺與腎臟功能惡化，這幾乎是這類手術中標準劇本。此刻我得趕去機場，準備搭上另一段十二小時的長途飛行，回到一個完全不同的世界——在那個世界裡，這一切根本不會發生，他只會被放著等死。但我還想先見他女友一面。年輕人的父母這時剛好趕到和他女友會合，所有人都心急如焚。

她抬頭認出我時，我立刻告訴她手術很順利，這句話足以化解緊張，讓全部人鬆一口氣。那根緊繃的發條瞬間鬆開，她那張甜美的臉頓時亮了起來，隨即潸然淚下。原來，她是真的在乎他，不只是因為他曾是橄欖球明星。我覺得自己真是個悲哀的爛貨，居然懷疑她的真心。他的父母親擁抱我，向我道謝。「謝啥？」我當時心想。我不過是協助巴德而已。但只要帶來了好消息，家屬總會感謝所有人。我衷心地祝福他們，願他早日等到捐贈心臟——即便那意味著，另一個家庭將因此承受巨大的痛苦。

在皇家布朗普頓醫院的威爾遜教授（Professor Philip Poole-Wilson）幫助下，我們很快便在倫敦找到潛在受試者。可惜的是，排第一順位、而且是其中最年輕的病人，沒能接受協助就去世了。不過，接下來這個順位的病人看起來非常適合。他是一名六十四歲的高瘦男子，已經被判定不符心臟移植的資格。他跟那位美國的美式足球球員一樣，也有擴張型心肌病變（dilated cariomyopathy），可能跟基因遺傳有關，但更有可能是某種病毒或自體免疫疾病所致。他名叫亞伯（Abel Goodman），是精明的猶太男子，心臟肥大得誇張，完全下不了床。

幸運的是，他有健康的冠狀動脈，腎臟和肝臟的功能也都正常。希望他的術後照護會因此不那麼困難，也沒那麼昂貴。由於他呼吸越來越困難，雙腿和腹部積液腫脹嚴重，在床上無法平躺，必須背墊著枕頭，撐起上半身。菲利普得讓他住進布朗普頓醫院，用藥物控制病情，所以我親自去看了這個病人。我向來愛回那家醫院，而且這次前去，所有的話是我說了算。我不再是玩笑的箭靶，而是真正的心臟外科醫師。

亞伯直直坐在床上，呼吸困難，額頭上滿是汗珠，眼神裡的恐懼像是在說：「我快不行了。」他痛苦到無法說話，就是所謂「病到連剪頭髮都沒力氣」的人。雖然做好了要見造物主的心理準備，但卻暗自希望來的是救世主。我握了握他軟弱無力的手。他的手又冷又滑，血液根本流不到這麼遠。我跟他說明，我在休士頓見過心伴泵的運作情形，機器能解除他的嚴重症狀，他將是世界上第一位以「終生輔助」為前提接受這項技術的病人，這裝置通常只用在等待心臟移植的病人身上。至於「終生」是多久？我不知道。但沒有心伴泵，他可能幾週內就會死了，而且是「最多」幾週。（說實話，我甚至懷疑他能不能撐完我們這段對話。）

他在消化這些資訊的時候，頭往後仰，眼珠子轉啊轉的。雖然流到他腦部的血也不多了，但他還是想辦法抬起枕在枕頭上的腦袋，小聲地說：「那麼，我們就做吧。」我猜他希望可以當天就做。他真的受夠了。

當時是倫敦時間下午三點，比休士頓早六個小時。我打電話給巴德，說明時間緊迫，而且是出於「人道主義考量」，才得以在垂死的病人身上使用這台血泵。既然有了垂死的病人，那可以下週就做嗎？電話那頭一片安靜，感覺過了幾分鐘之久。接著傳來一個字：「好」。

我感覺腎上腺素奔騰，興奮高漲——我們要在牛津進行機械心臟植入手術了。但這股興奮，是為了亞伯，還是我自己？我是一個野心勃勃的混蛋，而我們這些人都渴望做點與眾不同的事，願意冒險——不只是為了病人，也為了我們自己，因為知道這會登上頭條，同樣也會招來器官移植團體的強烈敵意。這是公然反抗他們那種「寧可讓病人死，也不要嘗試新技術」的詭異態度。

休士頓團隊在十月二十二日抵達牛津。當天晚上，麻醉醫師、體循師和護理團隊齊聚在會議室。我們需要逐步討論整個手術流程，熟悉所有設備，更別提還得認識一下我那些來自德州的朋友——牛仔靴和牛津學院，實在不常出現在同個畫面裡。

亞伯成功撐過了從倫敦轉院的過程，現在看到這支來自世界各地的醫療團隊，他既茫然又無力在意這些，因為自己連吸氣都是問題。護士鼓勵他要正向思考，病房勤務員則來詢問他隔天晚餐想吃什麼。他說他不要燻火腿。拉比[1]還來幫他做臨終禱告。

巴德從沒來過牛津。既然他對古書有興趣，我就想帶他看看博德利圖書館（Bodleian Library）和牛津市中心那些歷史悠久的學院，這些地方彷彿與休士頓分屬不同星球。我們在鷹孩酒館喝了啤酒，正是一九三〇年代時托爾金與C. S.路易斯[2]每週四晚上會面的地方。我聽他說自己參與越戰的往事，怎麼執行直升機醫務兵的工作，還有怎麼把頭盔墊在屁股下，以免睪丸被炸掉。他有好幾個外科同事都死於越戰。巴德保住了自己的蛋蛋——從他膽量之大就看得出來。他做過的心臟移植手術與安裝過的心室輔助裝置，比任何人都多。他回想著那些日子被放大的痛苦和快樂，這一切，都發生在我就讀醫學院的時候。

後來，我問起那個大學橄欖球員的近況。他還在德州心臟醫學中心的走廊上閒逛，心臟衰竭的情況已經消失，肌肉也漸漸長了回來，但還是沒等到捐贈者。他的女友已經回大學讀書了。

對我而言，那一晚是暴風雨前的寧靜；而對巴德來說，這可能是新時代的開端——一個讓別無選擇的病人得以接受血泵治療的時代。他認為，這些拯救生命的醫療裝置，不該被綁死在移植用途上。每當進行移植手術，這些價值數千美元、仍能延續生命的裝置便被棄如敝屣，實在是資源的巨大浪費。我不禁思索：幾世紀以來，在這間酒館裡，究竟發生過多少歷史性的對話？但我想，這肯定是第一次有人在這裡討論人工心臟。

隔天早上，氣氛比我預期的輕鬆多了。血泵公司的代表們坐在手術室的休息區，和巴德聊著天。巴德的技術助理提姆（Tim Myers）已經開始和護士們一同擺放設備。護士們既興奮又緊張，深怕在這些尊貴的來訪者面前出錯。亞伯從病房被推下來時，身後跟著一列前來送行的親友。問題是：送他上哪兒去？他穿著白色的病服坐在推床上，整個人弓著背，頭低低的，雙手放在瘦弱的膝蓋上，因焦慮而喘不過氣。他只想趕快被麻醉。他們從走廊經過我時，亞伯抬起頭，小心翼翼地說了句：「待會見啦。」這傢伙直到最後一刻都還樂觀以對。

這一次由我擔任主刀醫師，巴德擔任助手，而我的同事泰加特（David Taggart）則加入作為第二助手。儘管這是一場政治意味濃厚的手術，我們還是設法保持冷靜、專注，甚至可說是輕鬆

1 譯注：猶太律法對於合格教師的稱呼，身分類似基督教的牧師。
2 譯注：Tolkien，《魔戒》作者；C. S. Lewis，《納尼亞傳奇》作者。

以對。血泵的製造商很清楚，外科醫師未必是醫界最聰明的那一群人，因此特地在血泵的鈦金屬殼蓋上標示了箭頭，以免我們植入時弄錯方向。我一向不喜歡做微創手術，因此很享受從頸部一路劃到肚臍的巨大切口。雖然我對自己的技術很自豪，我們過時的設備還是讓人有些自慚形穢。我用手上那把老舊的鋸切開胸骨時，鋸刀晃得厲害，差點切不完胸骨最上面的部分。我們在左上腹壁製作幫浦腔室，接著迅速劃開緊繃的心包囊，露出亞伯那顆巨大的心臟。

我按照巴德的方式，一步步執行植入程序，好像自己第一次開刀似的。先置入心肺機的管子，接上心肺機，接著排空亞伯的心臟，再小心地把束環縫在左心室的心尖上，並將人工血管縫接到主動脈。我們挖出一片束環裡病變的肌肉，留作顯微觀察用。再來就是置入心泵的流入管了。安裝工作完畢。

最後最關鍵的步驟，是在啟動血泵前**徹底排除系統中的空氣**。我們減少心肺機的流量，讓心臟自行充盈。左心室開始充滿血液，血流進入血泵的進流口，空氣則被推送進人工血管裡，透過一支粗針排出。我們把這個鈦金屬製的「巧克力盒」穩妥地安置在腹腔囊袋裡，吩咐提姆「啟動血泵」。機器隨即運轉，發出它特有的嘶嘶聲，最後幾個氣泡從排氣針中冒出、消散。亞伯有了全新的左心室，一顆強而有力、連街對面都能聽見聲音的人工心臟——但病人總會習慣，就像植入機械瓣膜的病人，最後也會習慣深夜那清脆的滴答聲。這就是靠著機械裝置維生的一部分，遠比另一種結局好多了——通常是這樣啦。

亞伯很快就從麻醉中醒來，也許有點快過頭。我們馬上拔管，讓他脫離呼吸器。我看得出來，他感覺不一樣了。他眼睛一亮，咧嘴一笑，那是所有從麻醉中甦醒的人都會有的神情——一種「我還活著」的驚喜與茫然。他四肢活動正常，神經沒有任何異常。我好想打電話告訴執行長：「長官，我們植入了一個人工心臟，病人情況良好。」就像巴納德做完那台歷史性的心臟移植手術之後那樣。但直覺告訴我：別這樣做，再等等，還是保持謹慎吧。主角又不是我，重點是讓亞伯恢復正常，而現在我擔心他血壓過高。此刻驅動他循環的，不再是那顆虛弱的左心室，而是一台強力機械裝置，而他身體本能地對這未知局面分泌出大量腎上腺素。加護病房的醫師得給他使用血管擴張藥物，還要針對他原本心律不整的問題給予抗凝治療，再給他鎮靜劑過夜。術後調養跟手術一樣重要。我自己也需要鎮靜一下。不過整體而言，今天真是場漂亮的戰役。

沒有消息就是好消息，我整夜什麼也沒聽到。巴德總是行程滿滿，隔天一大早就跟公司代表們前往希斯洛機場了；我則在早上七點開車前往醫院，滿懷樂觀與自我陶醉。一路上我腦中已經開始構思新聞稿，幻想著各大頭條會怎麼寫：「牛津外科醫師成功植入人工心臟」或「垂死之人因英雄手術重獲新生」，也難怪我到病床邊時，被迎面襲來的打擊狠狠砸了一臉。亞伯那張臉上早已寫著一切——他神情空洞，嘴角右側流著口水，眼皮下垂，見到我時並沒有我期盼的那種熱情或感激。他連右手跟右腳都抬不起來。該死，他癱瘓了。

我腦中滿是髒話在翻滾，而那台血泵還在我耳邊嘶嘶作響。他皮膚粉嫩、體溫溫暖，血流狀況極佳——但他還是他媽的癱瘓了。之前一切都那麼順利啊。怎麼沒人提前警告我？我下意識地想怪罪別人，但能怪誰？直覺告訴我，體內很可能有血塊剝離——可能來自他脆弱的心臟，也可能是血泵或人工血管的表面。如果真是這樣，我們應該立刻施打速效抗凝血肝素（heparin），畢竟華法林（warfarin）還來不及發揮作用。不過，有位神經科醫師勸我先做頭部掃描，確認腦部損傷的範圍，也要排除是否是腦出血。如果在腦出血的情況下注射肝素，那絕對會是致命一擊。不論原因為何，這都是一場大災難——尤其是從經濟角度來看。漫長的加護病房照護將耗費巨大成本，而這筆錢，得用我的研究經費支付。

我陪著亞伯去做掃描。巴德和他的團隊早已抵達希斯洛機場，對糟糕的事態發展全然不知，而我氣得根本不想打電話通知他們。就讓他們好好享受回程的飛行吧。我站在掃描室裡，盯著電腦掃描出的腦部切面。病灶一目了然，卻也讓人意想不到：腦部**的確有**出血。而且不僅如此，出血的位置來自先前中風的區塊，絕對不是近期形成的，可能已有好幾個月的時間。為什麼我們事先完全不知道？連亞伯的妻子也全然不知丈夫中風過。他過去偶爾會抱怨頭痛，但從未有過癱瘓或無力的症狀——直到現在。那應該是一場「無症狀」中風，悄悄留下了隱患，而我們現在陷入兩難的處境。治與不治，都會遭殃。目前亞伯雖然癱瘓，但倒不會死。此刻也只能「正向思考」，或者乾脆退出這個高風險的行業。

我轉換了一下思考方向。亞伯現在需要的不只是心臟照護，還有神經復健。付出時間和努力，許多中風患者是有可能康復的。他無法吞嚥，因此我們必須透過胃造口管餵食，由腸胃科醫師直接穿過腹壁，將管子置入胃內。他咳嗽無力，因此需要頻繁的胸腔物理治療。當他出現肺炎時，立刻給予抗生素治療；當他咳嗽太用力，導致電力導線出口處的皮膚撕裂，我們就再次進行手術修補。物理治療師們竭力協助他恢復行動力。三個月後，癱瘓減輕為無力症狀，又透過運動逐漸好轉。他開始能四處走動，重新投入自我復健。他的語言能力恢復了，吞嚥能力也改善了，開始在醫院走廊上閒晃，不再氣喘吁吁、全身水腫，也不再有心臟衰竭的症狀了。他一點一點拿回自己的人生，而我的決心也一點一點重新燃起。

血泵的聲音和每分鐘六十次的嘶嘶排氣聲，就像蛇在吐信，讓我們每次還沒看見亞伯，就知道他人在附近。雖然要與這聲音共存並不容易，但對亞伯來說，這比吸不到空氣好太多了。某天我經過，看到他坐在病床外的椅子上。他主動說自己覺得狀況不太好。我們勸他回到床上並接上監測器，這才發現原因——當時他發生了心室震顫，那是一種沒有輔助設備就會立刻致命的節律失控。即便他的右心室早已完全失去功能，左心室輔助裝置仍舊幫助他維持生命機能。太不可思議了，我心想。但這種情況不只發生過一次——整整發生了五次，而我們每次都只是幫他去顫：給點鎮靜劑、擺好電極板，然後「滋！」地一聲，他自己的心臟又開始跳動了。隨著時間推移，我們還發現另一件事：他的心臟正在縮小，且收縮力逐漸增強。這與巴德的發現不謀而合：罹患擴張型心肌症的心臟會隨著休息而好轉。重要的是必須從分子層面出發，找出這種現象的原因。

要是當初亞伯因為中風身亡，我們的慈善贊助可能就得止步了。但是他活了下來，也完成了復健。心伴泵持續穩定運作，我們差不多可以讓他出院了。就在這時，醫院轉來了下一個病人。

他的名字是勞夫・勞倫斯（Ralph Lawrence），原是路華汽車的財務稽核經理，後來提前退休。他和妻子琴（Jean）都喜歡跳舞——土風舞、穀倉舞、國標舞，全是需要體力的舞種；他們也喜歡開著露營車四處旅行，遊歷全國。

勞夫六十歲出頭時，覺得呼吸越來越困難。胸部X光片顯示他心臟肥大，於是華威郡（Warwickshire）當地的醫院把他轉到皇家布朗普頓醫院的心臟衰竭門診，被威爾遜教授診斷為擴張型心肌症。第一步，他們先採用心臟衰竭的藥物，接著還用了當時的一種新療法——用一種特殊的心律調節器，進行電擊心臟再同步化治療，其目的是讓擴大的心臟各部位能更協調地收縮，提升整體泵血效率。但隨著心臟越來越肥大，療效會逐漸變小，如今他的症狀又惡化了，預後極差。他能不能做心臟移植呢？當被告知他這個年紀已無法排入移植名單時，勞夫卻出奇坦然地接受，還表示器官這麼稀缺，應該留給年輕人。他是個很討人喜歡的傢伙，又有非常支持他的家人。我們認為他是使用心伴泵的最佳人選。

雖然勞夫幾乎什麼都做不了，病情倒是很穩定，也不像亞伯病得那麼重。他有幾週時間可以仔細考慮是否要接受這項治療，我們還拿了心伴泵病患的指南給他的家人讀。就算對有望及時接受植入的人來說，那些內容讀起來還是很嚇人：不可游泳或泡澡。可以淋浴，但一定要蓋好電氣裝置。衣著不可過緊，以免造成排氣管彎折或打結。隨身必備備用緊急裝置。假如控制器上的黃色扳手亮燈的話，表示裝置故障；若紅色心臟圖示亮起，並伴隨警報聲，那就是血泵停止運作，必須立即尋求協助。諸如此類的字句，全是讓人擔憂的事，而亞伯當初根本連好好考慮這些的時間都沒有。

我在牛津的辦公室裡見了勞夫和陪同前來的琴。那時勞夫已經難以再忍受自己的生活了，所以這些資料沒有輕易讓他們心生推遲的念頭。當時他們再也無法出門，勞夫得坐在椅子上撐起上半身睡覺，而且腳和腳踝腫脹到無法穿鞋，隨時都可能猝死。他的家人也都知道。我擔心的是，他是胰島素依賴型的糖尿病患者，不過他控制得很好，已經很習慣對自己的健康負責。他的態度樂觀正面，希望可以盡快進行下一步。

「那麼，我們何不今天就開始？」我說。我想他們應該要準備一下，見見亞伯，問問他體內有個「外來物」的生活感覺如何。我知道亞伯會說：「比心臟衰竭好。比死翹翹好。」何況琴跟她的丈夫一樣，都得盡可能多了解心伴泵，因為家裡發生緊急狀況時，她可能得負責處理，沒電的時候搞不好還得幫忙手動操作。

我們定下手術日期，就在四週後的禮拜三，這樣我就有時間跟休士頓那邊安排事宜。只是這次還有個考量。亞伯的手術被八卦消息傳遍了，很多人知道。由於他曾經中風，我們本來刻意保持低調，但勞夫的手術是提前一個月規劃的，這件事難免會被媒體知道。這情況有好有壞。大眾的關注有助於我籌措維持這項計畫所需的慈善資金；但若病人手術失敗、出現負面新聞，也足以讓整個計畫一夕之間垮台。這些衰弱不堪的心臟衰竭病患連疝氣手術都做不得，何況是心臟手術。這麼說來，該怎麼控制風險呢？

我們私下達成共識，決定只讓一家報社採訪勞夫的手術，避免媒體蜂擁而至。最重要的是萬一勞夫出院，或甚至沒能出院，他的家人需要安寧。《星期日泰晤士報》（*Sunday Times*）雀屏中選。他們可以深入報導整個過程，只要在報導中對病人與家屬保持應有的尊重與低調。作為交換，我們也希望他們能考慮捐助我們的慈善計畫——不是支付報酬，而是以慈善名義支持。畢竟若沒有這筆慈善資金，勞夫也不會有手術的機會。

勞夫和琴一起在醫院提供的房間度過手術前一晚。琴告訴《星期日泰晤士報》：「我們有充分休息。他已經安然接受這一切，很高興就要進行手術了。」週三早上九點半，打了鎮靜劑的勞夫被推進五號手術室，他依舊無法平躺，否則會喘不過氣來。我們真心希望，他從此再也不必經歷那種快要窒息死亡的恐怖感受。這次手術在院內引起了極大的關注，因此我們決定錄影並在一間大講堂即時轉播。我很樂意讓記者與醫院管理階層的人觀摩。在外科，有這麼一句話：「看人家做一遍，自己做一遍，再教人做一遍。」我在休士頓看過一遍，在牛津做過一遍，但我非常確定，自己還沒有要教勞夫開刀的打算。在勞夫被麻醉的這段時間裡，我和巴德靜靜地坐在休息室等待。

五點整。等候室又小又悶。不管哪天、無論何時，時間都是五點整，因為裡面的鐘早就停了。只能靠著用過的塑膠杯越堆越高，才能知道時間的緩慢流逝。琴緊握雙手坐在那裡等消息，焦慮得幾乎失神。下午兩點，終於等到那句她盼了整天的話：勞夫正被推回加護病房。

一九九六年五月十二日，《星期日泰晤士報》以整個頭版刊出了勞夫的胸腔連同人工心臟的X光片。標題寫著「有兩顆心臟的男人——為何一塊鈦金屬、聚酯纖維和塑膠組成的裝置，如今正在勞夫．勞倫斯體內滴答運作」。讓全國性媒體深入報導人工心臟手術，包括手術室內的照片、對病人家屬與醫療人員的訪談，這是個大膽的決定。但報導呈現得非常出色，每個人都能讀到——首相、國會議員，甚至女王。報導內容極為詳盡，還附有圖示，這對我們維持實驗室研究計畫助益良多。有些人本來認為創新是國民健康服務署的責任，卻被我們打動了，只可惜國民健康服務署沒有共鳴。這項醫療技術所費不貲，我們卻得不到金援。

我們一直覺得是高血壓造成亞伯腦出血，因此，我們讓勞夫維持深度昏迷好幾個小時，直到當晚深夜他才恢復意識。琴就坐在床邊守著，看著他腹部的泵規律地震動，在加護病房的醫療儀器與管線之間持續運作。他隔著氧氣罩想跟琴說些什麼。「你口渴嗎？」琴問道。他回答：「不渴。今天禮拜四嗎？」兩天後，勞夫就能下床坐在椅子上了。再隔一天是週六，他已經可以在物理治療師的陪同下，開始在加護病房裡走動。

但接下來發生了災難。當時我正在布倫海姆公園慢跑，手機突然響起。亞伯在病房裡感到劇痛，心泵周圍出現急性出血，引發出血性休克。就在他自己的心臟差不多復原之際，肋骨下卻出現了嚴重腫脹。我們得立刻取出心泵、止血，否則他就會死。我吩咐他們馬上召集手術團隊。

雖然以我的年紀不該跑太快，但我還是飛奔回家，趕緊跳上車。週末的交通沒那麼壅塞，但對於是否能及時幫他開刀，我卻很悲觀。來得及也好，來不及也罷，外科醫師都必須保持冷靜。在這種情況下，激動、亢奮或焦慮只會讓手術失敗。我在車上就想好了對策。快速重新打開他的胸腔，一定會造成損害，所以必須切開鼠蹊部，找出動脈和靜脈，然後插管，啟動心肺機。這麼一來他就脫險了。只要輸的血夠多，我們就能保持通往腦部的血流，關掉心伴泵。我們終於在最後關頭完成了任務，即便輸了血，他的血壓還是掉到正常值的一半。

我將固定胸骨的鋼絲拔出，接著用骨鋸從胸骨中央劃開。當胸骨被切成兩半，帶著光澤的紫紅色血塊從縫隙間滑出，下方也溢出鮮紅的血。我很快就搞懂是怎麼回事：亞伯的心臟一變小，心伴泵流入管的位置就跟著偏移，這正是導致心尖撕裂的原因。後來證實，我的直覺判斷正確無誤。因為我切開發炎的團塊時，看得出人工血管和主動脈的接合處仍然牢固無虞。

決定簡單明確：血泵必須取出。亞伯的心臟不是成功維持他的血液循環，就是死路一條。要止住這個搆不到的出血處，最簡單的方式就是先讓他的體溫降到攝氏二十度，然後完全停止血液循環。同時，我將心伴泵的電源線剪斷、丟掉，從他腹壁的血泵囊袋裡舀出一大團血塊。我們的處理逐步有了進展，但我心裡忍不住想：這還真不是什麼度週末的好方法。

一開始，這對他的家人來說無疑是個沉重的打擊。他們原本滿心期待，在他住院五個月、狀況穩定之後，終於可以接他回家。亞伯和勞夫的妻子們一起等候著手術結果，一個人祈禱奇蹟出現，另一個如今則明白一個道理：植入成功，也不代表此後幸福快樂。壞消息傳得很快，不久醫院上下便瀰漫著凝重的氛圍。照顧亞伯的護士及物理治療師們以為，經過幾個月密集的努力，能讓他從腦出血中復原，到頭來卻救不了他。果真如此，對我們所有的人來說都會是一大憾事。

不過，也不全是壞消息。差得遠了。亞伯心臟的變化之大，遠出乎我的意料。植入心伴泵後，他自己的心臟獲得了幾個月的充分休息，這不僅修復了他的心臟衰竭，連原本呈球狀膨大的心臟也恢復正常。我們小心地切斷流入管後，找到了出血點——心肌被撕裂了一處。我剝除黏在金屬流入管上的半月型心肌，作為病理檢驗之用，好和第一次手術時為安裝導管而切除的心肌組織直接進行比對。

這比什麼高深的科學研究還棒。我們證明了擴張的心肌細胞已經回復成正常的大小與結構，而且，我們有辦法協助患病的心臟復原。我們把這稱為「留用自己的心臟」（Keep Your Own Heart）策略。只不過，這種結構上的改變能否繼續維持，心臟又會不會繼續運作呢？我們當時並不清楚。只有時間可以解答，即便如此，這仍是重大的發現。

手術進行了七個小時。我們好像接生孩子一樣，取出了亞伯的血泵，因為我想要保留起來。我們用鐵氟龍線深層支撐縫法修補了先前流入管的部位。雖然如今他的心臟看起來亂七八糟的，但還是可以運作，在我們重新恢復血溫之際，收縮功能良好，推動著他體內的血液循環。就這樣，我們像動了一場簡單明瞭的手術那樣，拿掉了心肺機。所有的切口面都在出血，但血壓卻正常。

這會是全世界第一個慢性擴張型心肌症之「銜接康復治療」的成功案例嗎？亞伯出血的情

況慢慢減少了，我們也關上了他的胸腔與腹腔。這是場大勝利。亞伯的家人欣喜若狂，勞夫和琴也鬆了口氣，團隊成員們也都很樂觀。只有我依舊不安。我們現在的情況可是危如累卵。

我別無選擇，只能把術後護理交給加護病房團隊。講好聽點，這時的我已經累壞了。講難聽點，我想自己已經瀕臨發瘋邊緣了——同時要兼顧太多東西，把自己的人生和別人的人生都逼到極限。手術對我而言是單純的事，但政治就不是了。何況，承擔國民健康服務署無限期的帳單，是很有壓力的。冒險的還不只是人命而已。許多有影響力的人物都主張機械式心臟絕對沒有用；要證明他們錯了，是一場硬仗。

接下來三十個小時，亞伯依然穩定，一切正常。雖然長時間休克，不過腎臟已經在排尿了。儘管如此，我還是不安。賭注太高了，我如履薄冰，卻隨時覺得會沉落水底。那天深夜，亞伯的心臟不穩，演變成不受控的心房顫動，心律快到左心室快吃不消，這是接近半數心臟手術的病患都會發生的簡單問題。但這個本應輕鬆解決的問題，在亞伯身上卻不是如此。現場的初級醫師沒有一個敢幫亞伯電擊，他的情況急速惡化。我雖然趕到了醫院，但在我人到達時，他已經回天乏術。

亞伯在家人的陪伴下離世。我有兩個選擇——理智斷線然後被解雇，或是默默走開。我做了正確的選擇。走出去時，我經過了勞夫的病床。琴把頭枕在床單上睡著了，對外面的事情一無所知。勞夫雙眼直愣愣地望向前方，滿是焦慮，看著我走過他的床邊。他明白我當時的感受，而我也沒辦法說什麼話安撫他。他什麼都聽到了——我們該電擊嗎？該叫主治醫師嗎？萬一……怎麼辦？接著就是注定躲不掉的一死。只剩混亂與咒罵。

生與死之間的界線就那麼一點點而已。能否存活，靠的是在場的人是否能辨識出問題，又能否在對的時間採取正確的處置。亞伯當時只是需要電擊，讓他過快的心律恢復正常。但這需要有個人主持大局，挽救當時的情況，而事情並沒有這樣發生。如今，我們稱這種情況為「搶救失敗」。明明費盡那麼多的努力，他的死本可以避免的。

所幸，勞夫的情況日益好轉。他被醫療技術徹底改造了；不久，他就學會跟體內那個大聲泵血、嘶嘶排氣，每分鐘輸送六公升血液並產生強力搏動的「外來物」共存。不到兩週，他和他的家人就已經精通這個設備的使用方法。其中最要緊的，就是處理那條從勞夫身體側邊穿出的硬質白色電源線——必須維持絕對乾淨、防止細菌感染，因為周邊的皮膚必須跟這條電源線黏合，和化纖人工網膜補片結合一體。勞夫最大的危險就是電源線感染，這是這類裝置最常見的併發症，對像他這樣的糖尿病患者尤為致命。實際上，就是因為這個原因，最初才拒絕讓糖尿病患者植入心泵。

琴經常練習應對突發狀況，學習在警報響起時該如何排除故障。在那種時刻，活命靠的本就是能否正確決斷，因此她學會當電路失效時，如何手動操作心伴泵。然後他們就帶著愉快與自信出院了，欣欣企盼新的人生，還創下目前為止人工心臟病患中最快出院的紀錄。雖然勞夫每個月都會回來複檢，但他們很快又開始開著露營車四處旅行，盡情享受這場第二人生。他很快樂。

冬天帶來了預料中的麻煩——普通的感冒，伴隨咳嗽和打噴嚏。但這些症狀，導致勞夫腹部那條電源線接口處頻繁牽扯、產生剪應力（shear stress），皮膚細胞和化纖人工網膜補片之間脆弱的密合因此裂開，細菌就滲入了皮膚防線的破口。儘管琴用一般照護電源線的方式，努力保持患處清潔，但傷口卻開始流膿，發熱、紅腫又疼痛。勞夫的家庭醫生採了細菌培養樣本，並開立抗生素。然而，感染讓糖尿病的控制更加困難，血糖升高反而成為細菌滋長的溫床。經過幾週的抗生素治療後，出現了真菌感染，我們讓勞夫入院，試圖控制病情。此時，電源線四周已經出現感染發痛的潰瘍傷口，我們嘗試進行手術修復，傷口外觀看起來確實改善許多。而勞夫每天花好幾小時踩健身車鍛鍊肌肉，心臟狀況也大獲改善。

最後，真菌感染蔓延到了心泵本體，我知道這下災難臨頭了。在休士頓那邊，巴德也碰到了同樣的問題，不過是在接受銜接移植治療的病人身上，而且那些病人並不是糖尿病患。我常打電話向他請教，我們都曉得，這類感染無法單靠抗生素徹底根除，但我們能像當初幫亞伯做的那樣，冒險拿出血泵嗎？我確實認真考慮過。然而情況惡化得太快——感染已經進入血液循環，就是所謂的敗血症。現在，血泵內外都被真菌感染，豬心瓣膜上覆滿了真菌塊，開始崩解。已經沒有任何退路了。我不得不跟琴說明，任何大膽的療法都為時已晚。

敗血性休克導致腎臟和肝臟衰竭，勞夫的皮膚變得蠟黃，肺部也因為血泵當中的瓣膜開始大量逆流，注滿積液。連心伴泵的聲音都不一樣了：血泵增壓室裡潑溢來去的血液，讓它聽起來像台洗衣機；那原本如蛇的吐信的嘶嘶排氣聲，如今則更像燒開的水壺。對我來說，一切已經結束了。當我告訴琴，現在再試圖進行「亞伯那一套」的大膽療法已經不合時宜時，她內心也已了然。勞夫是撐不過的。我們該做的，是用呼吸器協助他舒緩最後的呼吸，以應有的尊嚴離開人世。

多虧了勞夫，新的篇章就此開啟。《星期日泰晤士報》稱他為「擁有兩顆心的人」，而他的表現也確實非常出色。他在植入心泵後存活了十八個月，在親人圍繞下安詳辭世。儘管歷經苦難，他的家人依然心懷感激，感念重生的機會讓時光沒有虛度。

我們在亞伯和勞夫的身上學會很多。他們是先驅，是最早一批以「終身使用」為目標接受人工心臟植入的病人。是，我們接受這個「終身」或許不夠長，但每段生命都無比寶貴——問問癌症病人就知道了。我們需要更好的血泵，而一切尚在努力中。

第七章

搶救茱莉的心臟

啊，什麼都還不算太遲，只要那顆疲憊的心，尚未停止跳動。

——美國浪漫主義詩人，亨利・朗費羅（Henry Longfellow）

為什麼病人做完心臟手術會死？是手術醫師技術失誤而毀了心臟？弄錯了要開刀的心瓣、冠狀動脈？還是讓病人失血過多？以上原因都相當罕見。通常是因為病人手術之前就已經病得很嚴重，即便手術順利，他們活不活得下來還是難有定論。就像所有其他的專業一樣，確實可能出錯。不過，大多數的病人之所以死去，是因為手術過程中他們患病的心臟漸漸衰竭。

當時，在傳統的手術過程裡，必須刻意停止心臟的運作，切斷心臟的供血，因此心臟就會受損，不論我們注入什麼保護用灌流液都一樣，因為灌流液通通不完美。手術最後，心臟常虛弱到無法支撐血液循環。不過，這時的心臟即使很疲憊，卻有可能恢復得了。但將心肺機關掉，心臟接不上，若沒有幫忙，病人便會死在手術台上了。很常碰到的情況是，脫離心肺機之後，心臟先緩慢費力地跳著，但接下來幾個小時內，還是慢慢衰竭，不管我們怎麼用藥驅策，手術室裡的一切都已經為時已晚。心肌缺血的時間越久，就越有可能發生這樣的情況。然後病人的大體就會被送去太平間，徒留悲慟的家屬。

我認為這條死亡之路是可以預防的。心臟不過需要一個恢復的機會而已，而解決的方式，不是心肺機再接久一點。事實上，這麼做會讓情況更差，因為血液和異物表面接觸的時間越久，全身發炎的可能性就越高，表示接下來器官功能會變差，出血更嚴重。

那麼，用別種心泵呢？用沒有氧合器的簡單回路，效果可能更好，可以用幾個小時或幾天——最壞的情況是用幾個禮拜，等到心臟自己的收縮功能恢復，或者手術修復開始發揮作用，又能讓血液可以自主循環為止。

如果有安全又可靠的暫時性血泵，可能救得了一半到三分之二原本或許會死的人。我們從何得知呢？驗屍結果證實，大部分的大體，心臟都結構健全。他們的心臟只是疲憊而已。只要讓心臟休息，同時維持其他器官的運作，那麼，病人就有機會好起來。

大部分研發血泵的先驅者，免不了都會認為一定得產生模擬人類血液循環的搏動才行。早期的血泵得排空和注滿，而且尺寸要大到可以模擬正常的人類心臟。其實一般需要輔助的只是左心室；必要的話，可以用不同的系統維持左右兩心室的運作。但早期使用風箱還附有心瓣的搏動式裝置，會造成亂流、摩擦，還會產生熱，這樣的環境最容易造成血凝塊形成，同時導致中風——在搶救人命的戰役中，這個嚴重的併發症，肯定是憾事一樁，人人都怕的終點。

美國匹茲堡阿勒格尼綜合醫院的外科主任喬治．莫戈文（George Magovern），就沒那麼堅決相信搏動的必要。他的主張是，血液是穿透厚度相當於一個細胞的極細毛細血管，送到組織的。在這個微環境裡，根本就沒有搏動，因為在搏動壓力傳送到毛細血管之前，便已經在小動脈裡消散殆盡了。要是搏動一如我們所提出的那樣並非必要，那麼，我們就可以做尺寸比較小的血泵，病人的手術傷口也會比較小。這種血泵將高速自旋，每分鐘輸送五公升到十公升的血液，而這種血泵只要對血液無害就好。於是，莫戈文找來他的朋友，華盛頓特區國家衛生研究院的心臟外科研究主任理查．克拉克教授（Richard Clark），一起合作研究。

他們花了五年的時間才做出離心血泵。這裝置跟腳踏車鈴一般大小，重量只有半磅，由電磁鐵驅動單一的移動零件，也就是六枚葉片的渦輪。這個最初取名為AB-180的離心血泵，是用來維繫血液循環的，時間可達六個月，足以進行銜接移植治療。血泵的設計簡單到其中一個技術人員還把原型產品接到自家院子的水管，用來抽光他家的魚池。這個血泵在實驗室的測試表現良好，不損傷紅血球，而且在綿羊身上使用的效果也很棒。因此，一九九七年，美國食品藥物管理局批准了AB-180的人體試驗，前提是這個血泵只能作為「最後手段」之用。這是一場「試用血泵」對上「不用必死」的人體試驗。

一九九八年二月，我受美國食品藥物管理局之邀，到華盛頓參加一場心臟會議，討論前不久我幫亞伯和勞夫動的手術。我就是在那裡認識了理查。當時大家都認為他該退休了，但他還是不願割捨，因為心臟外科是他的命。晚餐席間他給我看了AB-180，問我願不願意聘他擔任一年的研究人員，我受寵若驚，提議他帶上這台血泵。當年八月七日，他和妻子就來到了牛津。那可是赤裸裸的對比啊：從林立的高樓大廈到編織夢想的尖塔群，從全世界資金最充足的健保制度到國民健康服務。當時AB-180都還沒成功用在病人身上過——他們大膽勇敢地在三個休克的病人身上試過，最後通通死亡。在美國進行的臨床試驗眼看就要被中止。

◆

一九九八年八月九日凌晨兩點，我被電話吵醒。怪了，今晚我不用待命啊。來電的人是倫敦密德薩斯醫院的心臟內科醫師。當時她負責照護一名二十一歲的實習教師茱莉，茱莉原本回到薩里郡的爸媽家過暑假，一開始只是告訴院方自己有類似流感的症狀。幾天不到，她人變疲累，無精打采，呼吸變急促，冒冷汗，還不排尿。說白點，她就要死了。

區綜合醫院看出她就快不行了，很快把她轉到倫敦的教學醫院，超音波掃描顯示她的心臟收縮不良。她患了病毒性心肌炎——一種病毒性疾病，跟感冒雖然很像，但要是危及心臟，可能致死。發炎和積液已經破壞了茱莉的心臟功能，心輸出量監視器證實她全身血流量非常差，不到正常值的三分之一。從各方面來說，對於前一個禮拜還正常得不得了的女子而言，這是相當危急的情況。

那位心臟內科醫師將茱莉送進心臟加護病房，還用了我們所謂的球囊泵（balloon pump）。那是個香腸型的乳膠氣囊，用導管連接到一台外部的空氣壓縮機上，導管經由腿部動脈進入胸腔的主動脈，心臟舒張時，氣囊就膨脹。雖然這麼一來會提高血壓，稍微減少心臟舒張所需的能量，不過，還是要有一定的血壓和血流，球囊泵才能發揮作用。在茱莉身上，這他媽的根本沒用，只不過妨礙了流往腿的血流。她的腿因為大量排放乳酸開始發青。來電之時，她的最高血壓為六十毫米汞柱，是正常值的一半。

他們認為我是最後一個成功的機會，那位密德薩斯醫院的心臟內科醫師想知道她還能做什麼。「你有沒有什麼能幫得上忙的技術？」她問完之後還要我放心，就算我無能為力也沒關係，因為那震驚難平的父母和妹妹已經與病人道別過了。他們覺得，茱莉被麻醉接上呼吸器的那一刻，人就已經離世了。按照傳統慣例，呼吸器和球囊泵是最後能做的手段——只不過，接了這些也沒差別，用完麻醉藥之後，病人的血壓免不了又往下掉得更低。

大部分病毒性心肌炎患者會好起來。就跟流感一樣，病毒的影響會消散，心臟會復原。然而，茱莉的情況並非如此。她那致命的血清生化分析還有惡化的器官功能，已經嚴重到難以挽回，再加上她還處於急性心臟衰竭的惡性循環裡，最終恐怕難逃一死。

在這種凌晨時分，我有時候會想回對方：「不好意思，今天不是我待命。我喝了幾杯啤酒，幫不上忙。」老實說，我不記得當時怎麼回答了，不過說的話差不多是這樣：「盡快把她送來牛津，我會叫手術團隊準備上陣。」

於是，大半夜的，茱莉便在醫師、護士和大批設備隨護之下，被救護車送進了牛津。我打電話給理查，他立刻趕來醫院，開箱取出血泵套組。想到這麼快就可以試驗，他很是激動。我那認真的日本得力助手勝間田敬弘也趕來醫院協助。

我們在急診部見到了茱莉，還有剛剛一路抱著七上八下的心、火速從倫敦趕六十英里過來的醫療人員。當時茱莉的肝臟和腎臟已經衰竭，血壓值低到不足參考，所以，我們別無選擇，只能快快將她送進手術室。她跟死了沒有差別。那個時候她的父母親還沒抵達，即便已經是凌晨時分，他們也還在努力擺脫交通離開倫敦市。

後來媒體的報導說錯了一件事。他們說醫院的倫理委員會同意我使用AB-180，但可惜的是，這個說法是錯的，大錯特錯。除了我和理查之外，沒人曉得我們有這個裝置，而我們倆都沒想到自己可能那麼快就會用上它。當時這台心泵的致死率是百分之百，也就是說，客氣地講，這數字是具有統計顯著意義的。不過，我不是那種會因為行政程序上的枝微末節，而讓年輕病人死掉的醫生。

所幸體循師布萊恩已經備好心肺機待用了。陪同茱莉來的加護病房醫師已經覺得他們來得太遲，而當時我把手放上茱莉的腿，也懷疑她可能已經死了。她的腿又蒼白又冰冷，靜脈看上去扁扁的沒有血流，雙腳也發青了。雖然她體重不重，要搬動她還是很困難的事，還得小心移動那些點滴、呼吸器以及球囊泵。我和勝間田輕輕地將她抬起，放到手術台，刷手護士琳達也已經刷手完畢，穿上手術服，準備就緒。

流動護士唐脫去了茱莉身上的白色病袍。她的導尿管纏到了設備，像彈弓那樣被拉長，膨脹的氣囊還在她的膀胱裡。唐解開了纏到的管子。我吩咐琳達消毒病人皮膚，標示出手術部位，蓋好覆蓋巾。我和勝間田趕緊刷手，現在重要的是消毒還是救人呢？我們的麻醉醫師麥克努力地想要搞清楚眼前的一堆管子和用藥，陪同茱莉前來的麻醉醫師從旁協助，只有他最曉得。說真的，什麼藥裝在什麼管子裡根本都沒關係，反正通通都沒效。我請麥克把手術燈對準茱莉的胸腔後，一把抓起了手術刀。

我一刀就直接用力切到了骨頭。用不上電刀了。現在她體內沒有血液循環，所以皮膚或脂肪都流不出血來，何況她的心律低到讓人受不了的地步。我用骨鋸鋸開胸骨。還是一樣，骨髓也沒有滲出。我們塞進牽引器，迅速用剪刀剪開心包。這時麥克指出她的心電圖慢到要停了，不過，不需要他跟我說，我正眼睜睜盯著茱莉這顆被病毒入侵的腫脹心臟。她的心臟只是用一種很可笑的方式蠕動著，好像電池幾乎沒電的鐵製玩具兵，擊鼓的速度越來越慢，最後雙手停在半空中。完全沒動力了。

即便茱莉的心臟就要停了，我還是繼續手術。我用錢袋式縫合法將心肺機的管子固定在主動脈右心房上。這時的主動脈軟趴趴的，沒有血壓，右心房則繃到要爆開了。每戳進一針就有沒攜氧的藍色血液撒出來。幾乎沒有血液流進她的肺部了，到了這個階段，我都懷疑她還能不能救活。

我們按部就班地繼續手術，不發一語，塞入插管，接好心肺機。每一個關鍵步驟之間，我都會握住茱莉那疲弱的小小左右心室，用力又有節奏地一鬆一緊地捏，好像用手擠一顆葡萄柚的汁那樣，這是一種體內心臟按摩的方式，模擬繼續流向她腦部和冠狀動脈的血流。這才是最重要的，別管其他器官了，靠著她黏稠血液裡還剩下的氧，保住腦部和心臟就好。

話不多的勝間田，這時卻低聲說了句：「別提戰爭的事。」[1] 靜脈引流管都還沒接上心肺機的回路，我就吩咐布萊恩啟用心肺機，幾近黑色的血液緩慢地流進管子。雖然一陣忙亂中，流了一個氣泡在右心室接出來的引流管裡，不過這不是大問題。我們提起管子，氣泡就浮到頂端，然後，再放低管子與手術台齊平，氣泡就嘶一聲排進貯血槽了。

這下子，一度排空的心臟，流入了心肺機送進的血液後，開始穩定地跳動了起來，這時，手術室突然一片寂靜。茱莉的血氧濃度急速升高，過濾掉乳酸後，她體內黑色的血液，又開始變紅了。只要腦部沒有受損，她就安全了。手術時機算得剛剛好。

我轉頭問理查：「這東西要怎麼植入？」看起來不難，裝置上有一根流入管，不過我覺得這管子硬得很不合理。這應該要插入左心房，把肺部送出的高含氧血，引流進離心血泵。這麼一來，血泵就會成為她新的左心室了。還有一根人工血管把血液送回她的主動脈後，接著再循環全身。簡簡單單。這裝置本身要安置在她胸腔右側，裝在肺部和心臟之間。一旦她左半邊的心臟被有效分流，她的大腦和身體就安全了。既然如此，我們動手吧。

理查把消毒好的裝置交給刷手護士琳達。我思考著該用什麼方式，將這條硬梆梆的流入管穿過薄薄的心房壁，插入小小的心房。由於進入點得長時間保持完全不出血，所以我覺得應該在左心房上縫一條人體的主動脈。這麼一來，流入管的進入點就會有一定程度的彈性，拔除時也更安全，不會在心臟留一個大洞。這個簡單的妙招，就可能造就生死之差。

我們把捐贈的心臟瓣膜和血管存放在手術室的冰箱裡，就是為了因應緊急情況。我就有一個特殊團隊，專門負責安排器捐，挽救解剖室裡不要的人體器官組織。這些好好保存下來的備用零件，對我們得重建兒童心臟的先天性心臟手術而言，是無價之寶。

唐在冰箱的無菌瓶裡找到一段合適的供體主動脈。我在茱莉左心房上找了一個可以下手的位置，小心翼翼地縫上了這段主動脈，將流入管輕輕放進去。然後，搭配側壁鉗的使用，我採取止血縫合法，仔細地把AB-180的外流人工血管縫到主動脈上。這下只剩最後一個動作了。我要在腹壁上部開一道口，留給電源線和潤滑端口之用，就好像我們在幫機器人裝電線一樣。我把電源線遞給理查，由他接上電源。

此時，在心肺機提供穩定血流的情況下，茱莉自己的心臟重新開始跳動。話雖如此，這顆心臟還是非常虛弱。我拿定主意，要讓她繼續用心肺機三十分鐘，之後再換成AB-180。因為，儘管血泵會接手發炎腫脹的左心室，但右心室還是必須靠自己才行。現在血流變好，被切的組織就開始出血了。除此之外，先前垂死之際的她體溫變低，而靠著心肺機裡的熱交換器，她的體溫又開始回升了。

現在我人又累又有點不耐煩。我吩咐麥克幫肺部通氣，也叫布萊恩留點血在茱莉的心臟裡。開啟AB-180之前，我們需要注滿茱莉自己的心臟，不然的話，AB-180會把心臟的血液抽

1　編注：經典喜劇名句，出自英國著名情境喜劇《福爾蒂旅館》（*Fawlty Towers*）。後引申為「不要談論敏感話題」、「別揭別人傷疤」的含意。

空，造成堵塞。我們得無縫接軌地從心肺機換成AB-180。可是，要怎麼做？我叫布萊恩直接關掉心肺機。他關上心肺機後，事實證明，茱莉自己的心臟已經沒有功能了。

接著我要布萊恩開啟AB-180，將血流量穩定上調到每分鐘五公升，也就是相當於正常心臟的輸出量。他非常興奮激動地打開了開關，啟動血泵裝置。這個機器血泵立刻活了起來。這下子，茱莉就有鮮紅色的血液循環體內了。

監視器上看不出血壓，收縮壓和舒張壓都沒有，只有平平的一條線，那是離心血泵連續不斷送出的血流。這行得通嗎？接下來幾天我們就會知道答案了。直到當時，人體試驗的致死率是百分之百。儘管如此，從血液樣本判斷，情況都還不錯。茱莉的生化檢驗都挺正常。不像之前三個美國病人都碰到的大問題那樣，在茱莉身上，那條硬到不行的流入管周邊，沒有出血。渦輪以每分鐘四千轉的速度運轉，輸出的血流比正常心臟輸出量還大，而血泵本身就安安穩穩地裝在茱莉右側的橫膈膜上。

我們成功讓她活下來了。

那條平平的血壓線讓麥克很不安，他就叫布萊恩再次開啟球囊泵。雖然這麼一做，監視器上出現了非常微弱的脈波，但對於送往身體的血流卻毫無影響。話說回來，脈波遠不及血流重要。身體的每一個細胞都需要帶有葡萄糖、蛋白質、脂質、礦物質還有維生素的高含氧血，至於血液當中有無搏動，真的一點也不重要。血流才重要。

這在當時是前所未知的真相。此前大家一直都認為收縮壓和舒張壓是那麼地重要，必須不斷地量血壓才行。血壓低的話，就得想辦法讓血壓上升。可是，連續式血泵的情況並非如此。事實上，低血壓讓血泵要抵抗的阻力更小，而當血壓上升，血泵的流量反而會下降。這是違反我們直覺的生理機能，我們得習慣才行。

時間差不多到了早上八點，耀眼的陽光，照在牛津這些編織夢想的尖塔群上。我交給勝間田關閉胸腔，自己則先到加護病房，通知他們茱莉很快就要送過來了。對他們來說，這會是完全有別以往的病例。我告訴他們，接下來的十二個小時，也就是茱莉的關鍵期，她不會有脈搏，平均血壓七十毫米汞柱也沒關係。她的腎臟已經不運作了，所以需要洗腎幾天。還有，她的膚色有點黃，因為肝臟也受損。事實上，她從倫敦被救護車送到這裡的時候，按照大多數的標準，當時就已經死了。不過，我們希望她現在不會死。行吧？

我們的護士長黛絲蕾．羅布森（Desiree Robson）問我跟家屬說了沒。她的父母和妹妹現在就坐在家屬室，半夜往英格蘭南部趕路的三人已經完全累垮，雖然喝了很多茶水又蒙受眾人的同情，但他們還是預期會等到壞消息。

「去把情況跟他們說，」護士長命令我：「晚點再慶祝。」

在那個時候，我不確定自己可以跟他們說什麼。各位想想看：「你們的寶貝女兒送到時已經太晚了。雖然裝了呼吸器和球囊泵，但我們都以為她已經死了，不過，我們在她體內植入了一個未經許可的美國貨，是之前完全都沒有成功過的機器。現在呢，我們讓她起死回生了。我是說，只要她的大腦還能運作的話。」這就是整件事的嚴酷真相啊。

我走進討人厭的家屬室，時鐘還是指著五點整。他們三人的頭都低低的，雙手緊握，放在膝上。他們同時抬起頭，在那一瞬間，我看得出來，即使他們不知道我是誰，但他們就是曉得我要來告訴他們最壞的消息。然後他們看出了我的表情。口罩垂掛、手術鞋上還有血的我，看起來是高興的，而且不是帶著那種醫師報告壞消息時，臉上畢恭畢敬、勉強擠出的同情表情。茱莉還活著，是科學奇蹟。

我沒有說明那是一種之前從來沒成功過、未經驗證的新技術。被分配到茱莉那張加護病床的護士很得當地悄悄走進來，站在我後面，聽我會跟家屬說什麼。但護士們很討厭我表達出一切都會沒事的那種言下之意。他們希望我表情嚴肅，提起病人還在關鍵期的事，以免又出什麼問題。他們不希望我讓加護病房承受非得成功的壓力。

我只能告訴他們，我們使用的血泵目前讓她活了下來，我們很幸運。那東西兩天前才從美國送到這兒，我們是在茱莉已經接上心肺機才拆封的。

「那現在她存活的機率是？」茱莉的母親問道。

我告訴她，我們希望血泵會保她活到有辦法安排心臟移植。我們不是心臟移植中心，不過我會跟移植中心聯絡，敲定移植手術。現在可不是提起我預定三天後要到日本的時機。

我離開了家屬室，讓他們留在那裡。我聽說麥克和勝間田正要把茱莉送到加護病房，她的父母很快就能見到她了。儘管見到女兒，他們可能會很痛苦，因為她小小的身體接上了好多管子和設備，但總比看到她在太平間的石板上，臉色灰白、雙手蒼白冰冷、嘴唇還被氣切管弄傷得好。根據我的經驗，我很清楚什麼都勝過那種景象。

護士長黛絲蕾也到加護病房處理東西了——解開點滴管、接上機器的電源、校準監視器。絕對不容出錯。過了今早，黛絲蕾和勝間田就會變成AB-180的專家了，但目前他們得習慣照護這個沒脈搏的女孩。這支團隊不需要我了，這樣也好。這時我的手機響起，雖然收訊很差，但還是勉強聽得出對方說的話：醫務主任要我到他的辦公室。

我知道這通電話遲早會來，而且不是請我去喝咖啡的。以醫院醫師的立場來說，醫務主任就是東德時期的祕密警察。簡單來說，他們的存在，就是為了確保大家都不能做出任何有趣或新穎的事，舉凡可能有損醫院公關形象的事，通通不行。套句法庭術語，我有「前科」。我是不受控的傢伙。

醫務主任的表情惱怒。我怎麼敢使用沒受規範的裝置？還有誰知道這件事？倫理委員會有沒有涉及此事？我讓這個年輕女孩活下來，到底目的是什麼？雖然以上這些話他都沒說，但我感覺那張臉就是想說這些。

我一句話也沒說，只是穿著沾血的全套手術裝備坐在那裡，心想：「你沒別的事可做了嗎？」這時我該搬出讓他束手無策的理由。我告訴他我沒空扯這些，我得回去照顧病人。他對著轉身要走的我這麼說：「如果再有下次，我們會叫你滾蛋。」這句話讓我想起，小時候我老是被威脅如果再不乖一點，就要把我送去專收壞孩子的住宿學校。這對我一點用也沒有。

我徑直走回加護病房。這時，茱莉的家屬已經圍在床邊，聽黛絲蕾解釋那些維繫她性命的各種設備：呼吸器、球囊泵驅動器、AB-180控制器、輸液泵、電熱毯，其實都是很簡單的東西。他們還送來幫她洗腎的洗腎機。此時的手術室已經等著開始進行當天排定好的手術了。我告訴他們我已經準備就緒，送來第一位病人吧——那是個心臟破了大洞的早產兒，爸媽正如坐針氈。

每台手術之間，我都會去茱莉那裡。病床幾乎被醫生團團圍住，看不見人。一位心臟科同事正努力避開旁邊血泵的干擾，試圖拍出茱莉心臟清晰的超音波影像，大家都興致勃勃地圍過來看結果。她的心室肌肉幾乎沒在運作，把責任完全交出去，處於真正的休息狀態，只剩下微弱的顫動，顯示還有電活動存在。現場部分醫療人員不安地看著監視器上那條平平的線。

傍晚時分，一切都穩定下來，圍觀的人也慢慢散去。此時左心室已排空，血壓也偏低，氣囊泵其實很多餘，因為它還有點阻塞茱莉腿部的動脈，變成細菌入侵體內的又一途徑。我堅持要他們拿掉氣囊泵。勝間田就住在院區裡，黛絲蕾則住在幾條街外。他們說會密切觀察茱莉，我終於可以遠離這亂糟糟的是非之地，回家過夜。

隔天一大早茱莉醒了。喉嚨插著呼吸管的她既害怕又激動。她不知道自己身處何地，也不曉得為什麼身上所有孔洞都插上了儀器。她顯然很痛，於是我們必須再給她鎮靜劑。提供足以鎮靜的份量就好，過量會降低血壓。我們在她的點滴裡注射一針巴比妥，她就又慢慢陷入沉睡了。在這種情況下，沒有感覺對她來說最好。

我把聽診器放到她的胸骨上，聽見磁浮渦輪持續不斷地運轉著，聲音很大，呼呼作響，依舊維持每分鐘四千轉的速度，跟正常心臟的輸出量一樣，每分鐘泵著五公升的血。別說是全國了，即使在牛津、這家醫院、這間加護病房、在病床邊的人裡，都幾乎沒人真正意識到這個病例的意義有多重大。無脈搏的血流讓茱莉的器官逐步恢復——先是腦部，再來是腎臟，接著是肝臟。此前，研究人工心臟技術的先驅者們從來都不認為這有可能，他們都聲稱搏動式血泵必不可缺，還將AB-180之前的三次失敗都歸咎為此。

那麼，這項發現究竟有什麼意義，我又為何為此激動呢？如果無脈搏血流在短期內都能發揮這麼好的效果，那麼那顆用來長期支持病人的賈維克人工心臟，應該也有成功的機會。

早上七點，護士站叫我接電話。有個操著美國口音的人要找我，但他們沒問到對方的姓名。是AB-180研究計畫的創始人莫戈文從匹茲堡打來的電話，當時那裡剛過午夜。理查已經打過電話給他了，不過他想親自謝謝我。他的工程團隊還在外面慶祝，大家都祝茱莉好運，希望我們能讓她活到有捐贈心臟為止。我說我們會盡力。這通電話，正是當時的我需要的強心針，足以讓那些質疑的人看清真相，包括那位醫務主任。

隔天，我們拿掉了她的呼吸器和氣切管。神奇的是，她的大腦似乎一切正常，不但能和爸媽說話，尿袋裡的尿液也變多了。我盯著監視器螢幕上那條平平的線，注意到原本正常的心律，突然變成了沒有規律的心房顫動。這本身並不罕見，但我發現，在不規則的搏動之後若出現較長的停頓，動脈壓的波形上就會出現一個明確的脈動——表示當心臟有足夠時間充盈時，就會開始主動射血。

我沒說出口，但心裡開始猜測她的心臟可能正逐漸恢復。大多數的病毒性心肌炎會隨著藥物治療顯著改善，不至於發展到休克階段。那麼，如果茱莉自己的心臟正在恢復，我們為何還要給她做心臟移植？那不過是傳統上針對嚴重心臟衰竭的處理方法。我提議應該給她打一劑類固醇，減輕肌肉的腫脹。聽來像是在施魔法，但就算無效，起碼也會讓她舒服一點。

但接下來，我面臨一個艱難的抉擇。當天是禮拜三，但不知安排哪裡出了錯，我禮拜五要在日本參加會議，禮拜六卻還有會議在南非。簡直豈有此理。顯然我在記下日程安排時，把這兩個地方當成倫敦和伯明罕了，但其實勉強也還趕得上。我猶豫的是，到底該不該去？如果納入時差，我連自己要離開多久都搞不清楚。但我也明白，沒人是不可或缺的。我有很優秀的團隊，茱莉情況也算穩定。所以，我還是決定啟程。

出發前，我召集團隊（勝間田、理查、黛絲蕾和加護病房的醫師們）開了個會，我們需要擬定一個我不在時的計畫。徵象看來都很好：茱莉的腎臟和肝臟正在逐步恢復，動脈壓曲線上定期出現搏動痕跡，而心臟超音波顯示她心肌的收縮能力也有改善。血泵正在好好發揮作用。我們的計畫就是維持情況穩定，讓她慢慢恢復。得沉住氣才行。

幾天後，我收到了最害怕的那種訊息。週六，我在約翰尼斯堡機場打開手機，看到勝間田傳來一則讓人憂心的簡訊。他們認為茱莉胃在出血，這是壓力下常見的反應，但因為她正在使用抗凝血劑來配合泵運作，所以情況更糟了。但是（這個但是很關鍵）超音波顯示，她自己的心臟狀況好多了。調降血泵的輸出量的話，左心室產生的血壓也幾乎正常。我納悶著是不是類固醇有助心臟恢復，卻同時造成了胃出血。我得冷靜下來評估情況。

我傳訊息給勝間田：「我人到南非了，打電話給我。」

他很快就來電了。「日本行如何？」他問道。

我回答：「很棒啊，只要別提戰爭就行。」接著我切入重點：「抗凝血劑先不要停。血泵的轉速降到每分鐘一千轉，先試一小時。如果她的心臟仍然運作良好，就取出血泵。」

電話那頭沉默了許久。我都可以感覺到勝間田在想：「噢，慘了。」但他還是什麼都沒說，我這才開口：「別這樣，小勝。你和理查沒問題的。就把那玩意兒取出來吧。」

那通電話是勝間田週六上午從牛津打過來的。之後他跟理查回到茱莉的病床邊，又做了一遍超音波。調低血泵的轉速，左心室就得以充盈，射更多的血。他們當下問茱莉，感覺有沒有什麼不同。茱莉則回答自己感覺還不錯，她只是希望把血泵拿掉。她已經沒有呼吸困難的問題，螢幕上血壓圖的光點也正常。理查知道，血泵轉速越慢，血泵或人工血管出現凝血情況的風險就越高。

黛絲蕾正要幫茱莉輸血，她問勝間田我在電話上怎麼說。

「他叫我拿掉血泵，還說別提戰爭的事，」勝間田不安地說。「還有一件事：等拔掉血泵，再通知醫務主任辦公室。我們可不希望他當場中風。」

「那你最好通知手術室，進行手術吧。」黛絲蕾回答。

理查和勝間田向茱莉和她的父母說明了各種風險的權衡：如果她的心臟已經恢復，卻因胃出血而死，就太不幸了。即便是曾在華盛頓擔任要職、經驗豐富的理查，此刻也忐忑不安。他知道這一次風險極高，因為眼看AB-180終於有機會真正成功，但真正重要的，還是茱莉的生命。

於是，就在植入血泵的七天後，勝間田又把茱莉送回了手術室；諷刺的是，這差不多就是病毒性疾病所需的恢復時間。理查還沒取得醫院的手術許可，只能在一旁觀察，但要是出了什麼狀況，他肯定會馬上跳下來幫忙。他對這樣的安排完全沒意見，因為他內心充滿了謹慎的樂觀——這一次，成功的希望近在眼前。

茱莉的心臟看起來不錯，不再僵硬腫脹，血壓穩定，只需少量藥物輔助維持循環。雖然他們準備了一個氣囊泵備用，但用不上了。勝間田用溫鹽水徹底沖洗整個胸腔，細心地將舊血塊從胸腔和心包腔中清除乾淨。那顆雖然嬌小，卻充滿幹勁的心臟重獲自由。他插入乾淨的胸腔引流管，然後用鋼絲牢牢關上胸骨。這是最後一次這麼做了。

重要的是要維持這股往前的勢頭。茱莉很快就醒了，不再使用呼吸器的她，覺得舒服多了。當晚他們拿掉了氣切管，黛絲蕾乾脆不顧自己要輪班，選擇留下來陪茱莉，一直鼓勵她就算會痛也要深呼吸、要咳嗽。停用抗凝血劑後，原本她因為表淺性胃糜爛導致的胃出血，很快就停了。

我們辦到了，我們挽救了茱莉的心臟。

勝間田打電話來告訴我這個消息時，我已經發表完演說，又回到了約翰尼斯堡機場，正要飛回倫敦。我鬆了口氣，想慶祝一番。接下來理查打電話給人在匹茲堡的莫戈文和他的團隊，分享這份快樂。不過，沒有人比茱莉的家人更快樂了。他們擺脫了悲痛，出乎意料地不必準備喪禮。不久後的某天，他們就能帶茱莉回家，而牛津發生的事，只是場可怕的回憶。

在一九九〇年代，美國植入左心室輔助裝置的病人，幾乎都被視為最終必須進行心臟移植的人選，像美國這樣有機會使用循環輔助技術的國家，也沒有幾個。我們在茱莉身上獲得的成功，後來被稱為「銜接恢復治療」，有別於傳統的「銜接移植治療」。此前，英國從來沒有這樣的醫療處理方式，銜接恢復治療（也就是所謂的「留用自己的心臟」策略）很快就成為病毒性心肌炎重症患者的首選治療方式。對此，我無比自豪。

一九九八年聖誕節前夕，匹茲堡研發AB-180的工程師和研究人員魚貫走進一間會議室，參加莫戈文醫生安排的特別聚會。沒人曉得這場聚會的真正目的——直到茱莉和妹妹走進來。她的照片曾被釘在布告欄上，而那場劃時代的手術進行後，她的臉龐注定登上報紙頭版，所以當這位「沒有脈搏的女孩」一現身，大家立刻認出她來。短暫的驚訝與寂靜後，現場爆出一陣熱烈的歡呼聲。莫戈文跟茱莉握手時，她臉紅了起來。

「妳的大駕光臨，就是所有人最棒的聖誕禮物。」喬治說。

他說的沒錯。這家公司存活了下來，而且大鳴大放。他們改良了AB-180，讓病患不必手術打開胸腔也可以使用。世界各地的心導管室，都用這個如今被稱為「串聯心臟」（Tandem

Heart）的裝置，維繫休克病人的性命。

將近二十年後，茱莉依然健康安好，現在在一家醫院工作。每年聖誕節，我都期待收到她家人寄來的報平安賀卡。願她的健康長長久久地延續下去。

第八章
黑色的香蕉

我們絕不投降。

——前英國首相，邱吉爾（Winston Churchill）
一九四〇年不列顛戰役

一九九九年二月十五日禮拜一，凌晨三點四十五分。夜晚來電，絕對沒好事。當時我剛搭了二十小時的飛機到澳洲，才抵達不過十三個小時。我摸黑爬到床的另一邊，電話筒還不小心被我撞到地上。電話另一頭的人掛掉了。多虧褪黑激素錠和晚餐時喝掉的那瓶紅酒，我一下子又睡著了。十分鐘後，電話再度響起。這次我雖然成功接到電話，卻滿肚子火。

「維斯塔比嗎？我是亞徹。你現在人在哪兒？」

對面的人是尼克．亞徹（Nick Archer），牛津兒童心臟內科的專科醫師。

「尼克，你知道我他媽現在人在澳洲吧。現在是大半夜——到底出了什麼事？」

我並不想聽他的答覆。

「抱歉，但你可能得回來一趟。院裡來了個罹患ALCAPA的嬰兒，而且父母認識你，他們希望由你來動手術。」

哇，真是棒透了。

「什麼時候？」

「盡快。她現在嚴重心臟衰竭，我們只能盡力而為。心室快不行了。」

繼續討論也無益。我腦海中浮現那對驚慌失措的父母，一心只想在為時已晚之前替孩子爭取到手術的機會；還有那四位守在嬰兒床邊的祖父母，試圖提供安慰，卻只是製造更多焦慮。我根本就別無選擇。

「好吧，我今天就飛回去。你去通知團隊，反正明天動手術就是了。」

時值南半球盛夏，清晨的微光才剛開始穿透窗簾。再試著入睡已經沒有意義了。我穿過窗簾，走到陽台，望向這片或許是全世界最壯麗的城市景致。港灣對面第一道日出的微光，在雪梨歌劇院上投射出朦朧的影子。港灣下方，旗幟在桅杆上飄揚，而右手邊高聳的白色城市燈火映照在粉紅色的晨空中，顯得格外清晰。某台哈雷機車換檔的聲音，打破了這片寧靜。說不定是個在雪梨街頭奔馳的外科醫生呢。

此時在牛津，一場現實生活的悲劇，正在這個小家庭上演。柯斯蒂是個六個月大的漂亮女嬰，命運卻在她體內安裝致命的自我毀滅裝置。這可恨的東西，看來注定會在她過周歲生日前就了結她的性命。ALCAPA全名為「左冠狀動脈異常起源於肺動脈」，在人體解剖結構的複雜情況中，屬於極為罕見且獨立存在的先天性異常。

簡而言之，就是接線不健全。兩條冠狀動脈本應都源自主動脈，為心肌提供高壓且含氧量充足的血液。這兩條冠狀動脈絕對不該連到肺動脈，因為肺動脈的血壓較低、氧氣含量也差。因此，ALCAPA患者初期要活命，就得靠著新的「側枝」血管，在正常的右冠狀動脈和長錯的左冠狀動脈之間建立起額外血流。但這種側枝血流，最終仍不足以維持主要心室的供血。缺氧的心肌細胞會死去，留下疤痕組織，導致嬰兒出現實質上的反覆性心肌梗塞，伴隨劇烈疼痛。疤痕組織越來越多，左心室會擴張變形，心臟功能逐步衰竭，肺部也充血，最終呼吸困難，耗盡肺部的空氣。就連吃奶時也會氣喘吁吁。

因此，才六個月的柯斯蒂就已經跟我外公有一樣的問題：冠狀動脈心肌梗塞末期造成的心臟衰竭。但由於ALCAPA極為罕見，幾乎都是等到嬰兒性命垂危時才被診斷出來。幸好她的父母很聰明，一直認定有嚴重的問題，堅持替她尋求協助。

柯斯蒂的故事特別悲慘。她的母親貝姬已經有個三歲的兒子，是有經驗又負責任的媽媽。在懷孕期間，她既沒染病，也不抽菸或喝酒，完全沒做任何可能陷肚裡胎兒於危險的事，所有的產前檢查和超音波掃描看來都正常。一九九八年八月二十一日，她透過脊髓麻醉，以選擇性剖腹產的方式產下了柯斯蒂，一開始看起來都沒問題。但好日子為時不久。

柯斯蒂在媽媽子宮時，主動脈和肺動脈的血壓和血氧量都一樣，所以她那顆小心臟是安全的。被生下來後，身體和新擴張的肺部有了各自獨立的血液循環，肺動脈的血壓和含氧量迅速下降。也就是說，以ALCAPA的病例而言，在極為重要的左冠狀動脈裡，血流與血氧量也都會驟降。柯斯蒂在醫院第一次接受哺乳時，貝姬就發現她會發出呻吟聲，鼻樑上還有汗珠滴下，多次餵奶都極不配合又痛苦難耐。

貝姬發現這跟兒子的情況截然不同，就找小兒科醫師再檢查柯斯蒂。醫師告訴她沒什麼好擔心的。雖然憂心忡忡的爸媽就想聽到這樣的話，但實情是，沒人花心思去找哪裡出了問題。他們覺得太麻煩了，診治極其馬虎。於是貝姬也別無選擇，只能帶著襁褓裡這個煩躁的小寶貝回家。

沒過幾週，貝姬就確信一定出了什麼嚴重的問題，因為每次餵奶，孩子都流汗又嘔吐。柯斯蒂呼吸困難，緊握小小的拳頭，尖叫到臉都發紫。母女倆去看了好幾次家醫，有時一個禮拜多達三次，卻總是聽到一樣模稜兩可的安撫。過程既緊張又讓人不悅，因為貝姬被當成神經質又勝任不了母職的媽媽。

不過柯斯蒂雖然呼吸急促，卻沒有發燒，排除了胸部感染的可能性。她的肚子軟軟的，也沒有腸胃道阻塞的徵兆。所有常見的小兒問題都被排除了。親友們提出了合理的解釋：一定是腹絞痛，之後會好的。但丈夫在海外工作，貝姬越來越憂心。柯斯蒂體重都沒增加，臉色蒼白，看起來一點活力也沒有，還會發出像狗吠般的咳嗽聲。

事實上，這個小女嬰一直在反覆忍受輕微的心肌梗塞發作，經歷著她無法理解也傳達不了的難耐疼痛。人的身體有時可能出奇的殘忍。

最後貝姬終於在診所崩潰，堅持要求他們把柯斯蒂轉診到當地醫院。醫院幫她照了兩次胸部X光，卻都只診斷出細支氣管炎，也就是呼吸道發炎。接著，某天柯斯蒂午睡到一半，人竟變成青灰色的，叫也叫不醒，整個人軟綿綿。貝姬驚慌失措地一把抓起女兒，衝去診所，但到診所櫃台時，柯斯蒂人已經醒了，也恢復了粉嫩的膚色。貝姬再次受到冷嘲熱諷，叫她不要大驚小怪，有其他真正生病的孩子等著看病。他們酸言酸語地匆匆打發了母女倆，又是開了抗生素。還是沒人發現柯斯蒂肥大無比的心臟。

貝姬的焦慮感與挫折感，轉變成了一種不顧一切也要拚的心情。她所有的直覺都告訴她，要是不繼續堅持，就會發生可怕的結果，於是她直接開車到當地小型醫院的急診部。看診的是個女醫師，自己也是母親，很同情貝姬與柯斯蒂的處境；她知道媽媽的直覺通常是對的，就把她們轉到大一點的城市醫院，讓那裡值班的小兒科醫師複診。

當夜非常嚴寒，母女倆在沒有暖氣的醫院走廊裡枯坐了好幾個小時。貝姬拚命想辦法幫柯斯蒂保暖，柯斯蒂的身體卻越來越軟弱無力，膚色也越發灰白。到了深夜，她們終於看到了醫生。第一個初級醫師認為是細支氣管炎，連細查都沒有，就想打發她們走，彷彿細支氣管炎是他們唯一聽說過的小兒科疾病。貝姬既惱火又無力，可是她怕自己要是提出異議，就會被逐出醫院。

當她表示如果不照胸部X光就不願意離開時，卻被斥責不講道理，怪她怎麼如此不為他人著想，要麻煩工作繁重的放射治療師在深夜過來。於是，醫師要這對可憐的母女自己穿過燈光昏暗的走廊，走外面結冰的步道，想辦法找到放射科。她們再次回到急診部時，已經過了大半夜，貝姬把手裡抓的那張直指真相的X光片交給了護士。然後她們又再次被晾在一旁。

又過了三十分鐘，院方的態度出現了戲劇性的轉變。他們把貝姬和柯斯蒂帶到一個小隔間，裡頭的醫師不是之前那些人。大家表情凝重、壓低聲量說話，護士們還帶來點滴與藥物。比起無人聞問，這景象更教人害怕。那個之前態度惡劣的護士，如今有些抱歉地把貝姬拉到一旁，解釋他們要把柯斯蒂轉到牛津的兒童心臟專科。這次有救護車護送，柯斯蒂突然就病到得一直有人照料才行。

那張X光片到底顯示了什麼，讓大家都手忙腳亂地行動起來？柯斯蒂的心臟異常巨大。在此之前，沒人費心仔細檢查過她，但她的問題在X光片上一目瞭然。當貝姬追問為何先前同一家醫院拍的X光片沒看出來，他們只回應是心臟的陰影被誤判成了積液：「抱歉，這種錯誤很常發生。」好個錯誤！身為母親，那種像利斧劈頭砍下、血液瞬間從喉嚨抽離、雙腿癱軟的焦慮，誰能理解？

到了牛津，一切都不同了。兒童心臟內科的主治醫師親自來接救護車，直接帶她們進到一間滿是嚴重心臟問題兒童，還有一堆監視器嗶嗶作響的病房，也是個在深夜依舊活動繁忙的地方。

亞徹凌晨三點抵達。剛檢查柯斯蒂，他立刻擔心起體溫的問題。雖然貝姬盡了全力，但柯斯蒂體溫還是很低，必須待在保溫箱。他們很快做了心電圖、驗了血，還取來超音波機照柯斯蒂心臟的腔室。剛開始，照出來的結果看似是好消息：心臟的四個腔室都在，其間也沒有破孔。麻煩的是，左心房和左心室都擴大了，左心室尤其大得誇張。這說明了柯斯蒂為何心臟衰竭，那張異於尋常的X光片也得到了解釋。

才過一個小時，心臟內科團隊就確定柯斯蒂因多次心肌梗塞發作，導致嚴重心臟衰竭。左心室壁有些部分是薄薄的疤痕組織，零星夾雜著收縮能力不良的心肌，雖然這種症狀在嬰兒身上很罕見，但他們就是靠這個症狀，才得到很可能成立的診斷結果。還差一個檢驗才可以百分百肯定，只要做心導管就可以證實診斷結果成立，但這必須全身麻醉，要等柯斯蒂狀況好一點才能繼續進行。

此時，在醫院裡等待的貝姬悲痛欲絕，身心俱疲。丈夫在美國出差，她感覺自己孤身一人，滿腦子充滿罪惡感和不理性的念頭。是不是懷孕期間運動過量？喝了太多咖啡？褻瀆上帝？凡事一定都有原因啊。深深的絕望感揮之不去，她的焦慮很快就轉為毫不掩飾的恐慌，並認定自己會失去柯斯蒂。儘管如此，冬陽於地平線上露臉之際，她還是昏睡了過去。經過一、兩個小時，她醒了過來，看到忙碌的病房都是熱心又樂觀的人，大家都想辦法向她保證，就算情況再難，都有很棒的團隊照料柯斯蒂。

整整五週過去，大家才判斷柯斯蒂的健康狀況可以進行心導管。貝姬已經把丈夫叫回來一起分擔痛苦，手術前一晚，麻醉醫師麥克還過來跟他們聊了聊。麥克平時開朗樂觀，這次卻不太開心。他提醒這家人，柯斯蒂的心臟受損實在太嚴重，可能在手術過程中就喪命。讓他們知道這一點才合情合理。當晚，醫院的牧師就為躺在小病床上的柯斯蒂受洗，醫師、護士和其他家人則圍繞在四周，為她們一家人打氣。

每個人都知道心導管會顯示什麼結果。只有一種罕見疾病，會讓小嬰兒在剛出生幾個月時就多次心肌梗塞，那就是ALCAPA。貝姬無意中聽到了「早期手術」這幾個字眼，暗自祈禱那指的不是心臟移植手術。她和丈夫一整晚都守在柯斯蒂的病床旁，害怕女兒可能就這麼去世。隔天早上，整晚沒睡又擔心到麻痺的貝姬為寶寶換上最好的睡衣，還在她頭髮上綁了個蝴蝶結，才讓人送去心導管室。諷刺的是，當天還是情人節。後來貝姬是這麼跟我說的：「女生就算身體不好，也一定要以最好看的模樣示人。」

一搭上回英國的飛機，我就開始畫柯斯蒂的主動脈、肺動脈和畸形的左冠狀動脈的解剖結構。我曉得目前針對ALCAPA的手術技術有其侷限，而且失敗率很高，於是利用飛行的時間，想出了另一種可行的辦法。飛機航行到爪哇上空時，我就已經把新的手術設計出來了。我最後一個登機，到了倫敦倒成了第一個下機的人。等待空橋連接、艙門開啟時，座艙長拿了一瓶香檳給我，祝我好運，還輕聲告訴我：「你幫我妹妹的寶寶開過刀。」世界真小。我謝過她的美意。

回到牛津，我打電話給同事勝間田，交代他帶著柯斯蒂的爸媽和知情同意書到我的辦公室。心導管的結果完全證實了亞徹的猜想。柯斯蒂得盡快動手術才行。

我見到貝姬時，她人既疲累又憔悴。她憑直覺就知道我是誰了。一行人剛走進我這個活動隔板隔出的冷冰冰辦公室，她就面露喜色。

「我們好高興見到你，」她說：「一路上還好嗎？」

「很好，休息得很夠。」我扯謊道：「我們得繼續完成剩下的工作了，對吧？」

勝間田設法弄來了一台對流式電暖器，讓辦公室不那麼冷，大家開始閒聊起來。他們說有個親戚是某家心瓣膜公司的代表，聽過我很多事，而那個親戚本來正等著在澳洲那場會議上見我。他們很抱歉中斷了我的行程，但也很感激我能回來開刀，因為他們不願意讓其他人為女兒動手術。辦公室暖起來了，但貝姬此刻卻因為極度恐懼，止不住地顫抖。可憐哪。在醫院待了幾個禮拜後，時候終於到了——可能失去心肝寶貝的這一刻總算到了。

可以的話，我通常不讓自己被焦慮感染。但我的麻醉科同事們必須面對病人交到他們手中時的生離死別，很難不被影響。我跟手術團隊描繪了我計畫好的手術，還解釋了我何以認為這麼做能改善現存的手術技術。我要取一塊主動脈壁的皮瓣，放在相應的肺動脈下面，再取一塊包含那根長錯的左冠狀動脈頂端的肺動脈皮瓣，造出一根管子，當成新的左冠狀動脈。這條就是直接從主動脈輸送高壓、高含氧血液的新冠狀動脈了，恢復原本的功能。這麼一來，充滿氧氣的血液就會輸往衰竭的心肌，防止心肌梗塞再發生。勝間田對我提出的方法很感興趣，躍躍欲試地衝去打電話給醫院的攝影組。

因為有嚴重心臟衰竭的緣故，手術的風險極高。貝姬用發抖的手在知情同意書上簽完名，我陪著他們走回兒童病房。到了柯斯蒂的病床，我才知道她的心臟衰竭比想像中還嚴重，真的是我見過最嚴重的兒童病例。她瘦得不成人形，幾乎沒有一點體脂肪，因為肺水腫而呼吸急促，用力鼓著肋骨，腹部也因積液腫脹。她依然是個漂亮的娃娃，但要是再不立刻手術，不出幾天就會死了。儘管腦子裡有個聲音在尖叫「噢，慘了」，但我說出的話倒很得體：「那我現在就去手術室囉。」

麥克和護士們在麻醉室裡忙著準備藥品和導管。之前做心導管的時候，他已經幫柯斯蒂麻醉過，所以清楚狀況，而且當時監視器的接線有些都還留著沒拔掉。

他開口就問：「你真的覺得自己能讓這寶寶度過難關嗎？」

我沒有答腔，而是開開心心地跟手術室的護士和體外循環團隊道了聲「早安」，接著直接走進休息室。我不想看到貝姬把她的心肝寶貝交到陌生人手上的畫面，那從來都是折磨人的事。

等我重回手術室，柯斯蒂已經在手術台上，身上蓋著用自黏式的塑膠覆蓋巾固定好的綠色覆蓋巾，全身上下只露出她那皮包骨的小小胸口和腫脹的腹部。心臟外科手術必須是不帶感情的技術活。

勝間田和我那個身高一九八公分的同事馬修已經在刷手台，我這也走過去。我們默默地刷手，一旁攝影組的人小心翼翼地將攝影機固定在手術燈邊。我可以明顯察覺到一股興奮與激動。我們就要幹一件前所未有、內行人才懂的冒險大事了。

我用手術刀劃過柯斯蒂胸骨上的皮膚，沒有出血。在休克的狀態下，她皮膚的毛細血管都停工了，這樣才能將血液送往重要的器官。接著我用電刀切穿了薄薄的脂肪層，再往骨頭切，電刀發出特有的唧唧聲，伴隨著電流燒灼滲血血管時產生的煙，不過她也沒多少血管在滲血了。然後電鋸縱地一鋸，鋸穿她的胸骨，露出了鮮紅色的骨髓。

我們用一個小型的金屬牽引器撐開她小小的胸腔，肋骨和脊柱之間的關節都因此被折彎拉開。在嬰兒體內，多肉的胸腺位在胸骨和心臟周邊的纖維心包之間，不過到此刻為止，這個胸腺已經完成為胎兒製造抗體的任務了，我們於是把它移除。

電刀繼續著會把周圍搞得髒兮兮、但卻不可或缺的任務，切穿了纖維心包，露出心臟。稻草色的液體湧出，被我們用抽吸器吸掉。同一時間，團隊的其他成員也默默繼續他們的工作。麥克用了肝素，免得柯斯蒂的血在心肺機裡凝塊；體外循環團隊準備好複雜的管線、血泵、氧合設備，這樣柯斯蒂的心臟停下來後，身體才能繼續活著；刷手護士寶琳專心地備好適當的手術器具，隨時準備交到我手中。幾乎都不必我開口要。這個複雜、高度協調的工作，相當倚重團隊的穩定度與一致性，他們大部分都已跟我共事多年，我對他們有十足的信心。

我們拉起心包膜的邊緣、暴露出心臟時，勝間田吸了口氣，聲音大到我們都聽見了，接著他小聲嘀咕了一句：「媽的，不妙。」那看了真讓人害怕。出去抽完第一根菸、回到手術室的麥克，聽見勝間田那句話，從覆蓋巾上探頭一看。我承認，狀況比我們想的還嚴重。其他人透過螢幕，可以看到發生的一切。

我們看到本應是胡桃大小的心臟，如今像顆檸檬那麼大。一眼就可以看到擴大的右冠狀動脈，有很多膨脹的側枝血管，伸向左心室。雖然心臟的右側正頂著升高的肺壓有力地泵著血，但左心室卻膨脹得很厲害，幾乎沒動。左一塊、右一塊剛壞死的心肌，混著上一塊、下一塊的白色纖維疤痕組織，造成的結果就是柯斯蒂出生才六個月，就要忍受許多輕微心肌梗塞發作造成的疼痛。勝間田的擔憂一點也沒錯，但面對他的擔心與焦慮，我不為所動。任務是修正柯斯蒂的血液供應，力求改善問題。柯斯蒂都已經活到這一刻了，我們的職責就是讓她繼續活下去。

看著眼前暴露的心臟，我開始懷疑，在經歷一天飛行後嘗試這麼一台複雜手術，究竟是不是明智之舉。然而不讓她動手術或繼續拖下去，又有什麼好處呢？

對柯斯蒂而言，沒有其他選擇。嬰兒幾乎不可能做緊急心臟移植手術，也就是說，重接她心臟的血液供應，是活下去的唯一機會。死神現在就坐在攝影機上，這點我們都很清楚，但到了此刻，我知道不可能回頭了。

我們在她體內插入小小的管子，接上心肺機，接著示意啟動機器。體循技術員打開滾筒泵之後，柯斯蒂的心臟慢慢被排空。此時科技取代了心臟，將肺部的血液轉而導進人造氧合器。在她排空的心臟依然跳動的情況下，我切穿了那根畸形冠狀動脈起源點上方的肺動脈。這樣就有接血管的開口了，很像牡蠣裡的珍珠。現在我們得把這個開口接到旁邊距離一英寸的高壓主動脈，而且不能拉緊。傳統的方式就只是設法把血管的起源點拉到主動脈側面，重新接進去，不過這可能會導致血栓、造成阻塞，所以我硬是堅持用自己想出來的新技術。

想順利完成這個需要極度謹慎的操作，唯一的方法就是鉗住主動脈，暫時完全不讓血流進心臟。為了保護心肌，我們直接在兩根冠狀動脈裡灌注心臟麻醉灌流液，將裡面的血液沖洗出來，心室就會像洩了氣的足球那樣變扁。這樣會讓心臟處於不活動的狀態，在心臟手術中很常見，只要拿掉主動脈上的鉗子，讓心肺機流出的血液流回冠狀動脈，就能恢復了。

要重建這根小小的血管，縫合的針法就得精準，一點錯也不能出，還要嚴密不能漏血。手術很順利。我們麻痺心臟後三十分鐘，就用接起來的皮瓣修復好了柯斯蒂的冠狀動脈結構，還原成本來應該要長的樣子。鉗子一拿掉，鮮紅色的充氧血（而不是藍色的缺氧血）便湧進她左心室的心肌。心臟從淡淡的粉紅色變成了深紫色，有些部分接著又變成接近黑色。重建肺動脈之前，我們先確認它背面的縫線沒有出血。不一會兒，心電圖顯示不協調的電活動，這顆心臟因為肌肉張力恢復而變硬。

此時，柯斯蒂出現了罕見於兒童身上的情況：她那顆再灌流的心臟一直處於心室顫動的狀態，不斷蠕動。我們直接電擊心肌，要恢復它正常的心律。十焦耳——滋！心臟去顫了，不再蠕動。現在心臟雖然不動了，但我們預期它隨時會恢復正常的心律。可惜事與願違。這顆紫色的肉球又開始顫動，蠕動起來；麻醉科醫師探頭過來，提出當下最直接又合理的要求：「再電擊一次！」我們再次電擊後，又發生了同樣的情況。心臟恢復不過來。

這是疤痕組織造成的嚴重心電不穩定，於是我們施以適當的藥物，穩定心肌細胞膜。

「給這顆心臟多一點的再灌流時間吧。」我這麼告訴麥克。

「好啊，那我出去抽根菸。」他回答。

過了二十分鐘，我們又試一次。二十焦耳——滋！這次柯斯蒂小小的身軀跳了起來，她的心臟去顫了。雖然慢慢開始搏動，力道卻非常微弱。這可不是好兆頭，不過，我們早備好了讓它更有力搏動的藥。

我拜託麥克開始注入腎上腺素，然後吩咐體循師減少心肺機的泵流量，留一點血在她的心臟裡。這是手術室的規矩，就跟軍隊有軍隊的規矩一樣。對內科同事要用請求的，對技術工作人員則要用命令。但假如你開始命令麻醉醫師，他們會叫你滾，還會自己走掉去做別的事。

麥克和體循師一起在評估柯斯蒂的血清生化、設法調整到最佳狀態時，我還是緊盯著她那顆可憐的小心臟。新的冠狀動脈很好，沒有扭結或出血的情況。有生以來，她的左心室第一次跟身體其他部位一樣，接受相同血壓的充氧血，但這顆心臟看起來還是像個過熟的李子，而且幾乎完全沒有搏動。除此之外，心瓣膜也嚴重逆流。儘管我話都說出口了，也叫團隊再讓這顆心臟繼續接心肺機三十分鐘，但其實我心裡真正想的是：我們真是一敗塗地，這顆心臟沒用了。了不起的手術，死絕的寶寶。

我當然沒讓其他人知道我的想法。到目前為止，他們搶救過那麼多重症案例，當然也等著我救活眼前這一個。可是我開始要抽身了。我要攝影師停止拍攝，因為接下來這段時間都不會有什麼變化，同時請勝間田在我休息時從手術台另一邊換到我這邊。我脫去手術袍與手術手套，到麻醉室打電話，麥克跟在我後面。

「你能修補二尖瓣嗎？」他這麼問道。

「我想沒辦法，」我答道：「我會叫亞徹去通知那對父母。」

我跌坐在凳子上，拿起話筒。有個好心的護士送來一杯咖啡和甜甜圈。她搭了搭我的肩，發現我脖子後面冒著冷汗。

「我去幫你拿件乾的上衣。」她說。

五分鐘後，亞徹從樓上的門診走到手術室門口。他不必開口問也知道怎麼回事。

「我想你八成有麻煩了。有沒有什麼我可以做的？」

「你看一下這孩子的心臟超音波圖，」我說：「修補攣成功的，但心室卻沒有用。二尖瓣還逆流。照這樣下去，我們沒辦法拿掉心肺機了。」

我膀胱脹得很，於是離開去上廁所。上完廁所，不再因尿急而分心，我的腦袋又能重新發號施令，這下真的需要好好專心了。如果真能改善現況，還有什麼可做的呢？我就要黔驢技窮了。

她的左心室不僅擴張還疤痕累累，現在成了球形，而不是正常的橢圓形。二尖瓣因為左心室的變形而被強行扯開，沒辦法閉鎖，左心室努力要泵血到全身，卻有一半的血液又流回肺部。雖然心臟的功能在手術時一定都會暫時變差，但柯斯蒂的心臟好像就快不行了。原本我希望用心肺機讓心臟休息，有助於恢復，可惜它並沒有恢復。

我回到手術室，再次刷手，跟勝間田交替。他雖然不發一語，看起來卻很氣餒，我一看就知道他想表達什麼。我請麥克開始往肺部送氣，叫體循師準備慢慢停掉心肺機。此時柯斯蒂的心臟得接手，繼續維繫血液循環，不然她就會死在手術台上了。我們大家都直直盯著螢幕上的光點，祈禱能看到血壓上升。儘管血壓值一度回升到正常值的一半，心肺機一關掉，血壓卻又驟降下來。

「我們要不要再打開？」勝間田問道。

體循師望著心臟超音波圖顯示左心室顫動，開始懷疑究竟值不值得重新啟動心肺機。其實他沒說出來的真正想法是：「這孩子受的苦，難道還不夠多嗎？」

我還沒準備好宣布死亡。手術失敗，就意味著這小女娃死了，而她的父母會痛苦一輩子。

「我們再打開心肺機吧，再用半小時。」

這麼做本身就有問題，因為心肺機用得久，一定會降低心臟恢復的機率。

此時，柯斯蒂的爸媽正在兒童病房等候，而亞徹已經離開去知會他們了。我們把亞徹叫回來時，貝姬堅持要跟來手術部門口。一個母親在這種情況下的心情，是很難用言語描述的。而我只曉得再過不久，她很可能就要抱著柯斯蒂消瘦的屍體。柯斯蒂的心臟受損太過嚴重，幾個月前早該診斷出來，是我們這個不堪重負的醫療體系辜負了她——這些實話，我該不該跟貝姬說呢？

當時，貝姬在她的日記裡，用自己的話寫下了這些感染力強大的想法：

亞徹醫師每隔一小時就來看我們。過了大約四小時，我以為一切都很順利，他們準備要移除柯斯蒂身上的心肺機，把她轉進加護病房了。我趕緊下樓去餐廳買個三明治，但回程路上，有個病房護士在找我。她讓我回到樓上，因為亞徹醫師正等著見我們。我真的很高興，問她是不是手術結束了，能不能讓我們見見女兒？護士的表情很嚴肅，堅持要我們跟亞徹醫師談。雖然她真的很親切又專業，可是我猜八成出了什麼事。

回到病房，亞徹醫師一臉嚴肅要我們坐下。他說手術團隊盡力了，但柯斯蒂的心臟沒法離開心肺機運作。手術醫師目前還在搶救，但希望渺茫。我們可能會失去她。

然後他就得走了。這時我感覺天旋地轉。我記得那有點像喝醉的感覺。我們沒有預期會這樣。只要我們耐心地等，一切都會好的，因為，那種事只會發生在別人身上啊。

接著，亞徹醫師又回來了。他跟我們說他真的很遺憾，大家窮盡了一切可行的做法。他會安排我們進手術室跟女兒道別。想到再次見到女兒，她已經是具冰冷屍體，我無法承受。我的寶貝是那麼柔軟，那麼溫暖。聞起來香香的，頭髮柔軟如天鵝絨，溫熱的雙頰爬滿嬰兒的細毛。我一直想著，要是她變得冰冷又癱軟，我的心會碎掉。這聽起來很怪，但當時那種感覺好強烈。

顯然這是我們最黑暗的一刻。想到柯斯蒂在努力求生，而我們什麼也做不了，我們還不如遠在世界的另一邊算了。我發狂似的腦袋開始嚴重胡思亂想。要是她死了，院方就會把她放在太平間裡冰冷的大理石板上，那個該死無情的地方。真那樣的話，我會待在她身旁，直到她下葬為止。誰阻止我，我就跟誰拚了。我的寶貝女兒要待在我的懷裡，誰都別想從我手中奪走她，門都沒有。

那些腦子裡的念頭，到現在還是清清楚楚，就跟那天一樣，因為我這輩子從來沒有對任何事情感受如此強烈。我們跟病房裡的其他爸媽建立了非常緊密的關係，一整天下來，他們都不斷詢問進度，為柯斯蒂禱告，和我們一起祈求。

亞徹醫師離開我們的病房之後，就沒有其他人進來過。我不怪他們。這種感覺悲哀得讓人受不了。一路走來，我們大家是如此投入彼此的這段旅程，如今卻沒人知道該說什麼。

碰到孩子死在手術台上的極罕見情況，我一定都會親自跟家長談。這是我很怕的事，也是我工作裡最糟糕的一部分。

手術部通往醫院走廊的拉門自動打開了。迎面對上的，是充滿悲傷與絕望的眼睛。我還記得貝姬說：「求你救救我的小女兒。」我愣住了，什麼也沒說。亞徹看起來很難過。難做的，他已經做了。我轉身回到昏暗的手術室，帶上新的口罩，再次刷手就緒。

此時麥克又吸完一根菸，說：「沒有好轉。我們能不能把心肺機關了？」

「不要，我想再試個方法。停止對肺部通氣。攝影機繼續拍。」

這是我的最後一搏。唯有借助物理學定律，這個做法才說得通，而且沒有人在孩子身上試過。柯斯蒂滿布疤痕的左心室壁，是因為腔室變大才會被拉緊。我最近參加一場會議，有個巴西的外科醫師，連續讓好幾個罹患熱帶地區傳染病（查加斯氏病〔Cahags disease〕）導致心肌衰弱因而衰竭的成年人心臟，成功變小。雖然北美洲曾有人想在其他類型的心臟衰竭病患身上施用這種手術，卻很快發現此法並不可靠，進而放棄。在我看來，這個大膽的方法是柯斯蒂最後的希望了。

我不想再冒險停止心臟的運作，於是拿起一把亮晃晃的手術刀，從心尖到底部一刀切開跳動的左心室，就像拉開睡袋拉鍊那樣。我從疤痕區下手，謹慎地避開維持二尖瓣功能的肌肉，心臟被這麼一切，立刻顫動了起來。這沒關係，因為這樣心臟就不會有抽送空氣的風險了。

老實說，我沒想到她心臟內壁是那等模樣，所以嚇了一跳。表面覆蓋著厚厚的白色疤痕組織。為了要縮小心室的直徑，我將切口兩邊的組織切除，一直切到出血的心肌為止，這麼一來就切掉了心室三分之一的周長。為了防止二尖瓣逆流，我把兩塊瓣膜的中間點縫接起來，原本橢圓形的開口就變成了兩個孔，像眼鏡那樣。接著，我只用雙線縫法縫合心肌邊緣，關閉上心臟。這個尺寸小很多的心，看起來就像一根顫動的黑色香蕉。我壓根不認為它會再次跳動，同事們也不相信。他們大都認為我瘋了。

消息很快傳開了：五號手術室在做奇怪的手術。好奇的人都聚過來看轉播，攝影機也繼續拍。我們得確保心臟的空氣都排光才行，否則空氣可能會泵進腦血管，導致中風。確認完心臟的空氣完全排掉後，剩下唯一的工作就是幫心臟去顫，想辦法恢復正常的心律。

「完成，」我宣布道：「試二十焦耳。」

滋！心臟停止顫動了，接著似乎過了很久，都沒有自發的心電活動。我用鉗子戳了戳心肌，它也因此收縮。這次，我們看到血壓的光點動了一下。出乎眾人意料，這個黑色的香蕉已經將血射進主動脈了。

麥克又看了看心臟超音波圖。「看起來顯然有差。要不要試試心律調節器？」此時的我早就已經在縫調節器纖細的金屬線，加以固定了。我們直接將調節器設為每分鐘一百下，啟動電源。我叫體循師降低心肺機的流速，留血在心臟裡，看看它會不會持續射血。它真的會。不只如此，心臟超音波圖顯示二尖瓣不再逆流了。我認為此刻我們還有機會。生命果然要靠物理學和幾何學。

眼下中午剛過，柯斯蒂接上心肺機已經超過三個小時，我們得把心肺機拿掉了。彷彿時間算得剛好，她自己的心律此時突然突破了調節器的速度。比起靠電流的調節，協調的自然心律效率好多了，能供應更好的血流和血壓。

這就像在手術室裡開了盞燈一樣，愁雲慘霧一掃而空，變得歡天喜地。我體內的腎上腺素也發揮作用了，頓時一點也不疲勞。我們為柯斯蒂注入腎上腺素，協助她的心臟接手心肺機，發揮自己的功能。最後，我下令「慢慢關掉心肺機」。雖然我們原本以為她的血壓會慢慢降下來，但這顆用奇怪的方式重新配接的小小心臟，竟然持續泵著血。

「心肺機完全關閉。我真不敢相信。」麥克說。

我依舊不發一語，隔著口罩望了一眼勝間田。他知道我已經累到不行了。

「我來做剩下的工作吧。」他說。

「好啊。」

我懷疑地望了那個泵著血的小小黑色香蕉最後一眼，然後轉頭看超音波螢幕上那些像烈焰一般的白色、藍色和黃色閃光，怎麼想也想不透，看著卻又覺得安心。我們看得出血液流過新的左冠狀動脈，還有兩道從二尖瓣噴出的血流，流進左心室。這是一顆用奇怪的方式重新配接好，而且總算能正常運作的嬰兒心臟。

我和亞徹以及那對父母在手術室門口見完面後，他們都認定柯斯蒂已經死了。這種情況史無前例又很尷尬，但我已經累到無力應付。我請麻醉護士呼叫亞徹醫師，讓他再下來一趟。呼叫完後，那位護士主動幫我倒了一杯咖啡。

勝間田確認完沒有出血的情況，就非常細心地關閉了胸腔。

「從來沒人這麼做過。」他邊說邊看向我。

沒過多久，貝姬來到小兒科加護病房，不敢置信。她把手放在柯斯蒂小小的腳上，驚呼一聲：「溫溫的。她的腳從來沒有這樣過。」在她哭出來時，我就離開了。真是漫長的一天。

我那個不按牌理出牌、卻很討人喜歡的祕書迪伊開車送我回家，位於離牛津約二十分鐘車程的布雷登。我放鬆不了，疲勞中夾雜著喜悅。時值落日之際，紅通通的巨大冬陽在布倫海姆宮上方落下。為了放鬆，我和家裡的德國牧羊犬麥克斯一起出門，打算沿著湖跑跑步。湖邊的兔子和有幸逃過狩獵季的雉雞，因為我們穿過老橡樹林時的驚擾而四處逃散。影子被落日拉得長又長，天鵝發出嘶嘶地警告聲要麥克斯快滾。我沿著湖邊蹣跚前行時，夕陽已完全西沉。我從布雷登的公園出口離開，穿越馬路，走進對面的聖馬丁教堂。

溫斯頓．邱吉爾長眠於這塊墓地。有張木椅正對著他的墳墓，捐贈者是二戰時的波蘭反抗軍，墳墓周邊老是少不了垂萎的獻花，猶如低著頭致敬一般。跑完步又熱又上氣不接下氣的我，坐在木椅上，跟不到十英呎外、躺在棺材裡的這號偉人聊了起來。我病態地想像著如今邱吉爾的屍體變成什麼模樣，同時思量著柯斯蒂當時就差那麼一點，也會變成醫院太平間裡硬梆梆的冰冷遺體。可是我謹遵著眼前這號偉人的名言——絕不投降。

麥克斯大不敬地在旁邊的墳墓上翹起了後腿。現在我得睡一覺才行，我希望不要有電話來打擾我。果然，電話沒響。柯斯蒂活下來了。

接下來的十年，我們仔細追蹤柯斯蒂的情況，利用心臟超音波觀察心臟發育的情況。她是個健全的小女孩，快樂外向又充滿活力，除了她胸口中央那道淡淡的長疤之外，完全沒有跡象顯示她體內有如此驚人的改變。

等到我們認為她大到可以討論心臟相關問題時，我們取得她的同意，做了核磁共振造影，看看這顆改造後的心臟發育得如何。結果非常驚人。除去二尖瓣有兩個開口這一點，她的心臟看起來一切正常，新的左冠狀動脈也正常得很。只有一條細細的疤痕，看得出心臟上的縫線。不可思議的是，其他疤痕組織通通消失了。曾經，她的左心室內壁滿布白色的疤痕組織，如今都已完全消失。

這個結果，是最早的證據之一，證實嬰兒自己的心臟幹細胞有辦法再生心肌，而且還能清除掉纖維組織，成年人的心臟則無法用同樣的方式恢復。那要是我們能找出可以幫助成年人心臟恢復的幹細胞，然後加以培養呢？這能否為數十萬因罹患冠狀動脈疾病而慢性心臟衰竭的成年病患帶來解方？我的外公就是可能因此受惠的人之一。我們可以在動冠狀動脈繞道手術的同時，注射幹細胞，或是用導管將幹細胞注入心臟內。至於要用什麼細胞、哪裡找得到這樣的細胞，以及細胞保存和移植的方法——假以時日，我會找出答案。

如今十八歲的柯斯蒂，是個活潑又愛運動的少女，但當時她要是死了，我們就永遠都不會知道心臟可能再生這個讓人激動不已的事實。她的病例，可能挽救無數人的性命。

第九章
骨牌心臟

我也要賜給你們一個新心，將新靈放在你們裡面；又從你們的肉體中除掉石心，賜給你們肉心。

——《以西結書》第三十六章二十六節

我幾乎每天都要去兒童加護病房查房，看看我手術過的嬰幼兒，讓他們的爸媽放心，事情很快就會好轉。查房時，往往會窺見許多人間悲劇。最糟的莫過於罹患腦膜炎的嬰兒，因為四肢發黑壞死，而不得不截肢。不然就是因車禍導致多重外傷或腦死的兒童，還有癌症與化療引發數不清的併發症。小孩子怎麼會得癌症呢？這世界真的公平嗎？還有腦積水的孩子，他們頭顱巨大、裡面滿是積液，頭比身體還重，重到抬不起來。生命脆弱而痛苦。

那是我們成功幫茱莉手術完後三個禮拜的事。小兒心臟內科的醫師問我能不能馬上來一趟，他們想討論一個緊急病例。

現場好幾名醫師站在某個男童的床尾，細細查看各種圖表和化驗報告。男童的母親滿臉悲傷，彎著身子坐在他旁邊，因焦慮擔憂而表情緊繃；她握著男童汗濕的手，直盯著監視器看。男童四十五度斜靠在枕頭上，雙眼緊閉，胸部起伏，呼吸時發出呼嚕聲，還不時咳嗽。我看出他臉色蒼白、身體癱軟，眼睛閉著，頭向後仰並伸直脖子，費力地想呼吸，皮膚泛著癌末病人常見的蠟黃，而且骨瘦如柴。他的三魂七魄似乎早已飛散。

既然如此，他們為什麼要找我？或許是男童的心臟長了腫瘤。這種情況當然罕見，不過我倒是幫好幾個孩子做過心臟腫瘤手術。又或者，癌細胞可能已經從腎臟或骨頭擴散到心包，導致積液壓迫心臟。常有人拜託我幫這類病患在心包上開個口，讓積液排入胸腔，減少傷害。

不管是什麼問題，男童的情況看起來都很危急。好一陣子都沒人注意到我在現場，這對一個心臟外科醫師來說很稀奇。我乾脆站到後面，靜靜聽著。

男童名叫史提方，十歲，但看起來比實際年齡小。根據他母親的說法，他已經「不對勁」好一段時間了，不僅跟不上他的朋友，在學校也無法專注。他甚至不踢足球了，因為才跑幾碼就呼吸困難。

學校放假後，他的爸媽越來越擔心，他的身體狀況也惡化得很快。家醫說他胸腔裡面聽起來「濕濕的」，就直接送他到醫院照X光。結果非常糟。他的左心室衰竭，肺部積水，心臟擴張得很巨大，肺部充滿液體，就是所謂的肺水腫。男童的爸媽非常意外，因為他先前完全沒有病史，非但沒有先天的心臟病，也沒有任何原因可以解釋為什麼他現在快死了。

現場的氣氛太緊繃，我只好帶頭轉換氛圍。

「早安，」我說：「有什麼我能幫忙的嗎？」

迎來的是亞徹一貫的回答：「啊，維斯塔比，你怎麼現在才來？快看看這張心臟超音波如何？」

史提方瘦得像集中營裡的人，胸壁上一點脂肪也沒有，一看就知道已經病了好幾個月。他的母親並不瘦，可見不是因為貧窮。若要說有什麼好處，那就是瘦的人照出來的心臟超音波效果更好，問題一看就很清楚了。他的左右兩心室都擴張了，左邊的情況更嚴重。巨大的左心室幾乎動都不動，二尖瓣也逆流。原本該是圓錐形的心臟變成了球形，二尖瓣的瓣膜因此被拉扯開來。心臟變得像顆橄欖球，跟柯斯蒂的很類似。

各種想法在我腦中奔騰。他們會要我修復瓣膜，減輕這孩子肺部的負擔。但主要問題肯定不在於二尖瓣，而是造成二尖瓣逆流這類次要問題的末期心肌疾病。動傳統心臟手術必定會要他的命，但我不想嚇他爸媽，所以並沒有直說出口。然後我才明白，大家在想的其實是血泵。

大家都聽說過茱莉的事，她還在住院，但恢復得很好，我們也開始接獲全國各地打來的求助電話。儘管史提方患的很可能是病毒性心肌炎導致的慢性心臟衰竭，但他不只病了幾天，而是好幾個月，不太可能像茱莉那樣恢復。

我第一個反應是他需要一顆新的心臟，而且得快點。當時只有大奧蒙德街醫院（Great Ormond Street）在做兒童的心臟移植手術，我曾在那裡工作，跟他們的外科醫師很熟。那就把史提方弄進他們的系統，排進緊急候選名單吧。就這麼簡單。

事實上沒這麼簡單。院裡有人找倫敦的心臟移植醫師談過，對方只說抱歉，他們也很缺病床，還有好幾個情況緊急的病人等著手術，不可能再插進一台移植手術，就算是孩子也一樣。接著他們表示，如果情況變好會聯絡我們，但目前只能「你們自己先盡力」了。

為了讓史提方的心臟泵血更有力，已經使用了高劑量的靜脈注射藥物，也用利尿劑排掉肺部的水。若血壓不足，腎臟就不會運作，此刻他的腎臟已經很賣力在維持功能，再糟一點就會落入無盡深淵。病床旁的其中一個小兒心臟科醫師直接問我，能不能再用AB-180？茱莉的例子已經開了先例，假如真的是心肌炎，這樣或許還救得了他以及他的心臟，或至少在大奧蒙德街醫院可以收容之前保住這孩子的命。這是他們一家人最後的希望了。

我很清楚，這字字句句都被那可憐的母親聽在耳裡。護士搭著她的肩膀，於事無補地想安撫她，所有人都眼巴巴盯著我。我一語不發，思考良久。的確，我們還剩一個AB-180，但沒辦法，行不通的。那個裝置的流入管太大也太硬，裝不進孩子的左心房。

我把這些話告訴那群嘰嘰喳喳的內科醫師，他們的臉垮了下來，表情嚴肅，看起來失望極了，男童的母親開始哭。亞徹已經告訴過她，血泵是唯一還沒嘗試的選項，狀況若進一步惡化，最後唯有死路一條。也就是說，方才的我判了他死刑。

史提方是出身勞工階級家庭的普通孩子。他還有一輩子要過，現在應該在學校運動場跟朋友玩，而不是靠枕頭撐坐在病床上動彈不得，身旁滿是面容哀傷的白袍醫師。光是躺著就讓他很累，呼吸更是讓他精疲力竭；咳嗽也讓人受不了，每咳一次，喉嚨就緊得像被人勒住；明明覺得冷，汗卻浸濕了床單。陌生人拿鋒利的針頭扎進手背和脖子，抽他的血，還把橡膠管子塞進他的私處——盡是些這個年紀原本不必煩惱的事。看著父母如此苦惱，還得聽各種聽不懂的內容，他必定很不安。要不了多久，他就會感覺頭暈，現實開始模糊，周遭的一切彷彿離他越來越遠，因為嗎啡在發揮作用，帶走他的恐懼。

他的父母頹坐在病床旁，身體前傾，想靠近他一些。兩人都很緊繃，心卻已經累到極點。他們本該去上班，而不是在醫院裡。但他們寧可待在其他地方，也不想在醫院面對唯一的兒子即將死去，自己卻束手無策。

事情怎麼會這麼突然？他們做錯了什麼？他們聽見了活命機率很低的殘酷真相，也聽到「移植」這個字眼，還聽見有人提到大奧蒙德街醫院，卻沒有進展。他們眼見史提方已經休克，器官也逐步衰竭。時間與他們為敵。恐懼感伴隨著撕心裂肺的不幸遭遇掐住他們的喉嚨，壓得胸口喘不過氣。起初他們連話都講不完整，接著變得說不出話，後來只要開口就情緒潰堤。但他們努力忍住，不在孩子面前哭。要哭，等最後再說吧。

亞徹備感壓力，卻也無能為力。他跟大奧蒙德街醫院的醫師們很熟，也深知奇蹟很難出現，有太多孩子處境同樣堪憂，那些父母同樣絕望。但他知道再不採取行動，就真的為時已晚了。他翻看著驗血報告：血液中的鉀和乳酸都越來越高，但能用碳酸氫鈉中和。史提方很快就會需要腎透析。亞徹正竭盡所能，不讓心律出現必然會加速死亡的激烈變化。希望渺茫，他還能做些什麼？

加護病房的主治醫師在人群後等待著。雖然他已歷經無數生死場面，也照顧過很多走到生命盡頭的孩子，但他仍會全力以赴。但是，究竟該全力以赴什麼呢？史提方很快就得接上呼吸器，因為他已經喘不過氣，嗎啡又進一步抑制了呼吸。所以主治醫師在等待查房的同時，已經拿好麻醉藥和呼吸管待命。他還有另外九個重病的嬰兒和幼童要操心。

還有照顧史提方的護士。小兒加護病房的護士都是特殊品種，不是每個人都能日復一日面對這種撕心裂肺的痛苦與焦慮。史提方的護士是個年長女性，自己也有孩子，她喜歡照顧我做完心臟手術的病患，因為總會慢慢康復。她實在不忍心看孩子死去。顯然，她很能同理史提方的父母，壓力已經讓他們快要崩潰，必須有人採取果斷行動，否則就太遲了。她小病人的性命，正一點一滴流逝。就是她極力勸亞徹來找我的。

病床周遭已是一片愁雲慘霧，彷彿末日將至。沒人能憑空變出一顆心臟，更別說是兒童用的了。每年只有幾例兒童心臟移植手術，這就是為何他們指望我能想出別的辦法。可是我想不出來。

我看著這對悲傷的父母，感覺自己真他媽沒用。如果換作我自己的孩子碰到這樣的鳥事，毫無前兆就這樣病倒，我作何感受？他們最後的希望在剛剛破滅了。毋庸置疑，因為自己也有孩子，讓我對那些焦急家庭的處境特別敏感。那時我女兒潔瑪已經二十歲，還有個在牛津讀書的兒子馬克。

把史提方當成自己的孩子看待，就是產生了「同理心」。這麼一來，他就會變成有血有肉的人，而不只是另一個病人。有些人會說，同理心是成為好醫師的關鍵，也就是「慈悲醫療的關鍵」，管他是什麼意思。但如果真要對這加護病房上演的每一齣悲劇都感同身受，遲早會被吞噬其中。這就是為什麼加護病房的同事要繼續查房，而不是被捲進史提方死期將至的漩渦。

這下我開始慌了。當時只有一台心室輔助裝置適用於幼童，叫做「柏林之心」（Berlin Heart），剛由德國柏林心臟中心（Deutches Herzzentrum）的羅蘭・赫策爾教授（Professor Roland Hetzer）引進。幸運的是我們非常要好（這就是參加醫學會議的好處），所以我打算打給他、請他幫這個大忙，或許還會說史提方是德國人，畢竟名字聽起來蠻像的，何況羅蘭還是個英國迷。

我運氣真好，羅蘭人就在辦公室裡，第一通電話就聯絡上了。照例閒聊幾句後，我直接切入正題。

「羅蘭，我需要一台『柏林之心』。要用的那個男童十歲，但個頭比實際年齡小。他的心臟或許有機會恢復，但撐不了多久了。買一台得花多少錢？」我知道，這筆錢得用我的慈善基金支應。

他的回答一如我所料：「錢的事之後再操心。你什麼時候要？」

我停頓了一會，然後問：「能不能明早送來給我，再派個人過來幫忙？」

羅蘭說他非常樂意協助。

隔天一早八點，專用包機就降落在牛津機場。在這之前，我已經發電子郵件告訴院長我的打算，還副本給了醫務主任。英明的院長奈吉爾・克里斯普（Nigel Crisp）此時已經改變了想法，但不到一個月前我還因為搶救茱莉差點被開除。

亞徹做了讓人肅然起敬的事，他去見了院長和醫務主任，試圖說服他們這是唯一的選擇。他告訴他們，整個醫療團隊都認同這個男孩活不過今天，他已經用盡所有常規途徑，沒人願意出手幫忙。如果維斯塔比有解方，在道德上，他們就有義務放行。先行動，責難之後再說。噢，他還補了一句：「你們去病房看過茱莉了嗎？那可是牛津處理的世界首例，對吧？如果還沒，為什麼不去看看？」

亞徹是個虔誠的人，至今仍然如此。但他避開了「死而復生」那套譬喻，還附和了他們的看法：維斯塔比當然不是神，而且可能還是個惹人厭的王八蛋。但救命不正是他的工作嗎？他不過是固守本分罷了。就先別多管，讓德國人來吧。

就我個人而言，我始終堅信：為救命不顧一切，是合乎倫理道德的。我不需要什麼狗屁倫理委員會來質疑我的觀念。我要在自己能發揮潛力、突破限制的地方工作。如果牛津不支持，我願意離開！

「柏林之心」由一個分成兩部分的盛血容器組成，大小跟顆柳橙一樣；一部分容器用來裝血，另一部分則裝空氣，由強迫充氣的氣室驅動血液往前流入有人工瓣膜的管子。簡單但卻非常有效。血泵的增壓室在體外，如果裡面出現血塊，還可以更換。血泵靠著流入管和流出管連接到心臟兩側，至於從衰竭的心臟接出來的所有管子，則都從腹壁穿出，連接到體外的血泵。這樣就能繞過左右兩心室、讓它們休息，並且保證有血流流入肺部與全身。我想，這就是醫師要的。

現在，該把史提方送到樓下的手術室了。不僅如此，專用包機還等著手術結束後要將德國團隊送回家，時間就是金錢，而且錢還是我付的。這可不只是跳表計費的計程車。

史提方在沒用呼吸器的情況下挺過了當晚。但此刻，他已經精疲力竭，且滿懷恐懼。他這個年紀，已經能察覺自己處境危險——他看得懂大人臉上的陰霾，和她母親眼裡的淚。所以，麻醉室上演了一場我能避就避的生離死別場景。雖然兒科麻醉醫師每天應付這種場面，但這對我而言是不必要的額外壓力，所以我帶著德國團隊去換上手術裝備。那場面真糗，因為破舊的更衣室塞滿灰色置物櫃，棕色木長椅的漆都剝落了，廁所牆壁灰泥斑駁，到處都是不要的手術鞋、口罩和衣服。他們該穿什麼鞋呢？我們東翻西找，才配出幾雙手術鞋，接著我們走進體循師的準備室，讓他們見識我們的團隊。

黛絲蕾已經在那裡準備學新東西，外科主治醫師也跟勝間田一起等著我們。房裡有股狂熱激動的氣氛，那是一種突破新局的感覺，是回家可以說給爸媽和孩子聽的事。今晚的新聞會報這個嗎？不會。也許會上牛津的當地新聞？也不會。那我會被炒魷魚嗎？很有可能。這就會上新聞了。不過在這個階段，我們什麼都還不會說。先把孩子治好吧。

史提方被推上手術台時，那模樣讓人心痛，瘦到了可憐的地步。這時我幾乎可以確定，他罹患的並不是病毒性心肌炎，更像是伴隨無法復原的心肌病變的嚴重慢性心臟衰竭。但第一步沒有變，先保住性命，之後再評估該怎麼辦。

我鋸開了他的胸骨，用牽引器左右拉開。我們切開心包，將邊緣固定在皮膚上，讓心臟更靠近我們。大量淡黃色的積液滿溢出來。我估計，他有四分之一的體重都是富含蛋白質與鹽分的心臟衰竭積液，現在都被抽吸器排出來了。我不禁懷疑自己是不是蠢蛋，才會投身這樣悲慘的領域。明明有輕鬆一點的工作啊。

現在，終於能清楚看見這苟延殘喘、擴張的器官了。他的右心房繃得很緊、呈藍色，隨時會因為靜脈血壓過高而爆裂，肝臟因此腫脹。右心室也高度擴張，為了排除他和柯斯蒂有同樣問題的可能性，我特別仔細查看了右冠狀動脈。不過並沒有，要是有，亞徹早就發現了。他巨大的左心室裡沒有疤痕，只有已經動不了的纖維化蒼白心肌，心臟也不像茱莉那樣腫脹發炎。我要先幫心肌做切片，才能在顯微鏡底下精確找出病因。

德國來的兩名幫手在手術台上方的覆蓋巾外觀察。身為羅蘭的菁英心臟移植團隊的成員，他們在柏林已經見過許多苟延殘喘的心臟，跟這個類似。他們用一種術語統稱，叫「特發性擴張心肌病變」（idiopathic dilated cardiomyopathy），在十歲孩童身上十分罕見。

情況很明顯，史提方左右兩邊都要有輔助才能活下去。光靠左邊的心泵，雖然能把更多血液送出到全身，但最終這些血還是會回流到右心室，而右心室將無法負荷，迅速衰竭。所以，右邊的輔助也少不得。術後將有四條管子穿出腹壁，接到兩個氣動式的人工心室，這些心室能被動充血、主動射血，提供和正常兒童心臟相近的泵血量與速率。棒吧？

我感覺到，他這顆幾乎無力的心臟經不起任何改變心律的操作，這樣一來在血泵都沒能接上前，狀況就會變得更棘手。我決定先用心肺機保他無事。然後我講了個笑話，企圖緩和一下氣氛。

「我剛把手機聯絡人裡的德國人都刪掉了。」我停頓了一下，接著說：「這下手機變成免持手機了！」[1]

他們沒聽懂。勝間田也聽不懂。我們又靜默地繼續手上的工作，開四個讓插管從胸腔穿出的孔，其中一端接到心臟，另一端則接到心泵。最重要的是，我們排光了心泵裡的空氣。這時我又講了另一個笑話。

「河馬（Hippo）跟芝寶（Zippo）有什麼差別？一個很重，一個輕了一點！」[2]

但跟剛剛一樣，還是沒人笑。

一切按計畫順利完成，到了啟動見真章的時刻。這對人工心泵就像真正的心室，只是位於

1　譯注：漢斯（Hans）是德國常見姓氏，與手（hands）諧音。此處在開Hans free和hands free（免持）的同音玩笑。

2　譯注：芝寶是美國著名的打火機品牌；「輕了一點」的英文也有「一個小打火機」之意。

體外，可以直接看到它們運作：撲通、撲通、撲通。有力又有效。史提方自己的心臟則被我們排空，像顆洩了氣的氣球；血壓明顯改善，主動脈與肺動脈也恢復了強而有力的搏動。撲通、撲通、撲通。這方法簡單到荒謬，效果卻很顯著，生命戰勝了死亡。雖然搏動的血流很美好，但史提方的情況卻只能把泵裝在體外。至少，續流式的裝置都小到可以植入體內。

勝間田花心思確保沒有出血，他在切口周邊噴了生物膠，止住了討人厭的滲血。我們得在史提方的胸腔留兩根引流管排血，所以如今有六根管子穿出他那孱弱的小小身體。這表示他會有多處穿刺傷口，但全都是必要的。要將胸骨邊緣縫合起來，我們按例用了粗的不鏽鋼絲，拉緊後再扭轉，把所有的裝置都封在胸腔裡面。

接下來，史提方就被送回小兒加護病房，他身上的心室輔助裝置是那裡的醫護人員從來沒碰過的。對護理人員來說，這原本可能讓人卻步，但其實不然。我們囑咐他們，不必過分在意裝置上的管子或旋鈕，也沒必要改動什麼。只要照顧好男童就好，因為他醒過來時很可能會驚慌激動。

我們還特別叮嚀，絕對不能讓史提方拉扯管子，這些可是他的生命線。如果他醒來，最好讓他坐起來，拿掉呼吸器、移除氣切管，就少掉一個讓他不舒服的東西。接著才有可能跟他講道理，也更容易讓他冷靜下來。他的爸媽可以坐在他旁邊，黛絲蕾也會從旁協助，就算她下了班，人也會在。

德國人離開後，就只剩我們靠自己處理這個技術了。不過無妨，史提方好轉得很快。開始有尿液流進導尿袋，而且不出所料，他傍晚就醒了，也拿掉了氣切管。雖然他就連對待可憐的母親都脾氣很差，但皮膚恢復了粉色，雙頰紅潤，爸媽緊緊握的雙手與雙腳也是溫暖的。他只是不喜歡穿出自己肚子，還在眼前撲通搏動的那些外來物——雖然這是救命的珍貴技術，對小孩子來說還是挺嚇人的。

幾天過去了，我急著想知道切片的結果是什麼，這樣就能想出下一步該怎麼做。就算「柏林之心」能讓他繼續活幾個禮拜，甚至幾個月，他自己的心臟究竟能否恢復呢？我想是沒辦法的，所以我們還是需要在不張揚的情況下，為移植手術做好打算。如同我一定會看自己手術死亡病患的驗屍過程，我抱著始終如一的好奇態度跑到病理實驗室，要求看看茱莉和史提方這兩個病例處理後的樣本。那裡的病理學家們跟我都算熟了，也感謝我提供臨床的意見回覆。

茱莉的心肌受到一種會對病毒感染作出反應的白血球浸潤，這種白血球叫淋巴細胞。雖然病毒過小，在光學顯微鏡下看不到，但淋巴細胞浸潤就表示有病毒存在。茱莉的心肌在有數百萬個病毒的情況下，因發炎而膨脹又水腫。

史提方就不是如此了。我們有點意外，竟然會在十歲孩子身上發現這種情況。大量的心肌被纖維組織取代，但卻不是缺乏供血造成的結果。他的心肌裡一點白血球也沒有。史提方的確有慢性特發性擴張心肌病變（肇因不明的長期心臟擴張），病情也無法單靠休息就好轉。說穿了，他就是突然不行了。這兩個病例只有一點相同：我們救得及時。現在，往後的路已經很清楚：史提方需要別人的心臟，才能安全回家。

當時（現在也是），任何一間醫院或外科醫師，都無法獨自安排心臟移植，就算需要心臟的病人隔壁就躺著一個配對相容的腦死捐贈者也不行。移植得遵循一套決策過程，還要對付一個組織才可以，就是英國器官移植署（UK Transplant Service）。他們認為應該要放棄「緊急」類的病人，才能妥善利用珍稀的供體器官，確保分配公平。所以，當時是嚴格謹守輪流的方式，提供供體器官給各器官移植中心。獲得供體心臟的病人，許多都生活在你我周遭，而不是像史提方那樣帶著維生裝置的人。現在我們曉得，這些沒臥床的病人從移植中獲得的生存效益極低甚至沒有，其中許多人後來都死於併發症，白費了器官。這也是我積極尋找替代辦法的原因。不僅如此，如果心臟移植手術牽涉到非正式取得的器官，移植小組就必須向器官移植署上報，而移植署會將他們直接排到候補名單最後面。

我越來越擔心要幫史提方找心臟的事，得讓他納入大奧蒙德街醫院的系統才行。我打電話給器官移植外科醫師馬克・德・勒瓦爾（Marc de Leval）。我們一起受過訓，我很尊敬他，他也很支持我在牛津從無到有建立先天性心臟病門診。這些年來，只要碰到我認為他能處理得更好的複雜病例，就會轉給他，因為幫嬰幼兒動手術容不下自大或傲慢。我告訴他，史提方的狀況惡化之前，我們就已經試過幫他轉院了。

馬克都知道這一切，也願意幫忙。他還有意看看「柏林之心」。雖然史提方現在穩定了，但他的狀況跟前一個禮拜要將他轉去大奧蒙德街醫院時一樣，那狀態危險且不可預料的程度，足以讓他排上該院的移植候補名單。

不過問題來了。裝著「柏林之心」轉院到倫敦，可能太冒險了。我們要求用救護車送他到倫敦時，他們表示，考量到可能塞車或救護車機械故障，無法保證這一趟路有足夠的電力。於是，我們得跟牛津的器官移植協調員做好事前準備，確認血型、安排組織分型、尋找他血液中的異常抗體。假如我們找得到相容的供體心臟，就在牛津幫他動移植手術。所以醫務主任免不了會氣到中風。

結束來得比預期還早，幸好我們都準備好了。史提方一天天好轉，儘管身子還是虛弱，但已經沒有心臟衰竭。隔週週末，我們接到了移植通知。高速公路三十英里外的黑爾菲爾德醫院正要動心肺移植手術，對象是一名患有囊腫性纖維化、身體嚴重衰弱，又因為肺衰竭就快死掉的少女。她已經靠居家氧氣治療多年，但如今下不了床，皮膚發青、呼吸困難，肺循環血壓很高，還經常咳血。等她完成心肺移植，她原本那顆強健的心臟就可以給史提方了。這就是我們的計畫。這種手術我們稱為骨牌心臟，原因顯而易見。骨牌移植在當時就很罕見，如今更是不存在了。

那名罹患囊腫性纖維化的病人被送進黑爾菲爾德醫院時，器官摘除小組已經在待命了。那後勤工作豈是複雜兩字可以形容：供體在好幾英里外，要有四組不同的外科團隊，分別負責心臟、肺臟、肝臟，以及兩顆腎臟。這些人都要再前往不同的城市，就像在獵物上方盤旋的禿鷹那樣，隨時準備好吃掉身體最美味的部分，雖然他們的目的崇高無比就是了。他們得在夜間趕路，路程中不乏危險，曾經有空運移植團隊在氣候惡劣的情況下失事。

確定這顆心臟與史提方組織配對成功，他和那名罹患囊腫性纖維化的病人也有相同的血型後，我們就訂於週六晚上啟動流程。沒有比這更棒的了吧？這樣就能在安靜的週日早晨，最沒煩擾的時刻進行手術。

更棒的是，這顆心臟沒有供體腦死在生理上造成的不良後果。頭部受傷的供體，往往要接受限水和利尿劑療法降低顱內的壓力，要是再加上腦垂體受損，醫師往往得用好幾公升的液體把人救回來。很多人需要靠大量藥物才能維持足夠的血壓，因此這些受損的供體心臟，往往在移植手術後就會衰竭。我在黑爾菲爾德醫院工作過三年，這種情況我很清楚。

大奧蒙德街醫院的移植專員會通知我們即時的時程安排。這顆骨牌心臟大約早上七點就會從體內取出，我們要在他們用塑膠袋和保冷箱將心臟送到這裡之前，重新打開史提方的胸腔，準備就緒。到時要幫他接上心肺機、取出「柏林之心」，還要切除史提方那顆沒用的心臟，以及解決體內那些有的沒的插管。我的團隊早早就位，巴不得馬上進行手術。

十歲的年紀要面對這樣的事很難，但史提方倒是能理解。當他知道我們會拿掉他體內的外來物，先是鬆了口氣，接著就乖乖聽話了。但他也會流露驚恐與不安。他很討厭那四根從自己肚子上穿出的管子，其中兩根流藍色血液、另外兩根流紅色血液，都像澆花水管一樣粗；鼻子前面還有噪音惱人、搏動運作的圓盤。我們原本告訴他，這個裝置可能得帶好幾個月，移植手術一提早，就成了開心的解脫。

不過，我們沒告訴他中途失敗的風險。當時的失敗率是一五%到二〇%，供體心臟衰竭、感染或排斥都可能是原因。不過，這顆從腦部正常的活人身上摘下來的骨牌心臟特別強壯，在組織分型上也相容得當。沒什麼好擔憂的。只要好好做就好。史提方的爸媽從早上六點就坐在旁邊陪他，前一晚也沒什麼睡，雖然懷抱著希望，卻越來越擔心。隨著緊張感增加，史提方感受到了這股焦慮。

我帶著馬克去見他們。這時他們已經跟史提方在麻醉室裡了，原本的設備加上其他東西，讓空間顯得侷促。馬克不斷望向「柏林之心」，那是當時唯一適用於幼兒身上的心室輔助系統。大奧蒙德街需要一台，生命才不至於白白浪費。

勝間田現身門口通報消息：這顆骨牌心臟已經離開黑爾菲爾德醫院在路上了。從禮拜天早上的交通來看，三十分鐘內就會到達牛津，也就是說，該麻醉史提方了。分別時刻已到，他的父母傷心痛苦極了，史提方也是，但時間很短暫。麻醉醫師凱特泰然自若地在一旁待命。麻醉劑注入點滴之後，史提方的煎熬很快就煙消雲散。麻醉護士露易絲和史提方的父母拖著沉重的腳步走了出去。他們依偎著彼此，那樣的悲痛應該還會持續一段時間，好像他們受的苦還不夠似的。

之後的進展很迅速。我的刷手護士琳達與寶琳，把粉紅色的氯己定消毒溶液塗在他的胸部再弄乾，因為那是易燃液體；接著在他身上蓋上無菌的手術覆蓋巾。我、馬克與勝間田刷手、穿上手術服，戴上手術手套。我們可要把握時間。

我們割開史提方皮膚的縫線，切開胸骨的鋼絲，小心地在很多管子之間放入牽引器。只要是二次開胸，都會有血塊和纖維蛋白沾黏在心臟與管子，我們先全部剝除後再抽吸掉，接著用溫食鹽水清洗心臟與心包。一切都要洗乾淨，畢竟這是間迎接新住客的小房子，不是什麼垃圾掩埋場，而且還得騰出地方安裝心肺機的管子。接好心肺機，就能關掉「柏林之心」，把靠近心臟的管子都切斷並拿走。

但在供體心臟還沒送來之前，我們還不會這麼做。運送的路上還是有可能發生不幸——車禍意外、爆胎、什麼都有可能。或者有人可能手一滑，讓心臟掉在手術室地板上。開普敦的巴納德醫師就曾發生這種事，他弟弟馬力厄斯（Marius）在從捐贈者的手術室把心臟搬去受贈者那邊的途中，失手把心臟摔了。真糟糕！

早上九點十五分，心臟裝在保冷盒內送到了，周圍都是冰袋。我們把保冷盒放在它專屬的桌子上，小心拆去層層袋子，最後把心臟放進一個不鏽鋼盤。這顆心臟就像肉販砧板上的綿羊心臟那樣，軟趴趴又冷冰冰，躺在裝了攝氏四度鹽水的盤子裡。但我們知道怎麼讓它恢復過來，也有把握它一定會再次搏動，盡它的責任。所以，我叫布萊恩關掉「柏林之心」，換成心肺機。

史提方的心臟最後一次被排空後，撲通一癱，在心包底完全沒用了。我切除那四根塑膠插管的同時，馬克也開始整理供體心臟。勝間田將那些插管從史提方體內拉出來丟掉。現在，是切掉史提方那顆可悲的心臟、準備裝新心臟的時候了。我們取出了舊的心臟，留下空的心包，那真是很奇怪的一幕。這個人沒有心。巴納德首次做心臟移植手術的時候肯定很可怕，就好像往車子引擎蓋裡瞧，卻沒看到引擎那樣。

供體心臟會按照嚴格的步驟植入，而且一定得準確對齊，不能有任何扭曲。這聽起來也許很理所當然，但實際操作可不容易，因為心臟又濕又滑，很難固定到位。

腦子裡能清楚想像出成品立體的模樣，是很有幫助的。在這方面我很幸運，因為我遺傳了共顯性的大腦半球，也就是能運用大腦運動皮質區的兩側。我可以左右開弓。我寫字用右手，但打棒球用左手，踢足球則慣用左腳。這種能力對很多事都有幫助，但對外科手術尤其重要，甚至比考試成績和學習能力還更關鍵。

不過移植手術本身其實並不複雜。重點在於縫合供體和受體的心房組織，下針要深、要緊，一針一線都必須非常小心，才不會滲漏。縫合完心房和主動脈，才能鬆開主動脈的夾鉗。這就表示「缺血期」結束了，是影響存活的關鍵時期，也就是心臟從供體身上摘除後失去冠狀動脈供血的期間。我們知道，移植效果最好的是來自年輕捐贈者、缺血時間短、血型相容的心臟。知道歸知道，實際上病人根本沒得選——能等到一顆心臟已經是萬幸。這就是為何現在連「邊緣供體」都會被接受，包含六十歲以上的、有吸菸史的，甚至罹患某些癌症的。

不過，史提方看起來一切都不錯。血液已經流經冠狀動脈，重新喚醒了心肌，讓本來淺褐色又軟趴趴的心臟變得緊實，變成帶紫色並出現顫動。隨著心臟開始恢復，我們縫合最後還沒接起來的肺動脈，接著想辦法排掉裡面的空氣。腦部要是進空氣，可就不妙了。

在馬克建議下，我們讓史提方這顆新的漂亮心臟在心肺機的輔助下再休息一個小時。這個寶貴的器官，原本很可能跟病變的肺一起被丟進垃圾桶。它如今依然能跳動，是現代醫學的奇蹟之一。心臟自行停止顫動並開始射出血液，隨著時間推移力量逐漸增強，最終順利脫離了心肺機。

現在面臨兩個主要風險。首先，萬一免疫抑制不足，可能會導致對捐贈心臟的排斥反應；其次，如果免疫抑制過強，則可能引發嚴重甚至致命的感染。因此，當史提方穩定後，需要由大奧蒙德街醫院移植中心的專家接手治療。我們已經完成任務，保全了他的命。馬克表示一有床位，就會立刻通知我們。

接下來的一週，亞徹和小兒加護病房協助我們照顧史提方，之後他順利轉院去了倫敦。我們保持聯絡，密切追蹤他的進展。雖然期間出現幾次輕微的排斥，但很快便獲得控制，史提方起初難以救治，但康復過程幾乎毫無波折。至今將近二十年了，我們還在追蹤他的狀況。如今他有了自己的小家庭，而且多虧我柏林和大奧蒙德街醫院的朋友們，他仍受惠於當年迅速找到且成功移植的理想心臟。

那年宜人夏日裡的那幾週，具有開創性的重大歷史意義。我們完成了英國首例病毒性心肌炎的銜接康復治療，接著又完成了首例兒童的銜接移植治療。這些都是在極度緊急的情況下進行，即興決策、深夜手術，全靠我那群敬業的海外同僚們共同努力才得以完成。大奧蒙德街醫院隨後把「柏林之心」納入心臟移植計畫，一開始靠慈善基金支持，後來成為美國唯一獲准用於嬰幼兒嚴重心臟衰竭的輔助系統，至今依然如此。不用說，我們在牛津再也沒機會使用這個裝置，因為心臟衰竭的兒童不是被及時送到大奧蒙德街醫院，就是不幸去世。茱莉和史提方的手術幾乎耗盡了我全部的研究經費。但兩條年輕生命的價值，又豈能用金錢衡量？

第十章
靠電池過活

現在，我們要更詳細地討論物競是怎麼回事。

——達爾文，《物種起源》（*On the Origin of Species*）

時值千禧年六月第一週，某個暖和的夏日早晨。十一點整，我辦公室的門傳來一陣猶豫、甚至帶了點歉意的敲門聲。彼得・霍頓（Peter Houghton）站在門口，龐大的身軀塞滿了整個入口。他拄著拐杖，身子搖搖晃晃，汗如雨下地垂著頭；嘴唇和鼻子發青，呼吸時氣喘吁吁。出於自尊，他拒絕坐輪椅進來。就在幾週前，他還接受了臨終禱告儀式，但他依然看重這些小細節，極力掩飾自己的不適，緩緩抬起頭，直直望向門內。他還看不見我，但他的模樣讓我想起集中營裡的倖存者，因為注定要死而了無希望，就像史提方那樣。

我看出祕書迪伊被彼得的慘樣嚇了一跳，於是先開口打破沉默。

「你想必就是彼得。進來坐吧。」

彼得佝僂的身軀擋住了背後的養子，他幫忙把輪椅停在走廊裡。於是我開了個小玩笑，想讓他們自在些。

「你有付輪椅的停車費嗎？你們也知道，這裡可是國民保健署！」

他們沒有聽懂。

彼得拖著腳步緩緩走進辦公室，開始認真看著我牆上的證書、獎狀和手術器具。他在審視我夠不夠格。他有宗教信仰，曾擔任愛滋病末期病患的輔導員。但如今命運兜了個圈，死亡到了他面前。他成了被心臟衰竭摧毀的身體困住的靈光腦袋，希望生命的終點快快到來，越快越好。我示意他坐到沙發椅上。他把枴杖放到一旁，悶哼一聲坐了下來。

這下換我打量他了。他一動就喘，腹部因腫大的肝臟與積液而隆起，雙腿腫脹到發紫。他穿著一雙尺寸過大的涼鞋，襪子緊包住嚴重腫脹的雙腳，腿上還貼著被滲液沾染的紗布，連襪子都蓋不住那些潰瘍。我根本不必動手檢查，這是顯而易見的末期心臟衰竭。我很訝異他竟然還費勁離家一趟，因為他隨時可能會死。

彼得來找我的前幾個月，我和一位同事寫了封公開信給英國心臟學會（British Cardiac Society，是當時的名稱），宣布準備要測試一款革命性的新型人工心臟：賈維克二〇〇〇。我們需要招募性命垂危，又不符合心臟移植資格的心臟衰竭病患。彼得就完全符合。

我已經讀過他的心臟科醫師寫的病歷。彼得二〇〇五年三月首次被診斷出擴張型心肌病變，是一場病毒感染引起的心肌炎導致的。他得過流感，病情惡化成心肌炎，起初似乎康復了，但只是表面如此。如今他的心臟擴大又疲軟，心律不整，二尖瓣還逆流。這類病人通常在確診後兩年內死亡，但彼得已經遠超過兩年。期間他多次住院，都因為呼吸困難、咳嗽帶積液，如果沒有即時用利尿劑治療，這種「肺部積水」就會是他致命的終點。

每次住院他的用藥量就增加，卻只帶來短暫的緩解，效果也不明顯。如今每種有效藥物都已經開到最大劑量，唯一的一顆腎臟也開始衰竭。幾個月前，他的心臟科醫師曾詢問倫敦某家醫院的外科團隊，能否修補他逆流的二尖瓣，這讓彼得燃起一絲希望。但到了回診那天，主刀外科醫師卻態度冷漠地否認，說這手術根本不可能進行，為時過晚而且風險太大了。

院方聯繫內容中說他體內有大量積液，稍一用力就呼吸困難、筋疲力盡，沒辦法平躺，只能靠枕頭撐著或坐在扶手椅上才能入睡。這和我記憶中可憐的外公如出一轍。

情景拉回我的辦公室。彼得因為想喘夠氣說話，還是大汗淋漓。我記得自己當時心想，這人連理個髮都可能撐不過，居然還真有人期望我幫他開刀。但這正是機械心臟的設計初衷吧，為了改善這種無法忍受的生存狀態、為了緩解這些症狀，也為了延續生命。此時，迪伊已經不再那麼慌亂，送來了茶。彼得向她道了謝，我們終於可以聊聊了。

我感謝彼得和他兒子那麼大費周章前來，又問他是如何被轉介來的。他說自己原本在倫敦密德薩斯醫院擔任心理師，諷刺的是，他正在撰寫一本名為《健康地死去》（*Healthy Dying*）的書。就在幾天前，他才撐著病體勉強和這本書的合著作者見了面，對方是倫敦大學醫院的緩和醫療主治醫師羅伯特．喬治（Dr. Robert George）。

彼得本來是要跟羅伯特訣別的，沒想到人卻不適到羅伯特去找了個心內科醫師，看看是否有法子。在等候那位醫師看完病人的空檔，羅伯特瞄到布告欄上的一則剪報，是關於牛津的心泵研究計畫。他一眼就認出主刀醫師的名字，因為他早在我還是住院醫師時就認識我了。他和那名心內科醫師都在想，我是否能幫幫彼得。

我切入重點，告訴彼得我們可以互相幫忙。我剛獲得一個前所未有的機會，如果成功，這項技術或許能幫助全球成千上萬名病患。我直白地跟他說，我需要一隻「白老鼠」，而他正是最合適的人選。

我從抽屜裡拿出賈維克二〇〇〇給他們看。那是台鈦金屬製的渦輪機，大小跟我的拇指差不多，接近一顆二號電池的尺寸。我解釋說，這顆心泵會植入他自己那顆衰竭的心臟內，就在原本的心尖處。他的左心室現在已經大到空間很足，所以我們會先把固定用的束環縫在心肌上，然後在心壁上鑽個洞，把心泵塞進去。這個高速渦輪機會把他那顆快撐不下去的心臟裡的血液抽出來，經由人工血管導入主動脈，即供應全身的主要血管。

我向他展示這個魚雷狀的渦輪葉片是如何在管道內旋轉的。那轉速快到不可思議，每分鐘一萬到一萬兩千轉，每分鐘可以輸送超過五公升的血液，和一顆正常心臟差不多，但它是持續流動運作的。它不像正常心臟那樣經歷充盈與排空才能射血，因此沒有搏動。唯一的問題是，他的右側心臟必須適應加快的循環；如果右心撐得住，那這台人造心泵可能跟移植一樣有效。但如果撐不住，他就會死。

彼得聽到「移植」這個詞時皺起了眉。當病人的生命顯然已經油盡燈枯，申請猶如最後希望的移植卻遭到拒絕的那種深切心理創傷，實在不容小覷。他感到痛苦，因為他曾經兩次經歷了移植評估的過程。第一次，他被告知自己「病得還不夠重」；當他五十八歲時申請第二次，卻又被告知「病得太重了」。

我試著解釋心臟移植篩選的全貌，希望他能理解。心臟移植的評估是個很殘忍的過程。說移植是心臟衰竭的「最佳療法」，就如同說中樂透是賺錢的最好辦法。首先，心臟移植是有年齡歧視的。一九九〇年代時，六十歲以上的病人甚至完全不被納入考慮；當時英國大約有一萬兩千名六十五歲以下的嚴重心臟衰竭病患，但心臟移植卻不到一百五十例。顯然，挑選最有可能受益的病人是移植醫師的責任，而這類病人少之又少。

我想做的，就是幫助像彼得一樣的病人：這些人病入膏肓，絕對輪不到移植機會，無論老少都被丟給「緩和照護」，用麻醉藥物削減死神徘徊不去而帶來的痛苦。彼得拒絕使用這些藥物。他告訴我，他安慰過超過百位臨終的病人，對死亡已經很熟悉。「我告訴他們需要做什麼、能做什麼，死亡會經歷哪些階段，還有諸如此類的事。」我親手送上黃泉路的病人可是他的三倍以上，不過現在不是比人數的時候。

眼前他休息夠了，恢復了些精神，也更能掌握我的節奏。這位性格非凡的人，開始從那段病懨懨的談話內容中閃現出他的本質。儘管臉色灰暗、鼻尖泛紫，他的笑容依然透了出來，讓我不禁對這個人產生了好感。他過去不斷遭拒而飽受嚴重創傷，原本對這場會面完全不抱期待，結果卻恰恰相反。他本以為我會拒絕他。

我嚴重懷疑他挺不挺得過全身麻醉，但接下這個棘手病例，就沒人能質疑我們挑了個「簡單」的病人，或其實不需要心泵的病人。醫院的倫理委員會和英國醫療器材管理局（Medical Devices Agency）都要求要有獨立的評估報告，證明首位接受賈維克二〇〇〇的病人是病入膏肓，而且所剩時日不多。而這兩個要件彼得都達標，決定權就取決於我了。我一時衝動地告訴他，如果他願意讓我們幫忙，這將是我們莫大的榮幸；如果他想要這第一台心泵，那就是他的了。他先是面露驚愕，接著很快就咧嘴而笑。他中樂透了。

他問了成功率的事。我嘴上雖然說大概一半一半，但我知道這是樂觀的講法。他跟許多病人一樣，最擔心手術會傷到腦，甚至比手術前更慘。我要他放心，倘若手術沒成功，他是肯定會死的。這種要人放心的方式或許很奇怪，但他對於「手術失敗等於死亡」這種概念倒是很能接受。就算目前的生活難以忍受，但身為天主教徒的他和大多數處境類似的人一樣，為了自己的家人，都不會考慮自殺。這場手術，成了不必陷入道德兩難的安樂死選項。

我問起他的妻子，怎麼沒有一起來？他說黛安是老師，不能臨時告假。他們共同創立了全國無子女協會（National Association for the Childless），還合著了《應對無子女的情況》（*Coping with Childlessness*）一書，也曾照顧過十一名寄養兒童。年輕時他還打過橄欖球，這跟我倒是有些共通點。我覺得他是個好人，會充分利用「額外」的人生。

我向他展示設備，並問他能否適應帶著電池過活。他得隨時用肩背包攜帶控制器和電池；要是電池脫落或電量低，就會響起警報。每天要更換兩次電池，晚上在家還得把身體接上電源插座。真是蠻有未來感的。

是時候揭開下一個驚喜了。賈維克醫師和我想出了一個新辦法，是將電力接進體內的創新大變革。從腹壁穿出的電源線有個大問題：電線不停在脂肪和皮膚間穿梭移動，細菌進入體內就容易感染，有時甚至連心泵都會遭殃。百分之七十的病人最後都受感染所苦，許多人還得進一步手術。為了取代這種方式，我們打算在彼得的顱骨上鎖進一個金屬插頭。頭皮幾乎沒有脂肪，同時又有充足的血液供應，這個插頭會牢牢固定在骨頭裡。我們相信，這種做法能把電源線感染的風險降到最低。

也就是說，彼得的頭上會有一個電插頭，經由穿過脖子和胸部的電線，把電送給心泵。不可思議吧！這樣我就是真正的法蘭肯斯坦博士[1]了。

彼得大笑了起來。他的心情明顯轉變了。我接著解釋，為了植入心泵，他的胸部左側會有道又大又痛的切口，這就不太好笑了。除此之外，脖子和頭皮上也會有幾個小切口，用來固定電力系統。彼得問我有沒有人做過這樣的手術，我說沒有。

「那，這會有效嗎？」他問。

「會啊。我在綿羊身上試過。」

他又哈哈大笑，然後問是否會聽見或感覺到心臟裡的心泵在運作。

1　譯注：《科學怪人》故事中創造科學怪人的科學家。

「這個嘛，綿羊沒抱怨過就是了。」

我突然想到應該提醒他，以後不會有脈搏了。渦輪葉片（高速旋轉的心泵運轉零件）只會持續將血液推送到全身，就像水通過水管那樣，這跟生物學上心臟的搏動式射血非常不同。那他的護士和醫師就絕對摸不到他的脈搏，也沒法量他的血壓囉？沒錯。生活會有所不同，但還是比終究免不了一死好多了。他將是這方面的先驅哪。

接著他問了個很直覺的問題：如果在醫院外昏倒，別人怎麼知道他是死是活？我對這問題沒什麼把握，所以瞎猜了個答案勉強敷衍過去。不過他問得真對。幾個月後的冬天，剛好有另一位裝心泵的病人在家裡跌倒，撞到自己的頭，隔了段時間才被發現。當時他失去意識，身體冰冷，也沒有脈搏。結果救護車直接把他送去了太平間。

彼得最後又提了個問題：嘗試這樣一個根本像科幻小說，而且很可能致他於死地的手術，我會緊張嗎？

「一點都不。」我回答：「你要我做，我就不會緊張。我不是那種會緊張的人。那種人是幹不了這行的。」

聽完這些話，他的回答也很爽快。

「那麼，咱們就做吧。」

但我告訴他，起碼先花點時間跟家人朋友商量商量。

還有一件事：我得親自看看他心臟的超音波圖。我們推他到心臟內科，攙扶他坐到躺椅上。他再度氣喘吁吁，這次原因很快就明瞭了。他巨大的左心室極嚴重擴張，幾乎不動；二尖瓣則因為心壁拉撐，一直呈開放狀態。不過只要主動脈瓣沒有逆流，裝上心泵就不會有大礙，他的主動脈瓣也確實沒逆流。心泵只是抽吸血管裡的血液而已。看上去他的右心室運作得還不錯，整體來說，他的解剖結構看起來很適合動這個手術。我該做的，就是別執著在可能發生的危險。這個手術不允許失敗，因為要是首例病人死亡，會毀了這項計畫。

彼得自己下了躺椅，還堅持要走到門口。要說他踏著雀躍的步伐呢，並不恰當，但他離開時，有了比雀躍的心情更重要的東西——希望。自從懷著絕望從移植評估面試蹣跚離開後，這是他第一次重新有了希望。現在，就等我們上工了。

彼得的妻子黛安和幾個寄養的孩子激動地討論了相關事宜。彼得該緊緊把握所剩無幾的時間，還是為了更好的生活，冒著手術中途死亡的風險賭一把？黛安告訴丈夫自己沒辦法幫他做決定，也無法告訴他該怎麼做，但不管決定為何，都會盡全力支持。

彼得和我碰面完兩天後，就確定同意手術了。而我得拜託歐洲頂尖的心臟衰竭專家，也就是心臟內科醫師菲利普教授來確認彼得不良的預後結果。他說六月十九日深夜可以來一趟牛津，我有把握他也會說彼得的預後很差，所以，我判斷二十日就可以進行手術了

我還必須協調來自休士頓與紐約的團隊。在德州心臟醫學中心負責動物實驗的巴德，會是手術團隊的重要成員之一，因為他植入過的機械心臟比任何外科醫師都多。至於賈維克醫師，則會自己從紐約把這台輔助裝置帶過來，而我們在手術前兩天讓彼得住院。我們需要把心臟衰

竭治療調整到最佳的狀態，同時教導他怎麼操作控制器與電池，還應該讓手術團隊其他成員認識他，這同樣重要。

手術前一天下午，我們將彼得送進心臟科加護病房。護士長黛絲蕾剃光了他左側的腦袋，為顱骨基座的切口做準備。麻醉醫師戴夫・皮古特（Dave Piggot）在彼得手腕上的動脈插入一根插管，接著又在他脖子右側的內頸靜脈插入一根大口徑的靜脈管。接著將導管氣囊充氣，讓這根氣囊導管順著靜脈穿過心臟右側，進入肺動脈。

傍晚時分，我帶著賈維克和巴德去探望彼得。對一個不到十二小時後就要面臨生死關頭的人來說，我們對談得相當歡樂。幾個月以來，他頭一次聊到自己的未來：如果他挺過沒死，可以做什麼事支持我們的計畫，還有久違的度假想去哪裡。這些樂觀正向的話，對大家都有幫助。然後就等菲利普教授來了。

菲利普晚上十點半抵達。他跟彼得詳聊許久，又仔細讀完了數據資料，接著午夜剛過再度現身。他祝我們好運。彼得面臨的困境，被他牛津的心臟內科醫師艾德里安・班寧（Adrian Banning）比喻為一個人站在跳水板上準備往下跳、但不確定泳池裡有沒有水。艾德里安是這麼說的：

> 彼得・霍頓的身體已經功能性死亡，徒剩充滿無奈的心靈。心臟衰竭的預後比任何一種癌症都差。一旦你跌出了移植候補名單，傳統醫學就幾乎沒什麼用了。每個心臟內科醫

師的門診，都擠滿這些沒辦法工作，只能苦撐等死的病人。

早上七點半，我們全員在五號手術室的麻醉室集合。巴德按照慣例頭戴牛仔帽、腳穿牛仔靴抵達，這在德州很尋常，在牛津可就不是了。我問彼得還有什麼顧慮或最後的想法，他說不管怎樣，手術完的處境總比現在好。我滿口承諾他不會有事的——所有的病人麻醉前都該聽到這樣的話。

他一睡著，我們就調整他身體的位置，讓左側朝上，露出頭部和頸部的側面，接著我用不會掉色的黑色麥克筆標出切口的預計位置。我們要讓電源線從他的胸腔頂端穿出，通過頸部接到頭部左側。我的同事安德魯．弗里蘭（Andrew Freeland）是人工耳蝸植入專家，他負責把基座鎖進顱骨，我們則同步從他的胸腔左側開進心包和主動脈。這要在肋骨間開一個很大的切口。

懷著一絲不安，我開進了彼得鼠蹊部的腿動脈和靜脈，接上心肺機，接著切穿脂肪和萎縮的肌肉開胸。金屬牽引器撐開了他的肋骨，能看見他的肺臟和心包。肺臟後方就是主動脈。我們將絕緣的黑色電源線從肩膀上的另一個切口往上穿進頸部，再從頸部引出至左耳後方。這個步驟相當棘手，因為某些關鍵構造緊靠著大動脈和靜脈，更別提還有幾條重要神經了。

電線的末端是一個微型三孔插頭，就跟真的插頭一樣。插頭會穿過有六個螺絲孔的鈦金屬基座，牢牢固定在彼得顱骨的外層。安德魯彼得耳後開了個C形切口，刮除顱骨上的纖維表面，接著用電鑽在顱骨上鑽出螺絲孔。為了加快鈦金屬周圍癒合，他再填入乾燥骨屑，將插頭牢牢鎖進顱骨。我們都是且做且應變出方法的。

現在只剩一步：在皮瓣中央穿洞讓插頭穿出來，就能插上連接電池與控制器的外部電源線。接下來縫合頭部與頸部的切口，就準備植入心泵了。

我劃開彼得心臟周圍的心包。真教人不忍卒睹。他那巨大發顫的左心室，纖維組織比肌肉還多，幾乎動也不動。這時手術已經進行了一個小時，彼得的血壓低得讓人擔心，血液裡的乳酸持續堆積，我們必須啟動心肺機維持血液循環。巴德拿著鈦金屬製的心泵，我則把肺臟往上提，讓主動脈露出來。在心泵植入心臟前，我們得把人工血管的一端縫到主動脈上，而且人工血管的長度必須剛剛好——太長可能造成扭結，太短的話更糟糕。此外還要縫

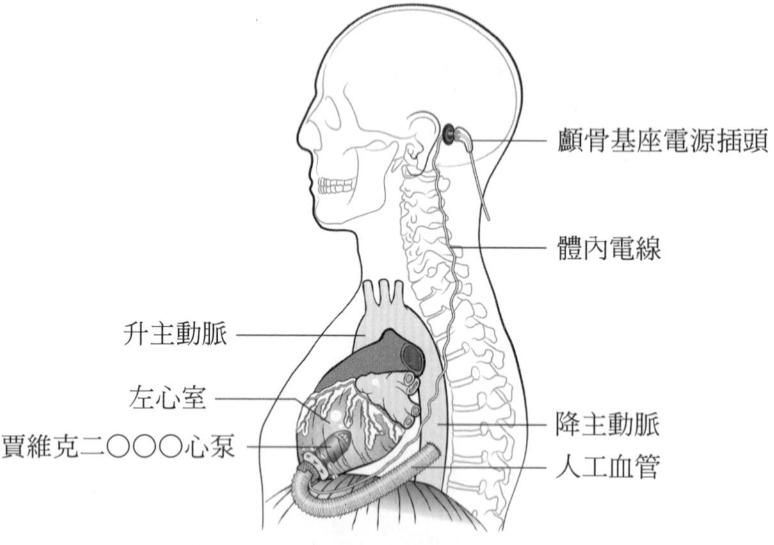

植入左心室的賈維克二〇〇〇心泵：彼得．霍頓手術示意圖

合得完美，避免出血的情況。

接下來就準備迎接重頭戲了。我們開始在圓形心尖上縫上束環，這顆心臟看起來跟顆爛甜瓜沒什麼兩樣。彼得的心臟再也不必獨自負責血液循環了。從現在開始，他的生命靠的是醫學技術。

現在唯一要做的，就是從束環中央挖掉一塊心肌，塞入心泵，就像挖掉蘋果的核後塞進一顆手電筒電池一樣。這將成為彼得的救生艇。我們就要創造出一個沒有脈搏的人類了，目前為止都很順利。我在束環中間的心肌上劃了道十字，然後用去核工具挖出一個洞，塞進心泵。心泵放進去了。計畫成功，至少目前為止是這樣。

黛絲蕾手拿控制器和電池，等我們下令啟動。等確定心泵或人工血管裡沒有空氣，我們就將心泵的轉速調到每分鐘一萬轉，流量探測器顯示心泵每分鐘能泵四．五公升的血液。接著逐漸減少心肺機的流量，讓心泵和彼得自己的心臟接手，慢慢將輔助從一個系統切換到另一個系統上。最後，我叫布萊恩「關掉心肺機」。到這個階段，手術已經花了整整兩小時。

所有人的注意力都集中在監視器的螢幕上。動脈壓的波形完全是一條平線，數值只有正常血壓的三分之二，靜脈壓也比正常值低。雖然這表示右心室應付得不錯，但這樣的血壓值還是過低。彼得的血液循環必須充分，否則這台強而有力的渦輪機可能會把左心室的血液吸光，導致血流受阻。我們的目標是取得平衡，既讓心泵負擔大部分工作，同時讓彼得的左心室也繼續射血。

接下來，我們要根據一套全新的無脈搏生理學來調整治療策略，可以稱為「平線生理學」（flat physiology）。我們照顧過很多受試的綿羊，所以完全曉得該怎麼處理。

剩下的問題最麻煩，就是止血。跟大部分需要人工心臟的病人常碰到的問題一樣，彼得那顆腫脹的肝臟一直都沒有製造凝血因子，所以身上每個切口表面和每處針孔都在滲血。於是，我們注入供體凝血因子和血小板這種黏著性強的細胞來填補針孔，接著再由主治醫師關閉他的胸腔。

到了手術室外，我們檢查了心泵，耗電量是七瓦特，流量則在每分鐘三．五公升到七．五公升之間波動，取決於心泵的轉子速度及彼得本身的血壓，因為血壓會對心泵造成阻力。這種生理機制有違常理：當彼得的血壓上升，血流量反而會大幅下降。如果流向身體與大腦的血液不足，乳酸就會在血液中累積，腎臟也會停止產尿。不過目前一切都正常，心泵正在發揮著功用。

關閉胸腔後，我們拿掉覆蓋巾，將彼得放上推床，送往加護病房。我們有一支精英護理團隊，做過充分準備，也對接下來可能的狀況心裡有數。彼得身上接了監視儀器，人群聚集過來想看看這位「平線病人」，也是首位永久植入創新新型人工心臟的病例。我們放手讓護理團隊負責，囑咐他們一有問題就打電話。

這是我做過最讓人振奮的手術了，我興奮過了頭，幾乎難以入眠。凌晨四點半太陽升起時，我就去加護病房探望彼得。我用聽診器仔細聽，已不再有撲通、撲通的心跳聲，只有心泵轉子特有的嗡鳴聲，持續不斷。他那唯一還在運作的腎臟已經停止製造尿液，但這在我們預料之中。我最擔心的是輸血對肺臟造成的損傷，他現在已經輸了三十單位的血。而目前，血液正從降主動脈向腦部回流，我納悶他還要多久才會醒來。只有時間知道答案了。

接下來的三十六小時，彼得狀況穩定，也開始恢復意識。等他清醒到能夠自主呼吸、咳嗽，也能理解指令時，我們就將他支撐坐起，拿掉呼吸管。

他見到我，說的第一句話是「你這個王八蛋」。從肋骨間做開胸手術是很痛的，何況他的頭部、頸部和鼠蹊處也都有切口。不過他是面帶微笑，幽默地說出這句話。他很高興還活著。我們聊了一會手術的情況。我開玩笑說，雖然他信耶穌，但他現在是法蘭肯斯坦的怪物了，要靠打進腦袋的「閃電」[2]供電，所以現在才會頭痛。不過他充滿了康復的意志，決心好好活出他的新人生。

他的腎臟功能在第一個禮拜之內就改善了，我們也不必再幫他洗腎。他很努力想下床，希望在物理治療師的協助下恢復行動能力。儘管心泵立刻就讓血液流量恢復到正常值，還是得花好幾個月，才能翻轉慢性心臟衰竭造成的體力衰弱與肌肉萎縮。這跟接受心臟移植一模一樣。不過他已經不再呼吸困難，光是這點就讓他不敢置信，也減輕一大負擔，左半邊心臟衰竭對肺部所產生的背壓也消失了。長期累積在體內的數公升積液開始排出，腿上的潰瘍也開始癒合，

2 譯注：《科學怪人》中的怪物靠閃電提供動力，閃電（bolt）一詞也有「螺栓」之意，作者一語雙關。

臉和鼻子也轉為粉紅色，不再發青。

了不起的是，彼得手術完才十一天就出院，由家人接回伯明罕。若在美國，這麼迅速出院是不可能的。出院前，彼得在媒體前亮相，醫院門口擠滿了攝影記者。他怡然自得，樂在其中。我們這支英美團隊完成了全球首例，但彼得這個沒有脈搏的仿生人才是主角。他稱自己為賽博格原型。

彼得運動的能力越來越進步。在幾週內，他的肚子就因為腹腔積液消退而開始變小，腫脹的雙腿也恢復苗條。手術五個月後，他十一月份回診時，連心律都恢復正常了。

他有很多話想說，還告訴我，六月之後發生的種種，把他從被迫打包、放棄生命一切羈絆的難民，變成了獲得「不確定期限的居留許可」的人。他那迷人的個性由始至終表露無遺。原本止不住的畏懼與茫然，如今已變成大難不死的坦然喜悅，現在的他，比過去幾年都來得強健、健康。他回憶道：

> 每次有人說我勇敢，都讓我氣惱。我其實一點都不勇敢。我只是把緩慢發生的必死無疑，換成可能快點死，或可能完全康復。剛出院時我根本不敢計畫未來，就是過一天算一天。現在我開始思考要如何利用我的時間，還聯絡了所有朋友，告訴他們我還沒死。

彼得在伯明罕外出走動時，堪稱奇景。他的一側頭髮花了點時間才長回來，所以剛開始，路人看得到頭上的插頭和黑色電源線。小孩會上前問為什麼頭上有螺栓，難道他是機器人嗎？彼得很樂意停下腳步跟他們解釋。他還度過了格外開心的聖誕節，這是之前的他不敢指望的。

一月份特賣期間，某天他外出購物時，頭上一陣劇烈抽痛。有個小偷以為他那個裝控制器和電池的肩背包裡裝的是相機，所以一把搶走了包包。他顱骨基座上的插頭被扯掉，心泵也停了。那個少年搶匪本想拿著肩背包就逃，但電源故障的警報大聲響了起來，那小子以為是圈套，丟下包包就跑了。幾個逛街的人幫忙找回了電源線，彼得用最快的速度，摸索著將插頭重新接回去。有個老太太在一旁幫忙，不過她也不確定自己到底做了什麼。重新接上電的心泵又發出聲響繼續運作，沒有受到影響。

「我當時確實覺得頭昏，」彼得回想道：「但主要還是驚嚇吧。頭上被猛力拉扯的地方痛了好幾天。」

他用手術後的第一年盡力讓身體變得健康，第二年則花時間尋找有意義的目標，讓這段「多出來的生命」變得有價值。他知道，這段第二人生可能占據超過百分之十的生命，所以活下來要有目的，不只是當個展示品。於是他全力投入募款與宣傳我們的研究，熱切盼望其他人也能受惠於相同的機會。不久，他就成為我們團隊不可或缺的一員，為其他有機會植入輔助裝置的病人及其家屬提供諮詢。

彼得不是那種最聽話的病人。他飽受流鼻血之苦，結果就自行減少抗凝血劑的劑量。而這場緩刑也有代價：必須每八個小時就更換電池，把用完的電池拿去充電，而且隨時隨地都得背著全套設備。有時他會忘記在出門前換上充飽的電池，結果某次補牙時，電池快沒電的警報響起，牙醫只好匆匆開車送他回家。

他是位多產的作家，出版過《死亡、垂死與未死》（*Death, Dying, and Not Dying*）。他對於自己的善舉能資助其他病人植入心泵感到很滿足，也和這些「仿生同伴」建立了夥伴情誼；這些人大多都恢復活躍的生活，有些甚至過得驚險又刺激。

在他內心深處，始終盼望著心臟能完全恢復，不必再使用設備。雖然他的心臟確實有好轉，我們還是克制了移除設備的衝動。也幸好沒這麼做，因為他的心臟後來又再次惡化，在生命最後的三年裡，只能完全依靠心泵存活。諷刺的是，他後來終於有機會接受移植，自己卻拒絕討論這件事。

活到第六、七年時，他開始煩惱老化的問題，這是他過去從沒料想過的。他的雙手得了類風溼性關節炎，妨礙到寫作，攝護腺也腫大到必須動手術。沒有別家醫院願意接手這種情況的病人，所以我們安排他在牛津接受手術。正如彼得自己說的：「不知道會不會有那麼一天，活出有意義人生的負擔，已經超過它本身帶來的驚奇。」

彼得二〇〇七年八月最後一次前往美國，接受《華盛頓郵報》（*Washington Post*）採訪時，透露了不少內心掙扎。他坦言，這顆人工心臟很快就引發某種信仰危機，讓他開始質疑天主教信仰。對於自己的「來世」困惑的他如此寫道：「誰知道呢？這些人只是神父罷了，他們並不擅長應付這樣的質疑。」他經歷幾次臨床憂鬱症發作，醫師開了十八個月的抗憂鬱藥物，但他從未服用。他說：「我曾好幾次想，如果我不在了會不會比較好，讓其他人繼續過他們的日子。我想結束這一切。但一想到要選擇自殺方式，就打消念頭了。我太懦弱，沒那個勇氣。」他也跟精神科醫師談過自殺的念頭：

他倒沒有太擔心，認為這是在困境中再合理不過的反應。他也沒覺得意外，只是勸我試著想想自己正在做的事，沒要我打消念頭。他還激我說，你確定你是認真的嗎？我的確是認真的，只是還沒認真到能克服對於實際過程的恐懼。

我那討人喜歡的賽博格病人，正漂泊在無人之境。植入心泵後的七年半，我們已經深入了未知的領域。在此之前，沒有任何裝機械心臟的人能活過四年半。彼得說：「這種手術，會讓你處於前人未曾經歷的情況，探索靠電池過活會對人造成什麼影響。你成了被創造出來的個體，試著適應並處理其中的情緒脈絡。你會變得冷淡無情。」他也坦承，自己現在對錢一點都不在乎：「你也不會在乎信用卡有沒有刷爆。如果沒剩多少時日可活，那還不如好好享受。你會想，管他呢，想要什麼就買吧。」

彼得募得的善款，大多用在參加各種國際會議。在這些場合裡，他是大家尊敬的人物，是推動這項新醫學技術發展的力量。然而，那篇《華盛頓郵報》訪談的最後一段，卻非常耐人尋味：

一切都習以為常。你不再當自己是個特異或不正常的人。即便心理上出現了嚴重的轉變，但從鬼門關前被救回來、又搖身成為賽博格人生的代表人物，還是相當特殊的經驗。像搭雲霄飛車一樣。我想這總比死掉好吧。五天裡有三天我會這樣想。

彼得在伯明罕社福機構（Birmingham Settlement）找個了工作，協助遊民與貧苦民眾。同時，他也在籌畫成立一座位於威爾斯山區的靜修所。他還完成了九十一英里的慈善健行，也去了瑞士阿爾卑斯山和美國西部健行。這位「還能走路的必死之人」，手術完後活了將近八年。因為他的緣故，美國和許多歐洲國家都開始採用這種微型旋轉血泵，作為心臟移植的替代選項，許多病人得以重返工作崗位。十六年過去了，隨著照護心泵病患的經驗逐漸累積，機械心臟的預後存活期已幾乎接近心臟移植了。

那篇《華盛頓郵報》的文章刊出後的幾週，彼得就去世了。當時我人在日本，正努力在一個不接納移植的文化裡引介心室輔助裝置。他的死和心泵或心臟衰竭都無關，只是因為大量流鼻血，導致體內僅存的那顆病腎衰竭。其實大可以幫他洗腎就好（在他第一次手術後我們也曾為他透析過一週），但當地的醫院拒絕介入。在缺乏治療的情況下，血液中的鉀和酸堆積，導致心臟顫動，心泵就被關掉了。如果我當時在英國，我們一定會接手把他治好。這場死亡完全可以避免的。

我們取得彼得的妻子黛安同意，進行驗屍，研究無脈搏血液循環的長期影響。心泵本身完好如初，不但沒有血栓，轉子軸承的磨損也極小。我們將血泵還給了紐約的羅伯特・賈維克，他們讓這台血泵在效能檢測儀器上繼續運轉了數年之久。彼得自己的左心室嚴重擴張的情況還是一樣，也依然沒有功能。唯一和心泵有關的發現，是主動脈壁的肌肉層變薄了。由於他幾乎沒有脈搏，所以主動脈的厚度不需要像其他人的那樣，這完全說明了自然狀態會因應環境影響而改變。

彼得留下了重要的遺產。他的經驗證實機械血泵有莫大的潛力，能為數千名不符合心臟移植資格的嚴重心臟衰竭患者，提供良好的生活品質。再怎麼費勁思索，也幾乎看不出這存在任何倫理問題。如果不這麼做，那些病人只剩下短暫而悲慘的人生，這就是事實。

彼得說得很清楚，這段多出來的人生並不是尋常的人生。不僅得付出代價，還必須死第二次。但他是第一個揭露血泵技術真正潛力的病例，我很高興能為這件大部分的人認為辦不到的事出一份力。他真是個了不起的人。

第十一章 安娜的故事

身體與心靈就像夫妻，不一定會同意一起死。

——英國作家，柯爾頓（Charles C. Colton）

我的工作，就是在別人人生最脆弱時，也就是得知自己有嚴重的心臟問題時，出手相助。這些人見到我時，都心知肚明自己可能會死，有些甚至已經在等死了。有位深信自己必死的女士，在動完一場非常簡單的手術後，就讓自己預言成真了。千萬別小覷人的心靈。那可是很強大的東西。

有件事是肯定的：對病人和家屬來說，每次就醫都是讓人情緒激動的事。對安娜來說尤其如此。安娜的人生開頭就很艱難，十一個月大時母親就死了，幸運的是，她的人生還有兩個堅強的支柱。父親大衛在牛津郊區的一座靜謐村莊裡扶養她長大，那個地方離教堂很近，不只是地理上的距離，也包含信仰。後來還有她的丈夫戴斯，不論甘苦，始終都在她身旁扶持。

安娜出生七個月後，母親突然大範圍中風。當時她三十五歲左右，中風來得意外，沒人能解釋這麼年輕為何會發生這種事。此後，她就再也碰不到自己的寶貝女兒。大衛得知自己的妻子快死時，直接回家洗起了尿布。

但在安娜的記憶中，她的童年卻很幸福：去約克夏郡（Yorkshire）和根西島（Guernsey）度假，週日午後散步、野餐和郊遊等等。大衛教她認識自然和戶外活動，她也因此愛上野外的鳥類和植物。她在學校努力學習，但與書本相比，村裡的宗教和社交活動有吸引力多了。她最喜歡的就是孩子，還有幫別人照顧孩子。她在教堂負責抱新生兒，也會去敲鐘——那是家族傳承已久的習俗。

安娜跟我的母親一樣，畢業後就成為了銀行行員。她一早就上班，往往很晚才下班。不管做什麼事，她總是全心全意認真以對。就像她父親說的：「安娜的內在力量和堅持不懈，八成是受我的影響。對此我很驕傲。」

戴斯是在村裡遛狗時認識安娜的。兩人墜入愛河，一九九四年七月結婚，後來買了一棟房子。當時她二十五歲，在家裡也好、在銀行也罷，都過得開心幸福。

但就在兩人婚後七個禮拜左右，她突然開始覺得疲憊，有時累到筋疲力盡。她起初以為只是工時太長，後來卻出現好幾次莫名的嚴重呼吸困難，她只能歸咎為恐慌症。某天，她的腳趾突然出現一塊紅斑，一碰就痛，還起水泡並感染。雖然抗生素解決了感染，她對於成因還是很納悶，而且水泡一直沒有消退。當時她並不知道，這些正是某種致命罕病的典型症狀，跟她母親曾罹患的一模一樣。但沒有人費心找出原因，日子也就這樣過去了。

一九九四年八月二十九日早上九點，安娜因為劇烈頭痛臥床不起。她沒喝酒，所以並不是宿醉。戴斯正在樓下看報紙，她記得電視在播《叢林袋鼠史吉比》（*Skippy the Bush Kangaroo*）。房間忽然開始旋轉，她覺得自己慢慢脫離現實，進入腦中某塊陌生而奇怪的地方。她才放聲叫樓下的戴斯打電話給醫師，眼前就陷入一片黑暗。安娜聽見戴斯在講電話，焦急的語氣讓她很擔憂。她覺得自己需要一輛救護車。她的腦袋知道要說些什麼，嘴巴卻不願配合，也發不出聲音。就像腦袋與身體分了家，身體沒反應，也沒有生命跡象。這讓她恐懼極了。

安娜很快就被直接送去牛津的約翰拉德克利夫醫院，到院時已經失去意識且癱瘓。急救護理人員立刻將她推進急救區。「呼吸道（Airway）、呼吸（Breathing）、循環（Circulation）」是醫療的ABC，急救的口訣。所有醫師、護士和急救護理員都要學會這個。

醫生先在氣管中插入一根管子防止她窒息，接著開始用機械呼吸器幫她維持呼吸。她的脈搏穩定而有力，但血壓也高，這表示腦部有損傷。所以她的循環似乎沒問題。真是如此嗎？有人聽過她的心跳，或發現起泡的腳趾嗎？有人聯想到她母親的死嗎？但說句公道話，當下根本沒時間追查家族病史。重點是先搶救安娜的性命，之後再研究這場大難的起因。

診斷就像在拼拼圖，得先找出每一塊，再拼湊起來，全貌才會完整浮現。安娜顯然突發了極其嚴重的腦部損傷。在年輕人身上，這通常是天生脆弱的血管破裂，導致的腦出血。

但還有第二種可能，是所謂的反常栓塞（paradoxical embolism）。栓子（embolus）是指漂浮在血液中的異物；例如斷裂的骨頭可能會釋放出骨髓中的脂肪微粒，腿上的深層靜脈栓塞也可能有血塊剝落，隨血液流入肺部。要是空氣透過插管與點滴進入血液循環，也可能阻塞通往腦部的血管，或導致心臟內有氣泡。反常栓塞則是指腿部或骨盆靜脈有血栓脫落，卻沒有隨著血液流進肺部，而是通過心臟的一個孔洞流進腦部，造成突發中風，有時可能致命。安娜要接受腦部斷層掃描，評估是否需要進行緊急手術。但還是有個樂觀的徵象：安娜的瞳孔大小正常，對光也有反應。她沒有腦死。

做腦部斷層掃描要注射顯影劑，才顯現得出腦部的動脈。畫面展現了大腦壯觀的結構，猶如橡樹分枝錯綜的模樣，但這棵生命之樹卻有個分枝被截斷了，因為其中一條血管出現早發性不通的情況，雖然也並沒有出血。這個栓塞來自一個卡在重要動脈的栓子，由於這條動脈為腦幹供血，就截斷了通往關鍵神經中樞的血流。

有一塊關鍵的白質已經壞死或受損，其中包含控制手腳運動的神經、控制語言能力的神經，以及負責身體自主反射行為的神經。她看起來已經深度昏迷，眼睛搞不好也盲了。

但既然安娜看起來完全昏迷，怎麼還能聽得見和思考呢？這與恐怖電影如出一轍，就像被活埋進一個開了窗的棺材一樣。這是讓人聞之喪膽的「閉鎖症候群」（locked-in syndrome）：身體各部位的隨意肌完全癱瘓，只剩眼球還能動。更慘的是，也只剩能眨眼和眼球上下轉動而已。而負責思考的腦部（也就是大腦皮質和灰質）卻沒有受損，病人依然警覺且意識清醒。他們還能思考，只是說不出話也動不了。真是惡夢般的情節。

安娜從頭到尾都沒有真正失去意識。雖然聲帶沒有癱瘓，但她喪失了協調呼吸與說話的能力。所以，儘管外在看來她陷入深沉昏迷，但從安娜的角度來說，她的聽覺與思考過程依然如常。可想而知，這種受囚困的新人生可怕極了。她能向外看（不過身旁都是陌生人就是了），也聽得到監視器斷斷續續不停歇的嗶嗶聲。由於神經系統失控，即便蓋著溫暖的毯子，困在裡面的她還是覺得很冷。那種感覺有如身體被冷凍，又被綁住動彈不得。

她記得有個穿綠衣綠褲、橄欖色皮膚的男子，想在她手背上的靜脈插進一根管子。那人好像戳了幾下，感覺會痛。她什麼肌肉也動不了、什麼聲音也發不出，但她的內心在大叫。那人沒跟她說話，彷彿他們完全在另一個世界裡。安娜納悶自己是不是已經死了，人家拿她來實驗。上帝或天堂又在哪裡呢？

那個栓子是從哪來的？如果是來自安娜腿上的靜脈，那心臟肯定有個孔洞，讓栓子從心臟右側流到了左側。很多健康的人左右心房之間，都有子宮內胎兒循環時期留下的小小孔洞；在胎兒出生、肺部擴張之前，血液就是透過這個孔洞從右側心臟轉進左側心臟。安娜需要照心臟超音波。不只是她，所有中風的病人都**應該**照，這樣封上互通的孔洞後，就能避免類似的事件再發生。

安娜的心臟超音波圖道出了原委，她的病跟母親的早逝有關。她的左心房有顆巨大的腫瘤，雖然看起來結構脆弱，像塊一碰就破的海藻，但每次心房收縮，就會把它硬擠進二尖瓣，造成心臟左半邊阻塞。這就能解釋她吸不到氣又疲勞的症狀。

她感染的腳趾也是栓子引起的，脆弱的腫瘤撞擊二尖瓣時，剝落下了一小塊。接著，剝落的栓子沒有往下，而是往上走，直接穿過頸動脈流到基底動脈和腦幹。就連自爆式的衛星導航，都沒辦法這麼精準地選出如此災難的路線。

心臟腫瘤雖然罕見，但我倒是開過很多這類手術。安娜長的是黏液瘤，雖然常見，卻是良性腫瘤。它們往往跟安娜身上的一樣脆弱，會有碎片剝落。許多患者首次出現症狀就是中風，因此一發現就會立刻手術切除。值得慶幸的是，大多數黏液瘤切除後都不會再長。

院方召來心臟內科醫師為安娜看診。弗爾法（Forfar）醫師希望我緊急動刀摘除腫瘤。安娜的故事和她癱瘓在床上的模樣，打動了我。她睜著無神的雙眼，動也不動，毫無反應。諷刺的是，我用聽診器聽胸口時，聽得到阻塞的二尖瓣發出的雜音，和黏液瘤被擠進二尖瓣時的「撲通」聲。難道之前都沒人聽過她的心臟嗎？到那個時候，我們都還不清楚她的神經學預後。我們通常不會幫最近中風的病人動手術，因為心肺機使用抗凝血劑防止血液凝固，可能會導致更多出血流入腦部，但還有個非常實際的危險要考慮：她的腫瘤很快就會剝落更多碎片造成栓塞，危及性命。

這該由戴斯和大衛，也就是安娜的丈夫與父親決定。就算預後不良，他們還是希望我動刀嗎？這是非常困難的抉擇。他們嚇得都呆掉了，何況大衛已經失去過妻子，如今寶貝女兒也身陷同樣的處境。他們都希望安娜有機會活下去，想知道我的看法。我認為動手術情況也不會比現在更糟，於是他們一決定手術，我當天下午就把安娜送進了手術室。

安娜有顆不斷搏動、外表看起來完全正常的心臟，小而有力。但裡面呢，卻是顆裝填了火藥、隨時準備爆炸的地雷。我必須先用鉗子夾住主動脈，避免腫瘤上一碰即碎的葉狀組織受到擾動，一不注意就順著血液循環溜進體內，在此之前，可不能碰到她的心臟。

接下來，我們先用心肺機維持血液循環，排空她的心臟。下一步，我用鉗子暫停了流進冠狀動脈的血流，用心臟麻痺液讓心臟完全停下來。這顆小小的心臟現在又冷又軟趴趴的，我接著將右心房打開。心臟手術很簡單——至少理論上是如此。

這顆黏液瘤附在分隔了左右心房的部位，也就是所謂的「心房中膈」。要加以處理，最安全的方式就是切開心房中膈，找出黏液瘤的底部。心房中膈本身和漂浮在血液中的腫瘤之間，往往會有根短莖，我的目的就是要摘除整個腫瘤，讓它不會再長回來。分成兩個步驟最好：先切掉短莖，在不造成碎片脫落的情況下輕輕抬起脆弱的病灶；然後再割掉整個底部。我們就是這麼做的。我得意地把腫瘤丟進裝了福馬林防腐液的容器裡，當成給病理學家的禮物，讓他們確認這不是惡性腫瘤。我曾有病人的良性黏液瘤又長回來，還演變成惡性腫瘤。雖然很罕見，還是有可能發生。

腫瘤清除後，安娜的心臟輕輕鬆鬆就能不必再靠心肺機運作，我們於是關閉了她的胸腔，這雖然讓她因此身負重傷，卻能免於進一步的損害。手術本身並不是最難的事。我們要考慮的是安娜這個四肢癱瘓的病人，術後的復原能力。她無法回答指令，我們也不曉得她能不能獨立呼吸，有沒有辦法咳嗽。平躺著不動，結果往往就是胸腔感染，還有雙腿靜脈血栓造成的肺栓塞。

我們必須努力協助安娜度過復原之路，這對她的親友和物理治療師都是艱鉅的任務，對我們也是如此。我們鼓勵安娜的親友，即便她沒有表現任何意識到一丁點外在事物的跡象，也要跟她說話，播放她喜歡的音樂。戴斯幫她戴上耳機播放地方廣播電台的音樂時，她什麼反應也沒有。

不可思議的是，周遭的一切，安娜**其實**都知道。麻醉藥效退了之後，她就又看得見也聽得到了，只是依然無法動彈。最慘的是她能感受到他人無法明白的痛楚。但在任何外界的人眼裡，她仍然處於重度昏迷。

有一天晚上，安娜流著汗躺在床上，新來的某個護士幫她換床單。出於仁慈，那個護士來回摸了摸安娜的頭，告訴她：「很遺憾，我能幫的只有這樣了。」安娜慌了，以為這句有同情心的話意味著自己就要死了。還有一次，某個比較沒同理心的護士這麼說：「她看起來就像死了！」

某天，兩名護士在幫她換床包。安娜在她們的幫助下翻身時，那一再脫臼的右膝蓋又脫臼了，只是這次除了她自己，沒人發現。就這麼放著不管讓她痛得難受，但她又無法讓任何人知道。最後是某位觀察入微的初級醫師，查覺她兩腳膝蓋莫名沒有對稱，才將她的膝蓋骨復位。沒打麻藥。什麼也沒有。

戴斯和大衛每晚下班後都會來探望她，期待能看到好轉的跡象。我每天都會經過她的加護病房好幾次，因為那就在我辦公室去手術室的路上。我直覺認為，她一定有嚴重且無法復原的腦傷。但我也不是腦科醫師。

安娜的叔叔在九月五日，也是週一的晚上來探病；他就跟大家一樣，坐在那裡和安娜說話。當時，為避免眼球表面乾掉而用來闔上眼皮的膠帶被拿掉了。安娜突然睜開雙眼，她的叔叔嚇得跳了起來，大聲叫嚷：「她醒了！她醒了！安娜醒了！」還不只如此，她的眼睛能隨著眼前的指頭上下轉動。這是她中風一個禮拜以來，第一次表現出有意識的跡象。

戴斯與大衛那天在醫院待了大半天，前腳才剛走，一聽到消息又趕回醫院，可惜到院時，安娜又已經睡著了。既然知道安娜沒有腦死，就理當讓她試著自己呼吸。接下來的二十四小時，我們想辦法成功移除了安娜喉嚨裡的呼吸管，這對她不但是一大解脫，也讓物理治療的進行與換床單這些事容易一些。

過了幾天，安娜白天大部分時間都醒著，呼吸順暢，脈搏血壓也都穩定。由於加護病房通常病床都不夠，雖然家屬反對，安娜還是被轉到了單人普通病房，我對此舉也持保留態度。她的胸腔物理治療次數因此減少，很快就患了肺炎，得靠合併抗生素治療。她的身子依然虛弱，又無法咳嗽，肺炎因此嚴重到危及生命；她高燒不退，大量出汗到幾乎脫水，還止不住地陣陣發抖，就是活受罪。

肺炎沒好轉，只是越來越嚴重。後來，戴斯無意間看到安娜棕色病歷夾的封面，有潦草的字樣寫著「DNR」（Do Not Resuscitate，不施行心肺復甦術）；理由是醫師推斷，安娜的生活品質會糟到難以接受，但家屬根本沒有同意。他們這時才清楚，醫務人員已經放棄了。

確切的意思就是，如果安娜的胸腔感染最後無法收拾，他們不會幫她重新接上呼吸器。對此，大衛這麼說：「我認為在她被轉出加護病房時，醫師就把這個寫在她病歷上了。我不太懂倫理，但我覺得，他們事前應該和我們討論才對。」媽的，當然是這樣啊。獸醫沒和主人討論前都不會讓寵物死了，跟安娜的家人提這件事本就理所當然——用理所當然都算客氣了。這也太可怕了。

既然安娜現在在單人普通病房，就由我全權負責，不再由加護病房的醫師看照。我召集自己的手術助理、普通病房的護士們以及物理治療師，一起討論安娜這個病例，又找來戴斯和大衛，大家開誠布公地商量。我們跟安娜都走到這個地步了，如今就算她醒來，神經系統變好的可能性也有限，但家屬還是希望我們盡力救治。

「不施行心肺復甦術」真正的意思是什麼呢？黏液瘤摘除後，她那顆既年輕又健康正常的心臟絕對不會停止跳動，也不會有人得按壓她的胸腔，或是用去顫器電擊她。她需要一段時間的物理治療和抗生素療法，再加上充滿愛的照護，讓她重新覺得自己像個人。她絕對不只是一個臥病在床、照顧起來得比常人多費心的麻煩東西。我這番鼓舞人心的話達到了目的，醫療團隊通力合作治好了她的肺炎。

安娜漸漸進步，完全清醒的時間變長，不久就可以坐在病房外的椅子。她的呼吸變好，還學會用眨眼的方式回答是或否，與人溝通。善良的護士們想出了一套用瞇眼和眨眼跟她交流的方法，只是她們把說明書貼在太遠的置物櫃上，安娜根本看不清，也沒人想到要幫她戴上眼鏡。日子一天天過去，安娜多少恢復了一些控制頭部運動的能力，還學會使用一個特別設計的「口語板」，和訪客互動。這個過程非常緩慢，但讓她得以表達那個仍然清晰的頭腦。後來，她開始告訴我們她的故事，那段「另一個世界的她」記得的點點滴滴。

我記得自己醒來，當時應該是半夜。四周很黑。一直有斷斷續續的嗶嗶聲，好像還有很多台開著的電視機。我現在知道，那些是加護病房的心臟監視器。我感覺脖子好像擱在一個盆子裡，有人往我頭髮上倒舒服的溫水，按摩整個頭皮。不管那是誰，總之有人在幫我洗頭！感覺舒服極了。

洗完後，他們就把盆子拿走了，我試著撐起自己的頭，想看看身在何處。我的脖子好像一點力氣也不剩，後腦勺彷彿被灌了水泥。我沒辦法說話，也不記得自己哭不哭得出來。我嚇壞了。上方有圍成方形的窗簾滑軌，還有一片上了漆的天花板。我動不了，頭也抬不起來，只是平躺著，眼睛直直往上看。雖然沒看到什麼生命跡象，卻聽到很多聲音。其中有個聲音我認得出來。那是女人的聲音，是我銀行的主管經理。我擔心她是來調查我，要看我為什麼沒去上班。還有個人提到隔週的喪禮。我以為那是我的喪禮。我的叔叔知道我會怕，還安慰我。我的大腦運作正常。那我的身體在哪裡？

常有很多穿著白袍的人圍在床邊。他們總是在聊我，但不是跟我說話。都是些我聽也沒聽過的事。然後，他們就走了。我想問他們一些事。我人在哪？我為什麼會在這？他們怎麼敢那樣說話，好像當我不存在？我好憤恨，卻沒辦法讓他們知道。當初如果有人跟我說話，我就不會有那麼多糟糕的念頭，也不會那麼困惑。沒人跟我解釋發生了什麼事。

一天，有位名叫伊馬德（Imad）的主治醫師從瑞凡米德復健中心來探病。他很親切，還跟安娜說了話。他問安娜想不想把從鼻子穿入的鼻胃管，換成直接插進胃的胃管。

「我好討厭鼻子裡的管子，」安娜回憶道：「我眼睛瞪得大大地笑了，表示『好』。在我印象中，那是頭一次有人試著讓我參與自己的照護。」

伊馬德此行的目的，是評估安娜身體若強健到可以出院，是否有資格參加某項復健計畫。她還要三個月才能出院，因為必須得更強壯且有辦法吞嚥食物，才能離開。儘管進步緩慢，卻持續穩定。她又發作了幾次胸腔感染，也再接受過幾次進一步的抗生素療程。起碼他們刪除了病歷上一開始寫的DNR醫囑。安娜活得好得很，她也希望自己能繼續保持下去。到了一月底，她已經強壯到頭可以動、能眨眼，健康狀態也好到能繼續下一步的人生了。雖然四肢還是癱瘓，但能不靠呼吸器呼吸，真是一大幸事。

安娜總共花了近三年，直到一九九七年的復活節，才能出院跟戴斯搬回她改造過的家，重建自己的人生。雖然身體上還得仰賴他人，心智上卻很機敏。戴斯週間一早出門上班後，就會有兩名照服員來；協助安娜下床後，會有一人留下來，陪安娜度過上午。午餐時會有另一個照服員來，待到晚上七點左右；接著會有另兩個照服員協助安娜上床就寢。嚴格照表操課。她會坐在一台精密的電子輪椅上，靠自己的頭部動作控制，出門去超市和附近公園。她喜歡被當成正常人，也喜歡別人跟她說話。

輪椅上裝設了一個魔術百寶盒，預設了很多功能，讓安娜可以開關前門、拉窗簾、控制電視，全靠一個紅外線控制器操控。她的頭左邊有個控制桿，輕輕點頭碰一下，可以點選下拉式指令選單的游標就會出現。游標指到她要的指令時，她再輕碰一下控制桿，就可以選擇了。

安娜還有一間正對家裡花園的電腦室。室內有個接受器，會透過固定在眼鏡鼻橋上的白色反光點，監視她頭部的動作。這樣她可以控制螢幕上的滑鼠游標，再加上特別為她打造的軟體，就能寫電子郵件，和朋友保持聯絡了。就像手機上的預測文字功能那樣，電腦也會不斷預測她想寫的內容。

安娜表示，除了失去行動能力，對她而言中風後幾乎沒什麼改變。有宗教信仰的她不但接受，也充分利用自己的處境。地方廣播電台發起了募款活動，幫她購買一台裝得下輪椅的改裝廂型車。她父親參考「教宗座駕」（Popemobile），將這台藍色的佛賀（Vauxhall Combo）取名為「安娜坐駕」。至於生活上她最擔心的是什麼呢？她擔心自己的心臟裡，可能會再長出一顆我沒法摘除的黏液瘤。她對自己的身體很滿意，不希望再次中風，讓壽命變短。

弗爾法醫師每六個月就幫她照一次心臟超音波，監控情況。第一顆黏液瘤切除得很徹底，不太可能再長回來。不過，基因遺傳性的黏液瘤我是懂的，也確信安娜的母親就是死於這個。具備這種基因的病人，身體不同部位可能會再長出黏液瘤，我們只能祈禱這不會發生在安娜身上。

可惜的是，一九九八年八月，我接到弗爾法醫師的電話，安娜和戴斯正在他辦公室。最近一次心臟超音波的結果晴天霹靂——黏液瘤復發了。他說安娜非常害怕，想問我何時能取出那顆腫瘤。

我要他放心，如果當天下午可以讓安娜住進心臟內科病房，隔天就能動刀。由於這是再次手術，我們得準備好輸血。再次手術必定更複雜，以安娜的情況來說，她的心包應該都被首次手術造成的炎症性沾黏破壞殆盡了。多年前我在皇家布朗普頓醫院就認識到，心臟可能會黏在胸骨背面。但自從經歷過頭一回一敗塗地的再次手術，我已經做了幾百次的再次手術，不會有問題的。

我在病房看見安娜時，她坐在輪椅上，看起來嚇壞了。戴斯垂頭喪氣的，而安娜的父親還在趕來的路上。我告訴他們，隔天早上我們會在手術室碰面的，一切都沒事，我得先去改改我的手術安排。但實情是，我就快陷入內心情感的黑洞，得逃走才行。

戴斯陪著安娜進麻醉室。他留下來安撫安娜，直到安娜失去知覺。我第一次見到安娜時，她已經癱瘓了，不過手臂和腿都仍健壯。但如今她躺在手術台上，我看得出來，由於三年無法行動，她的手臂和腿已經明顯萎縮。在胸腔標記手術部位前，我用聽診器聽了聽她的心臟。我很有把握，自己會聽見黏液瘤來自另一處。不出所料，果然是在靠近左心耳（left atrial appendage）的地方。這次沒有短莖，只是腫瘤底部很寬，我通通切除掉後，將心房壁縫合。

我仔細檢查了心臟其他部位，確認沒有其他腫瘤潛伏在隱蔽處。什麼都沒發現。我們輕鬆地讓安娜脫離心肺機，再次關閉胸腔，送她進加護病房。這次我們知道她會醒來，所以溝通裝置已經準備就緒，物理治療師也在一旁待命。有了第一次經驗，這次簡單多了。她的親友再次聚集在病床邊；為了她好，我希望這是最後一次見到她。

可惜並不是。我們第三次見面時，安娜三十二歲，距離第一次手術已經過了七年。二〇〇一年四月，她的追蹤掃描顯示左心房又長了顆巨大的黏液瘤，而且在不同的位置，這次是二尖瓣正上方。這顆腫瘤比較結實，撲通撲通地在二尖瓣的開口進進出出。情況很危險，大型黏液瘤可能會完全阻塞二尖瓣，導致猝死。看完螢幕上的心臟超音波圖，安娜和家人又再次陷入了愁雲慘霧。

隔天我就直接把她帶回醫院，送進手術室。第三次切穿胸骨開胸，肯定不好處理。我還是從右心房進入心臟，打開心房中膈剩餘的部分。那顆腫瘤就躺在我眼前，緊鄰著二尖瓣生長，一部分還長在心房中膈上。我用一把廚房用湯匙將它從左心房盛起，對付質地像果凍的組織，這種工具有用得很。我從沒見過和聽過有病人得動手術摘除三顆以上的腫瘤，再不久，她這顆小小的心臟就沒地方讓我們接心肺機的插管了。

再辛苦也一樣，安娜又恢復了過來。她的精神以及戴斯與大衛的支持，實在很了不起。儘管免不了再次忍受胸腔感染之苦，但物理治療師們都協助她度過了難關。我們在控制疼痛上煞費苦心，也利用跟之前相同的溝通裝置。那時不會更換病房的護理團隊，好處就在這裡。

術後她在醫院住了三週才回家。我們得知她一直在和憂鬱症搏鬥，不過這種情況可想而知——大範圍中風加上多次心臟手術，又得知這是她母親早逝的肇因，最慘的是要不停擔心腫瘤復發。腫瘤已經在不同部位長回來兩次了，還會再發生嗎？第四次手術在技術上真的可行嗎？能安全完成嗎？我們都希望不會到那個地步。

這次，戴斯不願意一起來複診了。坐在那裡看心臟超音波圖，壓力大到難以承受，於是他轉而去教堂禱告。安娜瘦到了教人不忍心的地步，因此超音波圖清楚得不得了；每次複診她就躺在那，極其渴望見到沒長東西的腔室，也就是她那每做完一次手術就小一號的心房。

二〇〇二年八月，離上次手術才十六個月，另一個壞消息來得毫無防備。弗爾法醫師打電話告訴我，這顆巨物是目前為止最大的腫瘤。我不相信才幾個月，一顆新的黏液瘤竟可以長到那樣的尺寸。雖然沒說出口，但我心裡卻納悶會不會是惡性腫瘤。我曾幫一個這種情況的年輕女子動手術，第一顆黏液瘤是良性，第二顆卻是高度惡性的黏液肉瘤。我們不希望安娜也是這樣。我叫她回醫院做緊急的第四次手術。

為了取得手術的書面同意書，我們有義務說明手術風險。沒人敢說，第四次心臟手術中途死亡的風險會低於二〇%，而且由於黏液瘤碎片剝落很可能跑進腦部，再次中風的風險也很高。但要是不動手術，這顆腫瘤會繼續快速長大，梗塞心臟；腫瘤越大，栓塞的危險就越高。一邊是惡魔，一邊是深不見底的大海，我們進退兩難。我認為最好選擇對付惡魔。安娜和她的家人在這場對抗中會有神助的。何況，她又沒辦法游泳。

手術當天，教堂為安娜辦了場祈禱會。戴斯和大衛一如往常帶她來到手術室。我待在手術室的休息室裡。對他們而言，這是情緒潰堤的事，就像爸媽把孩子帶來麻醉室還不得不交給陌生人處理一樣。戴斯懷疑她挺不挺得過這次手術。

這顆是目前為止最大也最具侵略性的黏液瘤，幾乎填滿了整個左心房。我根除了這顆腫瘤，又再仔細看了看這個身經百戰的腔室。我到底還能做什麼，阻止腫瘤再長呢？我決定用電烙法殺死所有，也就是按基因遺傳會終結安娜生命的這層細胞。只要看得見，我都盡量燒死，冒起的煙就像在玉米田裡燒收割後剩下的殘株那樣。我就是不希望安娜向這個詛咒屈服，所以決定採取「焦土政策」。

消滅這層細胞內襯時，意外地運氣非常好。我打開二尖瓣檢查左心室時，發現二尖瓣肌肉上有個剛冒出來的黏液瘤，尺寸小到最棒的超音波儀器也照不出來，要是沒注意，肯定會長成大瘤。我挖掉這個討人厭的東西，跟剛才的其他東西一起丟進盆裡。都得交給病理學家分析才行。

這顆心臟看起來心律仍然正常，烙燒完左心房內壁後也沒有引發有害反應。我隔著覆蓋巾，在一旁監督手術的其餘工作，好在我有一流的團隊，他們不需要我收尾。

用鋼絲線縫合胸骨後，為了在合理範圍內盡快讓安娜的家人從痛苦解脫，我打了電話給戴斯。過程中幾乎沒什麼出血，所以整個手術完成得比預期快，我猜他搞不好人都還在教堂。電話接通後我告訴他，這場戰役打完了。安娜再次安然度過，而且有能力從手術的外傷中恢復。

儘管如此，我還是擔心如果她總想著復發，可能會放棄求生。要讓安娜度過接下來幾週，撐過疼痛、恐懼與無常，就得給她服用過量的正向思考，再打一管提升鬥志的超級大針。於是我請戴斯帶著上帝回醫院。

安娜慢慢地恢復，而且這次沒出現嚴重的胸腔感染。所有人又再次聚在她四周，支持她度過難關：醫療人員、護士、物理治療師、牧師，尤其她自己的親友，都提供她滿滿的正向思考。此時，安娜不管在醫院還是社區都已是家喻戶曉的人物，大家都滿心希望她康復。

她再次出院回家，等待她的又是逃不了的複診，和讓她怕得要命的心臟超音波檢查。幾個月過去了，一切無恙。接著又過了幾年。起碼有兩年之久。

二〇〇四年焰火節（Guy Fawkes Night）前夕，某個陰濕的十一月午後，安娜如常去心臟內科回診。陪同她的父親協助她躺上椅子照超音波。醫師在她瘦骨嶙峋的小小胸口上，塗了增加探頭傳導性的凝膠；腎上腺素在那刻高了起來，兩人都期待著結果。但幾秒鐘後，他們看見又一個腫塊漂浮在左心房裡，就像果醬瓶裡的金魚，心一沉的熟悉感再次出現。我的「焦土政策」算是白費了。

安娜再也無法承受了，大衛和戴斯也是。這種心情很容易理解：一個人究竟能承受多少苦難？為什麼上帝要讓這一切發生？更現實的問題是：之後該怎麼辦？這個問題無法草率決定。這個年輕女子的心臟，還能切除多少？安娜和父親情緒崩潰，很難立刻決定，只能愁眉苦臉地先回家。弗爾法醫師也需要時間思考，再和我討論，但他選擇先讓這家人安心過完聖誕。當然啦，他們根本無法安心過節。安娜非常清楚，是宣判死刑的時刻了。

她二月初與大衛回來複診，戴斯也來了。戴斯不再覺得世事無常，只想討論還能怎麼辦，能做些什麼。醫師又照了一次心臟超音波，結果讓他們萬念俱灰。雖然都是良性，不過安娜至今的四顆黏液瘤都長得很快，這顆新的也不例外：直徑兩公分，已經嚴重垂進二尖瓣，再次中風的風險極高。

弗爾法醫師來電告訴我這個沮喪的消息，問我怎麼想。安娜有機會做心臟移植嗎？很遺憾，答案是否定的。心臟移植會保留受贈者一大部分的左心房和右心房，以便與捐贈者的心房縫合，但無法保護她不再長腫瘤。而心肺移植雖然有機會摘除整顆心臟，但沒人會考慮這個方案，因為她的兩側肺部在先前手術後已經黏附在胸腔壁了。我表示願意再為她動手術，但我們必須達成共識：這是最後一次了。我們兩人都無法眼睜睜看著安娜走向命運終點。

問到她的家人時，他們都認為安娜會寧願在手術中死去，也不想被放棄。如果手術成功，以後就不再照心臟超音波了。不可否認這是鴕鳥心態，但實在沒必要再讓大家痛苦了。

安娜在情人節當天入院，她和戴斯就是在十一年前的情人節訂婚的。可想而知，第五次的手術艱難又危險。我們耐著性子、極度小心地重新開進胸腔，切除部分心臟，剛好足夠再次進入右心房。手術安然無恙地進展到這步後，我走出去稍作休息。這種策略對於複雜的再次手術很奏效，對膀胱老化的外科醫師來說尤其必要。現在，第二回合準備開始了。

我打開右心房，打算從第三次手術的縫合處直接進入左心房。有一顆我們完全沒料到的右心房黏液瘤，就快從腹部透過下腔靜脈口流出來了，尺寸與我們要處理的左心房黏液瘤相當。我們摘除了瘤，不過實際上它幾乎是自己掉出來的。接著我們取出左心房的黏液瘤。任務完成，滿足感十足。我們縫合心臟、排除空氣，讓血液回溫。這顆飽受摧殘的小心臟對這第五次打擊毫不畏懼，輕鬆脫離了心肺機恢復運作。兩顆瘤，一次解決。我們再次關閉胸腔，此後這心臟不會再見人了。對我而言是如釋重負，對他們一家子來說，是聽天由命。

一開始的術後恢復很順利。安娜接呼吸器接了兩天，之後順利拔管，開始進行頻繁的物理治療。她能撿回一命，大家都很開心。但有一次，她在缺乏充分照護的情況下喝了熱湯。由於腦幹中風，她的吞嚥一直有問題；大口喝湯讓她被嗆到了。接著她又進入長時間的呼吸器治療，並出現肺部感染，必須接受多輪抗生素治療，最後還做了氣切。但她最終還是挺了過來，恢復如前。安娜和戴斯回到家裡，盡力應付人生的無常，設法擺脫憂鬱症，全力好好過生活。

時間就這樣過去，我們也沒要她回醫院回診。瑞凡米德復健中心大力幫忙，持續關心她的狀況。最重要的是，她有教會和社區的全力支持。我偶爾會問問弗爾法醫師是否有什麼消息，但時間一久，我們都跟她失去了聯繫，直到我發現有個鄰居是她在教會的熟人，才陸續收到近況更新。她很幸福快樂。戴斯也是，他始終都在安娜身邊。偶爾我會收到他們寄的卡片。

二〇一五年的某天，安娜第五次、也是最後一次手術過後十年，「安娜坐駕」停在我家外面。她坐在後座的輪椅上，臉上掛著燦爛的微笑，容光煥發。戴斯手拿蛋糕來到門前。為了慶祝他們結婚二十五週年，安娜在照護員的協助下，親手做了這個蛋糕。

至於那些黏液瘤呢？這場基因風暴終於平息，這場戰役贏了。我想是上天幫忙吧。我腦海浮現了十七世紀詩人喬治．赫伯特（George Herbert）的詩《花》（*The Flower*），其中有一句是這樣的：「誰會曉得，我那枯萎的心竟能重生綠意？」

但願他們永遠幸福快樂。

第十二章

克拉克先生

跟病人實話實說前，要確定你知道實話是什麼，而且病人想聽。

——美國醫務社工之父，理查・卡博（Richard Clarke Cabot）

二〇〇八年三月十八日。做完當天第一台手術的我，正緩步走回辦公室。病人是個心臟破洞的小寶寶，手術成功，家長也很開心。就在這時，我看見走廊盡頭有個女人在哭。她穿著得體，兩個年幼的孩子緊抓著她的大衣。儘管與我無關，但經歷了四十年的外科生涯，我仍無法對他人的悲傷無動於衷。眼前這無助的畫面讓我很難受。

其他人大步從她們身旁經過，步伐堅定，執行著各自的醫院任務，他們想的絕非人道或禮儀，而是截止日期、數據或候診名單。我本該回到辦公室處理那堆文件，但我辦不到。即使我穿著滿是汗水的手術服，外表跟狀態都狼狽不堪，我還是走上前去。

那可憐的女人沉浸在悲傷裡，根本沒注意到我，或者就算注意到了，可能也以為我是等電梯的醫院雜工。我輕聲問她，有沒有我能幫上忙的。她花了一分鐘才平復下來，說她把丈夫留在心導管室，他性命垂危。院方跟他們說已經無能為力了。現在她得找人照看孩子，才能回去陪丈夫，以免他孤獨地死去。

我進一步詢問了情況。她丈夫克拉克先生今年四十八歲，當天上午稍早，毫無預警地發生了嚴重的心肌梗塞。他先被救護車送到最近的區綜合醫院，心臟一度停止跳動，被搶救回來，接上了呼吸器。確診為心肌梗塞後，醫師緊急插入主動脈內氣球幫浦，把他轉送到車程一個多小時的牛津，做緊急血管成形術（angioplasty）。

血管成形術的目的是打通堵塞的冠狀動脈，不讓缺氧的心肌壞死，也就是心肌梗塞中的「梗塞」。醫師會將球囊式的導管經由主動脈送入阻塞的冠狀動脈，再將球囊充氣，讓細小的血管重新打開，再插入小型的金屬支架，維持血管暢通。在大多數情況下，這個過程能恢復心肌的血流，我們稱之為再灌流（reperfusion）。那麼，關鍵來了：若能在胸痛發作後的四十分鐘內完成再灌流，就能挽救六〇到七〇%的受損心肌；但如果超過三小時才做，只有約一〇%的心肌能倖存。

克拉克先生像皮球那樣被踢來踢去，四處碰壁，治療所耗的時間長到不合理。根據治療指引的建議，若延誤了治療，應該使用「抗凝」（clot busting）藥物。這類藥物能溶解阻塞在狹窄血管中的血栓，有機會恢復血流——效果雖不及血管成形術，但也聊勝於無。

牛津有很棒的緊急血管形成術服務。全天候運作，晝夜無休。克拉克先生一被送進心導管室，就獲得了最棒的治療。他阻塞的動脈被疏通了，但因為延誤太久，左心室已經嚴重損傷，幾乎無法收縮，血流量也極低。正常的心臟每分鐘能泵五公升的血，但他的只能勉強泵不到兩公升。血壓只有約七十毫米汞柱，是正常值的一半，血液中的乳酸正在快速累積。他已經進入所謂「心因性休克」（cardiogenic shock）的階段，情況危在旦夕。若沒有奇蹟出現，這傢伙就玩完了，他的孩子會失去父親。

我不希望那樣的事發生，於是告訴克拉克太太，我會看看是否幫得上忙。或許還能再試個方法。有鑑於我們過往的成就，我剛從美國收到一種新的心室輔助裝置，準備測試一下。是時候來試試看了！

我和克拉克太太商量，請她帶孩子去醫院餐廳，讓他們從悲傷中轉移注意力，我會再回來找他們。我得盡快安排克拉克先生進手術房，這樣也得重新安排當天的手術排程。我們先幫他接上心肺機，穩定目前危及生命的代謝狀態，再接手他那顆垂死掙扎的心臟功能。

我轉而前往心導管室，途中經過我用隔板隔出的臨時辦公室。新來的祕書蘇正在殺窗台上的螞蟻，邊等著我處理那堆文件。謝天謝地，現在我有個逃避的新理由了。我要她打電話到五號手術室的麻醉室，通知他們排程有變。

「有變？」

她當然有理由這麼問，畢竟她對克拉克先生的事一無所知，但我沒時間解釋了。我還拜託她順便通知體循師，我要用那台新的「善翠美血泵」（CentriMag pump）。

我想看看冠狀動脈血管攝影，才能知道我們要對付的是什麼，還有這顆心臟有沒有機會復原。這只花了兩分鐘。本來他的冠狀動脈左前降支完全阻塞，裝進金屬支架後，現在已經重新暢通，而且不會再閉合。但冠狀動脈血流仍不如正常活躍，超音波圖還顯示，左心室有一大部分完全不動，也沒有收縮，就算動脈已經通了也一樣。

最關鍵的問題是，他的心肌究竟是壞死了（也就是心肌梗死），還是只是處於「心肌功能喪失」（myocardial stunning）的狀態。雖然後者也很糟，但嚴重程度可不比前者。「失能」的心肌還活著，只是需要幾天甚至幾週的時間來恢復。如果我能保住他的命，就可以找出答案了。

克拉克先生的狀況正迅速惡化，我根本無法跟他解釋。他躺在推床上，喉嚨插著呼吸管，我試圖自我介紹時，他的神智已經接近昏迷。腎臟已經停止製造尿液，肺部填滿積液，身體冰冷、臉色慘白，卻冒著汗。他嘴角泛著泡沫，從發青的嘴唇啵啵冒出，眼球不停翻動。這就是心臟病發作的死亡樣貌，我的外公也是這樣離開的。沒時間叫醫院雜工過來了，我請護士直接推他進電梯，反正想辦法在他心臟驟停前送到手術室就對了。知情同意書之後再處理——無論他是死是活，總不會來告我吧。

人們常說，人生的一切都關乎時機。對克拉克先生而言，這時機簡直奇幻，連刻意安排都辦不到。我碰巧在走廊遇見那位悲傷的女子，剛好有空的手術室，正巧還有新的善翠美血泵。我想起茱莉碰上AB-180血泵的幸運際遇。他們都是幸運兒。

這顆心泵被取名為「CentriMag」不無道理。裝置中的血液推進裝置（也就是葉輪）會像個離心機，在磁場內以每分鐘五千轉的速度旋轉。Centri代表「離心」（centrifugal），Mag則代表

「磁浮」（magnetically levitated）。它每分鐘至多能泵十公升血，遠超過人體所需。人工心臟發展初期的缺點就是泵血能力有限，但現在這項技術正快速進步。

克拉克先生此時代謝已嚴重受損，情況差到無法在麻醉室多待，直接就被推上了手術台。此時若全身麻醉，恐怕會立刻引發心臟驟停，因此只能在局部麻醉下插入監測導管與輸血插管。為了保住他的命，必須迅速讓他接上心肺機，並在切換成善翠美血泵系統之前，先過濾他的血液。

切開胸骨時沒有出血。屍體不會流血的。他受傷的心臟顫抖著，連跳都不想跳，但一如以往，接上心肺機後一切就不同了。我們排空了這顆咬牙硬撐的心臟，就能仔細看看缺血又缺氧的硬梆梆心肌。顯然他的心肌沒死，我甚至看得見還摸得著冠狀動脈的支架，就像隻老鼠在蛇的食道裡，血液穿流其中，流向腫脹的心肌。他的心室還有恢復的可能。

克拉克先生正處於一種心肌梗塞導致的死亡狀態，英國國民保健署每天都有數百個病人會發生。我堅決要證明，如果用對技術，他還有得救。為了他的家人，我一定要做到。

裝了善翠美血泵系統，塑膠管會把左心房的血液導出體外，流入體外的旋轉泵頭，接著血液從其他管子流回胸腔，流入心臟分出的主動脈。有個像老式打字機大小的控制器能調控血泵的速度。用這個簡單的安排，就可以不管克拉克先生那個咬牙硬撐的左心室，讓它得到休息，同時，克拉克先生的大腦和身體也能獲得充沛的血流。

我們放開夾住管子的鉗子，讓管子注滿血液，排出裡面的空氣。跟以往一樣，這整套系統不能有一點空氣。我們對這點非常執著：「腦進空氣，必死無疑」這句話，無論重複幾次都不為過。這下是打開善翠美血泵的時候了。我們一邊小心調降心肺機回路的血流，一邊增加心泵的血流，然後精準地讓心泵接手，輕鬆平穩地切換成功。神奇極了。

我看了看時鐘。那悲痛欲絕的一家人被我叫去餐廳，已經是三小時前的事了。慘了。他們現在一定坐在那裡，想知道克拉克先生是死是活，而且八成以為他已經死了。我雖然擔心他們，但現在擔心也沒用。反正有了好消息，這一切都不算什麼了。

我罕見地親自關閉了胸腔，小心地護著那些保命的管子。最後，剩下兩根起搏器的電線和四條塑膠管子穿出肋骨下方，其中還有兩條是引流血液的管子。

然後我去找克拉克太太。此時，其他家屬已經趕來接走了孩子，而我想親自帶她到病床邊。我們一同走回病房，對她來說，那景象大概就像身處太空船：映入眼簾的都是高科技設備，有呼吸器幫他呼吸，還有維持血液循環的善翠美血泵。病床周圍所剩無幾的空間，也被監測儀器和引流瓶占滿了。她丈夫那衰弱的身軀躺在其中，只能看，還不能跟他說話。

她的第一個反應是驚懼，畢竟眼前的景象太過震撼，我一度覺得她要腿軟了。我們趕緊讓她在丈夫身旁坐下。她的本能地握住了丈夫的手。克拉克先生沒有反應，但起碼他現在身體是暖的，還泛著紅潤，不像她上次見到時那樣冰冷、濕黏，因心因性休克而呈現灰藍色。護士們非常體貼。她們同理克拉克太太的心情，開始跟她解釋周遭所有的設備。她們對設備的操作很有把握，而我給的指示也很簡單：什麼都別更動。我們就要勝利了。

一個禮拜後，克拉克先生那些沒受傷的心肌看起來好多了，我決定樂觀以對，拿掉善翠美血泵。我們又回到手術室，慢慢調降血泵的流量，用心臟超音波觀察他那顆心臟表現如何。左心室射血功能良好，心率正常，血壓亦然。上禮拜那場大劫難似乎沒留下什麼損傷。真他媽太棒了，我心想。

我們取出血泵，清洗完胸腔後，放入乾淨的引流管，最後一次將胸腔關閉。整個過程他都很穩定。又過了二十四小時，他醒過來，也取下了呼吸管。他猶如死而復生般，從那場為期一週的「遠行」中回來了。我終於有機會跟他說話時，他什麼都不記得，也沒有經歷什麼「靈魂出竅」或閃回的情況。他不知道我是誰，也完全想不起自己在哪家醫院。

我想親眼見證他孩子回來的那一刻——不是和他們一起，而是站在病房某個角落，靜靜地看著他們走進來見到爸爸。這一刻絕對值得等待。神奇的是，才過了一週，克拉克先生就回家了。更讓人稱奇的是，三個月後複查時，他的心臟看起來完全正常。那些曾經「失能」又垂死掙扎的心肌都恢復了。這是一次「救得及時」的經典範例。

對我而言，克拉克的案例是重要的轉捩點。即便緊急血管成形術成功打通了堵塞的血管，還是有那麼多的病人因心臟病發作死亡。我們已經證實，起碼這些受害者當中，有些人可以透過簡單又不昂貴的技術救活。這個論題如今已經是老生常談了。

用夾板固定斷骨，骨頭就會癒合；而讓一顆受傷的心臟休息，雖然有機會復原，卻不見得次次奏效。但對我來說，病人就該有那樣的機會。何況加護病房的護士們已經見識到，善翠美血泵系統非常容易操作，就是調速度而已。單靠轉動旋鈕，就能控制病人全身的血液循環。這比開車還簡單易懂。

倒楣事總在最後發生。克拉克先生心臟病發後六個月，相同的憾事也發生在他當時才四十六歲的弟弟身上。我因為參加會議不在場，克拉克先生二號先被送往他家當地的醫院，最後還是又轉到了牛津，到院時已經心因性休克了。他的家人也跟他哥哥的家人一樣，聽到了同樣的話：我們已經無能為力了。他們找到我的辦公室，焦急地希望找我幫忙，但我人不在，沒人幫他們。沒有外科醫師，也沒有血泵。他的妻子就這麼死了老公，孩子們也沒了父親。

克拉克先生一號接手照顧這家人。聽到這個消息時，我難過極了，但同時因為無須面對那個家庭，而鬆了口氣。隨著年齡增長，我處事越來越不那麼客觀，取而代之的是越來越強烈的同理心。做這一行讓我內心天人交戰。

第十三章
腎上腺素爆發

我們不過是房客而已。大房東很快會通知我們：租約到期了。
——科德角桑威奇鎮，美國演員傑佛遜（Joseph Jefferson）墓誌銘

在不列顛戰役裡，盟軍飛行員要發揮全能靠的是腎上腺素，也就是腎上腺因應壓力而分泌的一種激素。前一刻，他們還在帆布摺椅上，輕鬆曬著太陽；下一刻，就爭先奪後地衝向戰機直衝天際，冒著危險，預料前方有戰鬥等著他們，一戰定輸贏。

醫學生都學過，腎上腺素是負責「戰或逃」的激素。這個「逃」指的可是逃命，不是駕噴火戰鬥機。但有時碰上分秒必爭的情況，我也必須像那些戰鬥機飛行員一樣，爭先奪後。一通電話來，說直升機或救護車正將某個胸口受到穿刺傷的病人送往急診部，已經在路上了。傷口緊鄰心臟，病人血壓很低，需要盡快找一位心臟外科醫師。緊急就位！

有時候，生死間的差距，卻取決於一些簡單又讓人無奈的小事：碰到一堆紅燈啦，前面有警車啦，醫院停車場沒停車位啦。我不能像救護車那樣超速，車上也沒閃藍色的警燈。所以我

只能開快車，然後惹麻煩上身。身為一位奔波於倫敦各醫院的資深專科醫師，我被警察攔下來太多次，結果他們乾脆提出了個辦法。

需要快速移動時，就撥打999（英國的緊急求助電話）。跟接線員說明原委，我們就會載你去需要去的地方。他們確實這麼做過好幾次，但如今這種事可不會發生了。現在他們只會把我攔下來，而我會當場發火。我會叫他們跟救護服務查核事件，然後讓他們護送我到醫院。這種爭執會讓腎上腺素飆升，這樣當我一到院，就已經準備好即刻開工，操刀上場。

晚上十一點，我的手機響了，是「未知號碼」來電。「未知號碼」一定是醫院。接線員說：「我幫你接急診部。」雖然大半夜被吵醒很火大，我還是會專心聆聽怎麼回事。急診部的醫師說，有一輛從斯托克曼德維爾醫院趕來的救護車已經在路上了。病人左胸有高速槍傷，目前休克。斯托克曼德維爾醫院的醫師幫他插好點滴後說：「直接送他去牛津。」

我問這名急診室醫師怎麼曉得那是高速槍傷，原來他是空軍軍醫。因為那是獵槍造成的槍傷。那有沒有子彈穿出的傷口呢？他說沒有。這很重要，可以推估體內損傷的狀況。我知道槍傷是怎麼一回事。我在華盛頓醫院的創傷中心工作過一段時間，又在約翰尼斯堡索韋托區的巴拉格瓦納斯醫院創傷中心服務過一些時日，還幫英國國軍的急診醫學教科書撰寫過「胸部彈道傷」的章節。我很喜歡幫胸部穿刺外傷動手術，因為這些外傷各不相同，無法預測，向來都是挑戰。

「好，我這就來。能打給我的主治醫師嗎？請他把手術團隊都叫來。」
當時我有一台馬力很強的捷豹，後來被我撞爛了。一路上又暗又空，我可以不客氣地踩油門，只要注意路上有沒有狐狸或鹿就好。我在腦子裡仔細梳理剛剛聽到的稀少資訊。這傢伙大半夜到底怎麼被高速獵槍射傷的啊？

高速子彈會循著可預料的路徑擊中胸部，不過它們高速旋轉，能量會將肺部鑽出洞來，還會產生二次射出物：金屬碎片、碎裂肋骨或軟骨碎片等等。這些通常會要人命。如果他是被近距離射擊，子彈會直接穿出胸背，留下一個巨大的穿出傷口。

這位不幸的男士住在某個林地獵場邊緣。他剛關上電視準備睡覺，就聽見類似槍響的聲音。是盜獵者嗎？儘管當晚滿月，天候寒冷，而且萬聖節將近，樹林間還瀰漫著詭異的薄霧，他還是沿著小路來到林地邊，走進田野想一探究竟。

突然，胸口上重重一擊，聲波都還沒傳到，他已經倒在地上。那是來福槍開火的爆裂聲。左邊乳頭上方一陣撕心裂肺的痛，他痛得喘不過氣，感覺自己馬上要昏厥，但還是鎮定地拿出手機撥打了999。他告訴接線員自己似乎中了槍，提供了自己的所在位置後，就在身心受到極度驚嚇的情況下倒地不起。他凝望著皎潔月夜裡微弱的星光，以為自己真的要死了。

攻擊他的人麻煩大了。他本來在自己的土地上偷獵野鹿，卻誤將受害人眼鏡上反射的閃爍月光，誤認成一雙明亮的鹿眼。他調低來福槍的準星、放大瞄準範圍，對準他以為的野鹿胸口，扣下板機。那是胸口沒錯，但不是動物的胸口，而且只差一英寸就會擊中心臟。這對兩人而言都是無比幸運，因為從來沒人被高速來福槍子彈打穿心臟還活得下來。

幾年前，我在密德薩斯醫院救活過一個被東倫敦警察開槍射中的年輕人。不同的是，當時只是手槍子彈，而且雖然直接貫穿心臟，但心包裡的一個血塊堵住了彈孔，這是失血過後心壓下降的結果。但高速子彈的情況就完全不同了——心臟會被子彈劃破成碎塊。既然知道病人的心臟沒受傷，我就有把握能搞定其他問題。

我在傷患抵達前到院。急診部正好沒什麼生意，所以有群待命的醫護人員正準備隨時出動。但我只需要一個人：幫病人的氣管插管，讓他保住呼吸的麻醉醫師。我最不需要的是為了補償失血，積極為病人輸液。生理食鹽水只會讓血壓變高、出血變嚴重，還會破壞血液的凝血功能，可能導致嚴重的大出血。

當時，高級外傷救命指南並不完備，甚至稱得上危險。華盛頓特區的一份研究結果還顯示，同樣是胸部穿刺傷病患，讓急救護理人員花時間處理、還掛點滴注射冰冷輸液的，比讓私家車送到醫院的存活率還低。

救護車響著警笛聲抵達了。病人的血壓不到六十毫米汞柱，心率高達一百三十。他身體蒼白冰冷、大量冒汗，意識模糊，急救護理人員們知道時間不多了。他們倒車進急診入口，用力推開救護車後門，放下斜坡架，趕緊將病人推進急救區。我問病人叫什麼，但他沒回答。

他身上還穿著被汗水浸溼、血跡斑斑的襯衫，正面有個鋸齒狀的彈孔。衣服彈孔下就是小小的進入傷口，被腫脹的肌肉和凝血堵了起來，周圍慘白的皮膚底下還有一圈黑色的血。除此之外，我感覺得出皮膚底下的組織裡有空氣，這表示主要的氣道已經受損。我必須根據進入傷口的位置推測體內的傷勢，而結果讓人擔憂。傷口離肺根很近（那裡可是重要的器官），還位在血管上方。所幸，離心臟還有點距離。

人多誤事，何況現場人那麼多。他得趕快被麻醉、裝上呼吸器，我才能打開他的胸腔，著手處理出血。我們要在靜脈插兩根大口徑的插管，但沒時間幫他照X光或做斷層掃描了。現在他需要的是治療，不是查病因。趁麻醉醫師將管子插入氣管時，我叫護士拿手術袍和手套給我，接著備妥開胸手術的工具。

大家知道我要在推車上幫他開胸，都驚慌了起來。麻醉藥無聲無息地把他僅存的血壓也帶走了，現在心臟隨時會停。我得找出出血點、止住出血，再輸進供體血液才行。生理食鹽水不會攜氧，只有紅血球會，但他現在紅血球不足。我推測他的胸腔大概流進了起碼三公升的血液，而且左肺看起來完全塌陷了。主治醫師刷手加入我的行列。我叫護士們幫他翻身，呈左側向上的側躺姿勢，接著用剪刀剪去那件溼答答又血淋淋的襯衫。我們迅速在皮膚上塗抹碘酒消毒液，擦掉黏黏髒髒的東西。

妙的是，我發現子彈就在皮膚下，左肩胛骨下方。一定是被胸骨後面的肩胛骨彈回來，往下掉在一片瘀青中間。我記得當時心想，應該把那顆子彈撈出來保存，當作彈道證據，循線找出開火的那把來福槍。

我用手術刀從肋骨間切開了他的胸腔，刀片從胸骨邊緣一路繞到肩胛骨，子彈就從那裡掉出來了。我的刀沒停，繼續往下切穿了毫無血色的厚厚肌肉層。在活的病人身上，這些切口通常會大量冒血，不過他沒血壓，而且也沒什麼血可流了。一破開胸腔，超大塊的凝血就像肝臟那樣滑了出來，撲通掉到地板，接著流出液態的鮮血。我一把抓起大型的肋骨牽引器，撐開胸腔，希望能看清傷勢，找到出血點。

這時，手術團隊的一位護士已經取來一把強效抽吸器，能看到血液從深處汩汩冒出。不出我所料，他的肺動脈撕裂了，空氣從主支氣管呼呼漏出，我得用大鉗子夾住肺根，才能控制住情況。護士手忙腳亂地找出大鉗子，我穩穩夾好，然後叫麻醉醫師立刻幫他輸血。

病人心臟越跳越慢，幾乎都要停了。眼前心臟在薄薄的心包下清楚可見，我伸出手握住，一鬆一緊地用力捏了幾回，略盡棉力幫忙。心臟摸起來空空的。我叫他們給我一針腎上腺素，直接把針頭刺進左心室心尖。兩毫升就能見效，足以讓它活躍起來了。我們得將血壓拉上來，再用碳酸氫鈉中和血液裡的乳酸。腎上腺素讓血壓迅速回升到可以接受的數值，心率也提升到一百四十。我們穩住情況了，他會恢復健康的。

要妥善完成手術，就需要讓病人躺在手術室亮晃晃的燈光下，搭配合適的無菌覆蓋巾，同時精確監測他的血液及生命徵象。此時已是凌晨兩點，手術室也準備好了，醫院的走廊早就空無一人。我們就這樣在胸腔敞開、還夾著鉗子的情況下，用覆蓋巾保持傷口清潔，將他抬到手術台上。

我脫掉手術服和橡膠手套，從地板上拾起那顆子彈。這種東西很容易不見，或變成怪可怕但人人想要的紀念品。不過，這枚子彈是重要的呈堂證供，我想交給外面越聚越多的警方人員。

我領著這列不尋常的隊伍，進手術室後重新刷手，此時護士們已經開好手術燈就緒。現在視線清楚多了。我輕輕拿掉鉗子，肺動脈馬上噴湧出深藍色的血液。胸部上的外傷有鮮紅色的血液從邊緣滲出，撕裂的支氣管噴著空氣。不過除此之外，沒有其他問題。

為了看清楚損傷的情況，我用力拉出塌陷的那邊肺臟。果然是高速槍傷，他體內重要的構造像被狗啃了一樣。我想保住這片肺臟的希望這下破滅了，只能整個摘除。我們的任務是保他脫險，而不是逞英雄修復。要是他死了，不只家人傷心欲絕，那個獵場看守人（後來被證實是兇手）也得承擔謀殺的罪名。

我用一條粗的絲質縛線繞在肺動脈上，然後綁緊。深藍色的出血止住了。有兩條大靜脈從肺臟通到心臟，我也將它們都綁緊，接著用剪刀剪斷這三根大血管。現在，還剩下那根冒著帶血氣泡的受傷支氣管。我用縫合釘把它釘牢、切斷，然後取出那片失去功能的肺。我想放進容器但沒丟準，肺掉到了地上。靠剩下那片肺就能活，何況右肺本來就比左肺大。我們用溫鹽水和強效的正大黴素（gentamicin）洗淨空腔，目前最大的威脅就是感染，因為子彈把夾克和襯衫的碎片捲進了胸腔。

我坐下來記病歷，主治醫師和住院醫師則負責止住傷口邊緣的出血，縫合胸腔。即便是在凌晨三點，這種刑事案件中的記錄工作也非常關鍵。延著昏暗的路開車回家時，我看到草叢邊有一隻狐狸，又在車頭燈下照見一頭鹿，雙眼閃得晶亮。此刻我放鬆又滿足，又一場戰役勝利，體內的腎上腺素也逐漸消退。

病人在沒有併發症的情況下痊癒了。子彈和獵場看守人的來福槍吻合，那人遭到逮捕，後來獲准保釋，差點就要吃上謀殺或過失殺人的罪名。對向來平靜無事的牛津來說，這是個獨一無二的案例，簡直是《摩斯探長》（*Inspector Morse*）裡才有的劇情。

◆

沒有什麼比心臟刀傷更能引發腎上腺素激增了。我至今仍記得年輕時處理的第一起心臟刺傷事件，那是在一九七五年。當時我是倫敦南區國王學院醫院（King's College Hospital）急診部的急救醫師。那裡緊鄰布里克斯頓（Brixton）這個一級戰區，相當於紐約的哈林區（Harlem），我在那裡見過無數刀傷。我當時在布朗普頓醫院身經百戰，正處於「自以為無敵」的階段，就像壓緊的彈簧，隨時準備好投入行動。

我得先帶大家了解一下當時的背景。根據我在哈林區短暫的實習經驗，我知道大部分心臟被刺傷的人不是當場死亡，就是在送院途中喪命。到院時還活著的，都命懸一線。雖然風險極高，但只要治療得當（也就是立即手術），大部分都能活下來。

大多數攻擊者是面對面行兇，刺中右心室前方。同時傷及左右心室的心臟刺傷不多，左心室的刺傷則通常是從脅腹或背部刺入的，也就是「家庭糾紛式」的刺傷。心壁薄的右心房有胸骨保護，而左心房則位於胸腔更後方，所以傷及心房的刀傷極其罕見。

守則一：假如刀子（偶爾會是扁鑽）還插在體內，千萬不要拔出來。如果它隨著每次心跳來回擺動，那刀片或手柄很可能堵在心肌被捅出來的洞裡。這類病人通常是自殺未遂，因為攻擊者極少會留下刀子和指紋當證據。

當刀子被拔出時，血液會在壓力下噴進包覆心臟、空間狹窄的纖維心包裡。如果血液流出心包，進入胸腔這個寬敞空間，病人就有可能因失血過多而死。但若血液因入口傷口小而滯留在心包腔中，這種情況就稱為「心包填塞」。積血會壓迫心臟，讓病人的血壓下降，直到壓力達到平衡、出血停止為止。此時循環系統仍可在低血壓狀態下維持運作。這些病人通常能活下來。他們往往會在蒼白、冰冷、躁動不安、心跳加快、頸靜脈擴張的情況下被送進醫院，但只要不讓血壓升高，通常就能再存活一段時間。

守則二：這些入院時完全清醒的人，通常都有心包填塞，很多都需要立即開胸急救。心臟上的破洞無法靠標準的急救程序處理，給他們靜脈輸液只會讓出血更嚴重，甚至會致命。因此，必須先控制出血點。一旦解決心包填塞的問題，病人可能根本不需要輸液。我曾經幫一些輸液過多的心包填塞患者動手術，他們可憐的心臟差點沒被撐爆。結果縫合傷口前，我不得不先吸出大量稀釋的血液，直到心臟的狀態看起來夠穩定，才能縫合裂口。

有的病人到院時身體仍有餘溫，卻沒有其他生命跡象。不過，只有在病人的瞳孔對光還有反應的情況下，才該進行緊急手術。無論是否腦死，只要奮力做心臟按摩，加上注射腎上腺素，任何一顆心臟都可能再次跳動。這就是為什麼先檢查瞳孔反應很重要。沒有一位驗屍官會接受謀殺案的受害人強行被維持生命，就只為了捐贈器官。

當時我還是國王學院醫院的初級醫師，不是心臟外科醫師；事發在凌晨兩點，急診部滿是毒蟲、酒鬼、遊民和走來走去的傷患。倒不是我們不照料這些人，我們都照顧。即便護士們都是聖人，卻也時時需要保護。這可是個小事能化大事的環境。

這號特別的病人被所屬幫派的成員丟在醫院大廳。上衣沾滿血，膚色像死了一樣蒼白，人已經失去意識了。醫院雜工把他送來急診搶救室，主責護士召集了搶救小組。他還有一絲脈搏，瞳孔對光也有反應。

護士們脫去他的上衣，我看見心臟正上方有個寬約一公分的刺傷。血液從傷口邊緣淌出，但心臟沒有在跳，而且由於心包內壓力升高，他細瘦脖子上的頸靜脈像樹幹那樣突起。這顯然是心包填塞。

麻醉醫師已經放進了氣管內插管，正奮力往肺部送氧氣，不過我們還需要在頸靜脈插一根大口徑的插管，以便輸血。插管的同時，有個護士接手繼續按壓氣囊。那頸靜脈腫脹到麻醉醫師不可能失手。一插進去，深藍色的血就因為高壓噴射了出來。

在那個年代，夜間急診部沒有專科醫師，當然也沒有心臟外科醫師在醫院。護士知道我在布朗普頓醫院工作過，於是一邊看著我一邊說：「給他開胸吧。我會協助你。」

我腦子裡想的是：「慘了。」但嘴上卻說：「那就動手吧，再不做就沒機會了。」

那名麻醉醫師是資深主治醫師，他很清楚要是什麼都不做，這小子必死無疑，於是點頭應允。在心臟受到壓縮而無法充盈的情況下，進行體外心臟按摩是無效的。我們甚至沒時間刷手，因為他已經沒脈搏也沒血壓了。現場的人把他翻過來，左側朝上，我趁機套上手術服和手套，護士長也著裝就緒。我站在他身後，護士長在前，接著就在我腎上腺素噴發的情況下，用手術刀切開了胸腔，然後用金屬牽引器撐開肋骨。這牽引器本就是為了以防萬一而備的，卻幾乎沒人用過。

胸腔裡沒有血也沒空氣，因為那把細刀直接插穿了心包，插進右心室。我看見的，就是一個繃緊、發藍、腫脹的心包。我知道自己得做什麼，前提是別再冒汗冒到雙眼迷濛、汗水還滴進切口才行。

我用手術刀切開被緊撐的心包膜，血液連同血塊就這麼噴了出來。雖然他的心臟還在跳動，卻已經被排空，隨著心包排空，心室也充盈了。此時他的血壓開始回升，傷口又開始噴出血液，不過這不再是什麼嚴重的問題了。

我把食指按在傷口上，說：「趁我縫合心室時，給他輸血。」

「你要用什麼縫？」護士問。

我根本沒概念，只是回她：「給我彎針，有什麼線就給我什麼線。」

第一種針尺寸太大，接下來的又太小，但第三把就剛剛好——是藍色的多股縫線，打結很好用。太好了。我叫護士接手幫我按著傷口。她從來都沒摸過心臟，還被血噴到。

接著，困難的部分來了。我將彎針固定在持針器上，一點一點移到最佳下針位置。我知道護士手指一拿掉，血就會噴出來。不只如此，這顆年輕的心臟現在撲通撲通跳著，是個快速動來動去的目標，要縫得準不容易。我深吸一口氣。反正兵來將擋、水來土掩，下手吧。

我對著撕裂傷中間，把針深深扎入，穿過左右兩邊。護士剪斷縫線材料，取下彎針，我動作非常輕地打上結，免得過於用力縫線撕裂心肌，傷口變得更大。這招奏效了，但為了確保他安全無虞，我需要在兩次都多縫幾針，總共要縫三針。對一個略懂一二的傢伙來說，這真教人神經緊張，因為針一刺進心肌，就會引發一連串快速而不受控的心律。這三針大概花了我十分鐘吧，跟現在差別可大了。

護士戴著口罩直盯著我。我知道她的眼神在說什麼。她很佩服。事實上，我都佩服我自己，我可是此刻的英雄人物。病人的血壓和心率很快就回歸正常，就在這時，心肺科主治醫師也獲報趕到，只是我們用不著他了。我樂得把病人交給他。我和護士離開手術室，進了休息室，雖然滿身大汗卻得意洋洋。他們關上病人的胸腔後，讓他翻身平躺，放上推車。

到處都是血：擔架的帆布、病人的頭髮、衣服上滿滿的血，地板上還有一灘半乾的，全都是我們方才奮鬥一場的證明。他們需要把他送到加護病房清理一番。這時急診部有幾十個別的病人，通通等得很不耐煩。

經歷一場瀕死經驗，此時這小子突然醒來，激動到難以自抑。他一骨碌坐起身，開始扯身上的點滴管。頸靜脈的插管被扯掉了。在他深吸一口氣的同時，胸腔裡的負壓把空氣吸到血液循環裡，人就衰竭了，這下脈搏又沒了，只是成因不一樣。沒人知道怎麼會這樣。他們開始施行體外心臟按摩，可是也沒救活他。我第一次獨立作業的心臟手術，結果卻是手術致死，不到幾分鐘，我從英雄變成了狗熊。糟糕透了。

忽然之間，當晚成了一場夢魘，我開始胡思亂想。我很怕別人把病人的死怪到我頭上，還指控我輕率行事，但我明明不需要擔這個心。護士跟麻醉醫師都講得很清楚：要不是我介入，這個病人會死得更快。案子送到驗屍官那裡由他定奪。裁定結果呢？非法殺害。死因為何？心臟遭刺後的空氣栓塞。

這個手術不只是我的緊急開胸術處女秀，還是我第一次碰上這種致命的併發症：空氣進入腦血管。可惜的是，這不是我最後一次碰上。我的職涯注定要開更多心臟刺傷的手術，大部分都算簡單，有些牽涉到心瓣膜或冠狀動脈的就複雜了。不過沒有一個病人死亡。

刀子與子彈並不是胸部穿刺傷的唯一來源。有些最恐怖的傷勢，是交通意外時發生的。二〇〇五年秋天，某個寧靜的週日午後，我本來在等待兒子的橄欖球賽開賽，手機卻突然響起，又得匆忙上陣。一名年輕女子受傷，有生命危險，隨時會死。馬克的學校離醫院不過十分鐘路程，我就在醫院裡等著那名不幸的受害人送來。

隨行急救護路人員提供的資訊表示，有輛車高速衝出A40公路，撞碎了木柵欄。其中一塊像矛那麼長的尖銳碎木片刺進擋風玻璃，戳穿了駕駛的脖子。消防隊將她從殘骸中救了出來，但傷口當時已經在漏氣，駕駛呼吸困難。她血壓也低，因此可能有內出血。

我跟創傷團隊在急診搶救區等待的同時，腦子裡亮起了警示燈：聽起來，她的氣管似乎被切成了兩半。假如真是如此，那盲目地插進呼吸管，這兩半氣管可能會因此被推開，完全堵塞她的氣道。因此，我希望有經驗老到的心肺科麻醉醫師加入，還要求心臟手術室團隊待命。

我親自致電了麥克．辛克萊醫師（Dr. Mike Sinclair），請他用最快的速度趕來，他火速趕到。等待的同時，我客氣地請求搶救團隊，在我檢查這名女子前，先不要動作。車禍發生已經過了一小時，如果她還活著，那就表示身體已經達到了某種平衡狀態。花兩分鐘先弄清楚可能的傷勢，相當值得。

這名女子被推進來時，誰都感覺得出緊張的氣氛升溫。雖然她人是清醒的，卻蒼白得像死人，嚇到渾身僵硬，雙唇發青。眾人的目光立刻聚集在脖子根部右側那道又深又長的傷口上，胸鎖乳突肌因此外露，而且她一呼氣，就會吹起撕裂的皮膚。聽起來就像每次呼吸，傷口就放屁一樣，此外還有猶如噴霧的血從中噴出。我很清楚這傷勢背後的原因，但也難以置信，在脖子被戳穿的情況下，兩條頸動脈居然都好好的，一條都沒被扯斷。要是其中一條被扯斷，早就當場斃命了。

這名女子虛弱地抬起右膀，要我握住她那汗涔涔的手。我樂得照做。既然當天下午要一起度過，就需要建立某種友好的關係吧。我想都沒想，就告訴她會沒事的。倒不是我知道她會沒事，而是她需要一些安慰，我們要把她當成人，而不是什麼新奇的東西。

此時的她受到很大的震驚衝擊，不只是心理上的痛苦，而且一看就知道她體內失血達好幾公升。我猜那根木樁往下刺穿了她的脖子，插進了胸腔左側，扯斷了一條重要的血管。用老派的聽診器一聽，就可辨分明了。在這個很炫的醫學掃描當道的時代，身體檢查還是很重要，而且一下子就能做好了。雖然她的右肺片在充氣，左肺片卻聽不到呼吸的聲音。我輕扣她的肋骨時，左胸「回應扣診時有濁音」，這是慣例上肺臟被積液包覆的體徵。也就是說，她胸腔裡有血液，而且幾乎測不出血壓，心率為一百一十。

這下，我們面臨一個嚴峻的外科手術考驗：頸根嚴重受傷，併發出血流入左胸。很難處理的組合。但基本原則依然相同。第一步，建立安全可靠的氣道。下一步，穩住呼吸。接著是維持血液循環，在這個例子上，就是靠止血與輸血的手段。都是些急救的基本知識。

我要麥克麻醉她。想要妥善建立她的氣道，唯一的可靠辦法就是使用硬質支氣管鏡，一種末端有燈的長窄型銅管。不管是為了調查肺癌或是幫孩童取出吸入的花生，我們已經一起做過幾百例支氣管鏡了。

此時搶救團隊已經在這位女子的手臂上插了兩根輸液管，幫她吊點滴了。我不希望輸液過多。她儘管命危，狀況卻穩定，又是一樣的情形：血壓下降，血塊堵住破口——這是自然界本身的援救策略。輸液會讓血壓上升，讓病人再次出血。我管這叫「治療數據，而不是治療病人」。這時麥克進來了，我們一致贊成直接把她推進手術室。在那裡，我有完全的掌控權，身邊都是自己的團隊，避開眼前亂糟糟的一切。

護士琳達已經備好支氣管鏡，在麻醉室裡等待了，不過麥克得先麻醉這名女子，麻痺她的知覺才行。接下來，我就可以將管子從她喉部後面往下送，通過她的聲帶，伸進受傷的氣管，就好像吞劍，只不過，是送進氣管罷了。用支氣管鏡高壓送氣，她的脖子因而噴濺出血來，雖然弄得到處是血，我卻很快就能看到傷勢了。她的氣管有三分之二的周邊都遭到撕裂，只剩肌肉發達的氣管後壁完好無損。

我將一條有彈性的橡膠長探頭伸進支氣管鏡，穿過撕裂傷的部位。猛力送氣，提高她的血氧含量之後，我們便將支氣管鏡取出了。這下麥克就能沿著這個探頭穩穩地將呼吸管送入。「建立氣道」與「穩住呼吸」都搞定了。我們可以安全地往肺部通氣。

換我要繼續處理「維持血液循環」的問題，止住造成她生命危險的出血狀況。他們將這名女子推進了手術室，幫她翻身側躺，左側朝上。唐已經刷手完畢，將開胸的器械一一擺在消過毒的亞麻布上。我什麼話都不必說。我身邊這一切都會固定無誤地運作，像發條裝置那樣。麥克已經備好兩單位的供體血液，用病人手腕的插管，監測著她的動脈血壓。

刷手時我腦中浮現一連串的想法。首先，我替這名可憐的女子鬆了口氣，失去意識的她，離這場可怕的苦難遠遠的。接著，我又陷入擔憂。我會在胸腔頂部看到什麼東西呢？儘管她的左腕還是有脈搏，但我很怕連接到她手臂的鎖骨下動脈撕裂了。希望只是低壓靜脈出血，這就容易控制多了。我意識到手臂的神經離傷口很近，用電烙法的時候要避免傷到神經才好。

從她的胸腔溢出了兩公升的血，濺到我的褲上與鞋子上，還潑到地板。濕濕溫溫的，真是浪費了。用來澆花一定很好。這下子她左邊的肺沒有血液的擠壓，就像顆小孩的氣球那樣擴張開來了。那片肺顏色粉嫩，不像抽菸的人那種滿布斑點、呈現灰色的肺。我們將她胸腔底部的血液舀出，用抽吸器吸掉，終於看見那個邊緣參差不齊的傷口破洞。謝天謝地，沒有鮮紅而微帶棕色的動脈出血現象，只有主上臂靜脈流出的暗紅色血液。我動手止血。要是將這條靜脈結紮起來的話，她的手臂就會發腫，於是我從一條沒那麼重要的靜脈上取下一片，補好了這條靜脈，維持血流。

現在不必擔心她的安危了，我們用消毒溶液將她的胸腔洗乾淨。其他所有的主要動脈與神經都在胸腔頂部，清晰可見。木樁就這麼將它們都推到一邊去，好心地只破壞了最不重要的結構。這名女子好運到讓人難以置信。那麼，我現在也搞定「維持血液循環」這點了。

還剩另一個要解決的重大傷勢：被橫切的氣管。這是一根內含空氣的大管子，相較於剛才完成的事，這倒沒那麼可怕。我們關閉了她的胸腔，留下一根排除殘餘空氣與血液的引流管；我往她肋骨下的神經注射了大量的長效型局部麻醉劑，緩解疼痛。她受的苦已經夠多了。

趁著他們為她翻身、恢復仰躺姿勢，以便查看頸部傷口的同時，我也該喝杯茶了。她的脖子纖細，沒有脂肪，處理起來容易多了。這個就在胸骨和鎖骨間關節上方的可怕長切口，長度有八公分。傷口裂得很開，肌肉都露出來了，猶如咧嘴露出牙齒那樣。最簡單的方法就是切掉參差不齊的邊緣，然後一刀切入傷口，切成要摘除甲狀腺時的切口模樣。

她那根被撕裂的氣管就在我眼前，上方是甲狀腺，裂口中間還插著那條硬質的塑膠呼吸管。多虧了如今完全復甦的心肺功能，她的傷口邊緣滲著鮮紅色的血液。儘管這種滲血很容易止住，但鄉村的木柵欄免不了都是細菌，所以我將氣管邊緣受到汙染的部分切除掉，再用間斷縫合的方式，揭起乾淨的兩端。

我們碰到了一個很嚇人的問題，手術卻很簡單。我設法完成了修補工作，補得又牢固又密不透氣，最後還檢查了連接聲帶的神經。這些神經也和其他部分一樣，都沒受損。上帝當時一定在她的車上，不然就是手術期間都坐在我肩膀上。也許都有吧。麥克額外幫她注射了一管強效的抗生素，隨後我們就用金屬鉗關閉皮膚和皮下層。幹得好。

家屬在加護病房焦急地依偎著彼此。他們是從急診部過來的，之前已經被告知希望渺茫，又被叫來這裡等了許久。等待緊急手術結果的消息，真的是很痛苦的經歷，尤其那又是你的孩子，而且院方還告訴你她的頭差點被一根木柵欄削掉。是活是死？身體殘疾還是完好無缺？容貌被毀了還是依然漂亮？連足球比賽的結果都很難讓你分心。

我跟她的家人說了當初我在她性命一點一滴消逝之時、緊握她的手時說的話：一切都沒事的。之後我就騎著馬，在落日餘暉下遠去，應該是說去酒館啦。跟我的家庭相聚，聽聽兒子的橄欖球賽和女兒的高爾夫球賽；聽他們說說怎麼搏鬥、哪裡受了點小傷、哪兒又瘀青了。這說的還只是女子高爾夫球賽呢。

至於那位女子，她恢復得很快。麥克和我禮拜日上午進醫院時，看到她已經完全清醒了，於是我們大膽果斷地拿掉了她的氣管插管。想當然，經歷過這樣的車禍意外，她覺得自己好像被卡車撞了。雖然她的喉嚨和胸口會痛，但她的呼吸正常，也能說話了。該在的身體部位一樣也沒少，不到一個禮拜就出院了。

幸虧隨著年齡增長，我的腎上腺素成癮症逐漸消失，體內的睪固酮也一點點變少，但面對突如其來的情況時的那種激動興奮，還是一如既往。對不幸的傷患而言，存活的指望，靠著是就近便有位經驗老到的創傷外科醫師。那樣的特殊待遇，卻沒幾個人碰得到。

第十四章
落幕的晨曦

力量並不來自得勝。你的力量，來自你的努力奮鬥。經歷艱難而決定不屈服，那就是力量。

——阿諾・史瓦辛格（Arnold Schwarzenegger）

牛津布魯克斯大學（Oxford Brooks University）離我的醫院不到一英里，學校裡盡是生氣勃勃的快樂學生。其中有個修讀日文的二十歲女孩，曾告訴醫生自己近期有幾次突然昏厥。她接受了一連串包含心電圖和心臟超音波的初步檢查，結果顯示心臟正常。但某天晚上，她跟朋友在校園談天，卻突然倒地不起。

事發前幾日，媒體才大肆報導倫敦北部的球場上，有個英超球員在眾目睽睽下被搶救回來的消息。他活下來，是因為有個旁觀的心臟內科醫生當場施行了有效急救，接著又快速送往先進的心臟中心，社會大眾也因此對心肺復甦術印象深刻。

女孩的朋友們開始幫她做心臟按摩，打電話叫急救。不到四分鐘，附近的指揮總部就派來了救護車，心臟監視器顯示她心室顫動：電氣活動無章，心臟無目的地蠕動，沒有在泵血。當時的救護車都備有去顫器，朋友們持續幫她按壓胸部，緊急救護人員則將電極貼片放置在胸部的正面與側面，準備去顫。九十焦耳。滋！

這通常對心臟病發作的病患有效，但女孩的心臟停了一下之後，又開始顫動了。雖然醫院離校園不過兩分鐘車程，多的是專科醫生，他們卻沒有送她到醫院，而是在她的氣管裡插入管子，繼續做現場急救。至少她有吸到氧氣了。救護車上還有個新東西：Lucas自動心肺復甦機。朋友用手施行心臟按摩會累，但這台機器不累，還會有節律地按壓胸骨的下半部，迫使血液流出心臟，循環全身。

電擊去顫幾次無效之後，他們將機器裝在她的胸部。這下她的心臟受到胸骨和脊柱夾擊的擠壓，就像被肉槌不斷搥打一樣。時間一分一秒過去，等她被推進急診部時，心臟病發作已超過三十分鐘，到院時沒了生命跡象，身上卻裝滿設備，而Lucas自動心肺復甦機還在重擊胸部。她的瞳孔對光線有反應（他們沒讓她腦死），不過那顆可憐的心臟還在蠕動，被擊打得嚴重受損。

博爾頓足球隊（Bolton Wanderers）的球員姆萬巴（Fabrice Muamba）很幸運，剛好有一位經驗老到的心臟內科醫生在場。而這女孩需要的只是針對根本問題的治療，卻得到標準的「進階生命救命術」（Advanced Life Support）的處置方式：首先是高能量去顫，使用原本的電極片，多次進行一百五十焦耳、接著是兩百焦耳的電擊去顫。在去顫反覆失敗且心室持續顫動的情況下，他們改用機器持續壓胸，同時在靜脈注射腎上腺素。如果心臟仍有收縮的功能，那施打腎上腺素或許有用，但在這種情況下反而會加劇心肌的應激性（irritability），讓病人更容易出現心室顫動。

他們還進一步給了胺碘酮（Amiodarone）的藥物，試圖要平息這場「電氣風暴」。這步棋下得不錯，可惜病人接受三十次電擊後，又回復到心室顫動的狀態。就在情勢危急之際，值班的心臟內科醫生巴席爾（Dr. Bashir）趕到。他仔細觀察患者後，只改變了一件事：電極貼片在胸部的位置。他將其中一片貼在她胸前的右心室上方，另一片則貼在她背後，正對著左心室的位置。

再用兩百焦耳電擊一次，心律就恢復正常了。體內的腎上腺素讓她的血壓立刻回升到正常值以上，這有利於增加流入受傷心肌的血流量，但卻也會讓電活動更不穩定。結果呢？她開始反覆心室顫動，必須施行更多次電擊去顫，還要打一劑高劑量的乙種腎上腺阻斷劑（beta blocker），以抵消腎上腺素這種興奮劑的作用。電極貼片位置放對後，每次電擊去顫都奏效。身為電（氣）生理學家老手的巴席爾醫生，接著開了強效型穩定心律的藥物組合，而且都是高劑量。

女孩倒地後約兩小時，紊亂的心律開始鎮定下來，狀況變得穩定，可以照心臟超音波圖看看情況了。心臟超音波的結果很重要，因為只有幾種問題會讓年輕人猝死。其中一種，是遺傳型的肥厚性心肌症，但心臟超音波圖排除了這個可能，因為她的左右心室大小和厚度都正常。

此時，她的右心室由於長時間的心臟按摩與電擊，看起來相當難受。不僅擴張，收縮能力也不佳，不過心臟瓣膜看起來正常。也可能是冠狀動脈異常造成心室顫動，但這極其少見，至少就目前能見的部分，小血管都算是正常。

那麼，她得的是原發性心室心律不整嗎？那是一種發生在結構正常（雖然她的心臟現在已經受損了）的心臟內的電氣不穩定現象。這種病在沒有可辨別的遺傳症候群之下，確實可能讓人突然昏厥，或造成心因性猝死。而且這和運動或壓力無關，大概是心臟自己的電氣系統所致，造成的結果可能是電氣連續密集不穩，或是全面的「電氣風暴」。

電氣不穩定的現象如果穩定下來，就可以用電氣圖佈的方式找出並摧毀應激的源頭。這正是巴席爾醫生的專長領域，要做的話，會在心導管室內進行。要在心臟遭受電氣風暴的當下進行也可以，前提是要維持病人的血液循環。不過這在夜間並不容易安排，因為需要一支訓練有素的支援團隊。

我打算將她從急診部轉到心臟科加護病房。加護病房專科醫生們加入救治，忙著要讓她在三小時急救之後，各項血液生化數值都能恢復正常。他們擔心她會逐漸心臟衰竭，想聽聽我的意見，好判斷是否需要讓她接上機械式的循環輔助裝置。

我在晚上九點半抵達急診部，結果看到急救區有一大群人圍在病床邊，大部分啥也沒做，都是來看熱鬧的。心肺復甦機還裝在她身上，但謝天謝地，他們在她心律恢復正常的期間，已經把機器關掉了。此時，加護病房的醫生們已經讓她接上呼吸器，也給過鎮靜劑，正常的心律提供的血流也讓她的血液生化數值逐漸好轉。心臟內科主治醫師看起來很緊張，在去顫器附近徘徊。

我才到三分鐘，她又心室顫動了。這次沒人搥打她的胸部，而是用手指啟動去顫器。滋！她的心臟又恢復成正常竇性節律（normal sinus rhythm）。我建議我們到心臟科加護病房檢查狀況，遠離亂成一團的急診部，同時把她身上的大槌放回救護車，離她斷掉的肋骨遠一點。

在經歷了七十次電擊之後，我們最終確認診斷結果為「特發性心室顫動」。這時，她開始對抗心律不整的藥物產生反應，所以我們決定暫時不要將她轉送到心導管室，畢竟眼下情況似乎正在好轉。隨著電擊次數逐漸減少，她的心臟也變得更容易去顫。

我們一直待在加護病房，守在病床邊。當晚，她的父母和男友歷經舟車勞頓，從英格蘭北部抵達醫院，悲痛又不知所措。這種時刻對我來說向來最難熬。我眼睜睜看著護士們在病床外向他們說明情況，又親眼看到他們走到床邊那一刻，臉上震驚的神情：她插著呼吸器，臉色蒼白、嘴唇發青，頸部、手臂與手腕上都插著粗大的輸液針。雖然加護科病房就是這般情景，對第一次看到的人卻是極大的衝擊，而如果徘徊在生死間的還是你的孩子，就更難以承受了。

接著，我聽見那種低聲的自責與追問。怎麼會發生這種事？她在布魯克斯讀書那麼快樂，這病是我們遺傳給她的嗎？這時其實該換我問她的父母問題，但我實在無法開口，於是請我的主治醫生代勞，我則靜靜待在一旁。家族中是否有人曾經猝死？有沒有心臟病史？她之前是否有任何異狀？每個問題都問不出答案。

我知道接下來可能的狀況（但我希望別發生），所以留下來沒走。腎上腺素效用逐漸消退之後，電氣應激性是下降了，但她的血壓卻開始緩慢降低，到了隔天一大早，已經低到讓人擔心的程度。同時，由於右心室很吃力（受損累累，幾乎不行了），使得靜脈血壓正逐步攀升。她的尿流越來越少，這種情況難免會如此，而乳酸的濃度則變高了，因為肌肉的血流漸漸減少。

她需要多做幾次電擊，慘的是我們沒時間支開她的爸媽了。這殘酷地提醒著他們，女兒真的快死了。她因為心因性休克而手腳冰冷，但這不是心律不整導致休克，而是心臟按摩的重壓以及反覆電擊所致，加上為了抵消腎上腺素而施用的高劑量乙種腎上腺阻斷劑，無疑讓情況變得更糟了。

我要求再照一次心臟超音波，這次是透過食道裡的探頭操作。這種探頭位於心臟正後方，因此影像會清楚得多。而這次結果顯示，情況已經急遽惡化，左右心室的收縮能力都變得非常差。這種時刻，總會出現「要是……」的想法。要是當初去顫電極貼片貼在不同的地方，還會這樣嗎？要是當初直接送院，她就可以早點讓有辦法診斷的人治療，像我同事做的那樣對症下藥了吧？她當時需要的是專業知識與藥物，不是隨著救護車出巡的機械式大槌。

在心臟外科，這種「要是……」的想法沒半點幫助。我們就是要想辦法對付、治療眼前的狀況。我知道她現在要的是什麼。那顆奄奄一息的心臟還是有可能恢復的，只不過她需要循環輔助裝置，而我們唯一能馬上做的，只有放進「主動脈內球囊泵」（intra-aortic balloon pump）。我們其實知道這對休克的病人是於事無補，但還是放了，只求稍稍改善監視器上的血壓值。她需要更多的血流量，但球囊泵辦不到。我們給她血管加壓藥「去甲基腎上腺素」（noradrenaline），讓她的血壓維持在七十毫米汞柱以上，可是這很快又誘發了好幾回心室顫動。

我說她需要循環輔助裝置，意思是她需要一個心室輔助裝置來接管血液的循環，就是我們經費還沒用光之前有過的心泵。她的情況需要「體外膜氧合」（Extracorporeal Membrane Oxygenation）的一種系統，簡稱葉克膜（ECKO）。這種裝置結合了離心式血泵和氧合器，作用類似心肺機，只不過是設計來長期使用的，可以安全地用上好幾天或好幾個禮拜，直到心臟好轉。由於她的左心室和右心室都衰竭了，再加上休克的緣故，肺部正在惡化，才需要這台裝置。可是我們手邊沒有。英國只有少數幾個單位有獲得資金補助能使用這個裝置，而且主要用於有嚴重肺部疾病的年輕病患。

這時，我見到病床邊她那萬念俱灰的父母，血液就開始沸騰；我看著地平線的那一端，稀薄的春日晨曦，在正常又健康的人要開始新的一天時，暈染開來。而這個女孩，昨天在布魯克斯大學時不也如此嗎？

針對急性心臟衰竭，英國國家健康暨照護卓越研究院（NICE）的最新指引是怎麼說的？他們說應該「諮詢具備循環輔助設備的醫院」。我們諮詢過了。我訓練出的外科同仁們說，這女孩需要葉克膜。但幫一個心室顫動不斷、瀕臨垂死邊緣的女孩轉院，成功機會多高？何況她已經被電擊七十次了？她的心臟像烤麵包片一樣耶？能把她安然無恙地轉送到另一個中心的機率，低到可以忽略不計。沒人會有異議。

我們過去有過許多創新成績，所以當同仁們聽到我們沒有葉克膜，都大感意外，還說我只要叫那家公司把設備馬上送來牛津即可。到了早上八點半我才聯繫上供應商，那時女孩的血壓又往下掉了，而且靜脈壓又開始升高。她的組織都灌流不佳，重要器官內的血流量也嚴重受損，血酸值開始攀升。

我盤算著要不要把她送進手術室，連上傳統的心肺機。但基於幾個理由，這麼做可能會是大災難。她的肺和血液的凝結能力，都會再次受損。使用葉克膜期間會造成生命危險的併發症，最常見的就是出血了，而當病人還長期使用過標準的心肺機，出血的風險會更高。

但還有另一個出路，能幫我們爭取一點時間，是「心得適」（Levosimendan）這種心臟衰竭治療用強效藥物。這藥有助於建立鈣與肌肉分子的鏈結，讓收縮力道變強，而且不會增加組織的攝氧量或心室的應激性。我請加護病房的醫生動手注射這種藥物，結果卻被告知，院方說這藥太貴，所以已經不備這種藥了。我們所有的藥都只能收縮血管，讓心臟變得更不穩定；再不然就是鞭策心臟，讓情況惡化。

醜陋的真相是：我們沒有這女孩需要的設備，也缺少需要的藥物，卻拚了命地想要保住她的命。那個早晨真是令人緊張又難過，我看著時間分秒流逝，還要安慰眼前可憐的父母，表示我們正想盡一切辦法治療。等待葉克膜設備到院的同時，我們一瓶一瓶地幫她施打碳酸氫鈉，以中和血酸，並且觀察瞳孔反應。她的瞳孔對光還有沒有反應？她的腦部有獲得足夠氧氣嗎？劑量高一些的動脈收縮藥物會暫時提升她的血壓，我們希望藉此增加流入腦部的血流量，可是這也會損壞她的四肢與腸子。她的手腳顏色蒼白，而且摸起來十分冰冷，血流量極低，缺氧的肌肉正大量地往血液循環裡灌注酸性物質。

到了中午，我再也看不下去了。我到手術室告訴大家，要幫她接上心肺機，希望用一小段時間就好，而葉克膜一定能早早到院。然後有人問了很現實的問題：誰要付葉克膜的費用？晚上由誰來看儀器？如果有什麼萬一呢？

我又累又煩，所以說話也比較沒餘地。他們以為自己是哪根蔥，敢質疑我們要救一名二十歲年輕人的努力？去你媽的，就算我們不是移植中心又怎樣？她不需要心臟移植。她自己的心臟，就只是需要擺脫過去二十四小時受到的蹂躪，只需要休息一下而已。這個「卓越研究院」，為什麼救不了在距離醫院不到一英里處倒地的孩子？原因一定不是醫療人員不夠努力啊。

就在我快徹底失去理智時，聽說設備送到了。病人已經在送往手術室途中，於是我跟那位大費周章來協助的公司代表碰面。他一個多小時前就抵達牛津了，但因為塞車，遲遲到不了醫院，接著又繞了好幾圈才找到停車位。他因此無奈又焦急，畢竟時間拖得越久，存活的機率越低，他很清楚這點。

設備就緒之後，只需要幾分鐘，就可以透過腹股溝兩側的血管，建立葉克膜的回路。超音波影像顯示她的股動脈狹窄，所以我決定用外科手術切入，在狹窄的股動脈側邊接了一根人工血管。這麼一來，就可以保證腿部會有足夠的血流量。另一邊的腹股溝，我則是直接用針頭和導管導引線，做了股靜脈插管。這根長長的插管推進了她的右心房，再仔細小心地借助她食道裡的超音波探頭，安置於適當位置。

啟動血泵之後，她的血壓立刻就升到一百一十／七十毫米汞柱，靜脈壓也從二十五毫米汞柱降到五毫米汞柱。雖然我們在她的脖子裡插入了腎臟透析插管，但她的尿流量卻因為血流量增加，而有所改善。不到幾分鐘，葉克膜系統已經翻轉了她的情況，讓她膚色變好、血液生化數值變好，全都不一樣了。我開心極了，她的爸媽也終於鬆了口氣。

一開始的幾個小時，她的瞳孔對光還是有反應。但接近傍晚的時候，就在她心臟大幅改善的情況下，她的瞳孔突然放大，對光沒有反應了。這是我最擔心的情況：身體變好，腦部卻壞了。她的腦部缺血又缺氧，開始腫脹。顱骨範圍內的壓力上升，腦幹脫出到脊椎椎管內——這些醫學術語代表一場該死的災難。

我那時還躺在辦公室的沙發上，期待打贏這場仗。我的祕書蘇下班回家前，試探性地敲了敲我辦公室的門。她說加護病房請我回去。我聽到這類的轉達，都覺得大事不妙。不會有人打電話來報告好消息的，一定都是麻煩事。原本我以為是出血或其他我能處理的問題，但走到她病床附近時，我發現四周簾子都完全拉上了。

她的爸媽分別坐在她的兩側，一人握著一隻手，這時兩人都已經身心俱疲。打擾他們之前，我得先知道狀況，照顧她的護士於是焦急地跟我說明。她的瞳孔放大速度很快，我需要立刻知道原因——是肝素的抗凝血過程造成顱內出血，還是缺氧導致腦腫脹。

內外科醫生或許幫得上第一種情況的忙，他們可以清除血塊。第二種情況則表示，我們就算戰勝了心室顫動，但努力很可能全是白費。最後一次施以電擊已經過了四小時，我們必須盡快送她去做腦部掃描。我親自安排掃描事宜，然後請一位腦外科的同仁跟我一起判讀掃描結果。

腦部掃描的結果片片堆疊，透過灰質與白質腦迴，顯示出橫截面。這是複雜卻周詳的解剖結構，每個部位都專責你我生活的一個方面，只是重要程度不同。顱骨是堅硬牢固的盒子，所以腦部腫脹的話，一定會有東西擠出去。腦脊髓液的空間受到壓縮，消失不見，扭曲了脆弱的腦部附肢與神經，最後，腦幹的一些部分也被擠出顱骨外，因此瞳孔對光線的反應才會消失。腦幹反射消失的時候，病人就死了。

整個掃描花了幾分鐘就完成了，接下來，這些橫截面經過運算後會重建出整個器官的三維影像。結果是我不想聽到的。放射科醫生的正式報告說，「嚴重腦腫脹，腦幹從枕骨大孔脫出」。我試圖說服腦外科醫生取下顱骨頂，釋放腦部壓力。他們是贊同我的建議，但也說一切都太遲了，很遺憾。他們再怎麼遺憾，也沒有我遺憾。

我們把她連同所有的設備，一起推回加護病房。光是推她回病房就是大工程，有葉克膜回路、呼吸器、氣囊泵、監視儀器。我們一行人像哀戚的隊伍，走得很慢。

要面對哪些殘局？她其他的器官都在恢復中。她的身體溫暖、膚色粉紅，體內充斥著機器泵出的富含氧氣的血液、會產生尿液的腎臟、會吸收食物的腸子，還有會排毒的肝臟。所有的器官都需要血液與氧氣，而兩者葉克膜（簡單又不貴的技術）都大量供應了。但對腦部而言，一切都太遲了。我們沒能挽救的細胞，是最重要的細胞。

我對此很憤恨。我們是全英國最有經驗的團隊，在實驗室付出最多努力，做出最重要的發現。但這都不重要。重要的是我們不是一家移植中心，所以不符合經費補助資格。重要的是要壓低成本。這死得成本低廉啊。

我沒辦法勇敢地告訴她父母結果，選擇了逃避，怒氣沖沖地回到我的辦公室。加護病房的醫生們雖然盡力用藥治療腦腫脹，但他們只是裝裝樣子，已經無力回天了。因為腦死，所以葉克膜也在四十八小時後拿掉了。是我親自為她拔管。如今她的心臟運作良好——血壓正常、心律正常、沒有心室顫動。我們打贏了挽救心臟的戰役。

做完腦幹死亡的正式檢驗，我們跟她傷心的父母提起了器官捐贈。這個女孩曾經表示，早死的話希望捐出自己的器官，而爸媽也贊同她的想法。她捐出器官前，我趁著她父母還在的時候，去看了看她。協助我們搶救她的護士也在病床邊，那個護士想待到最後一刻，堅持走完全程，陪伴這對父母。這很難得，需要道德與勇氣。

事已至此，我還能說什麼？我很難過。我的兒子跟她年齡相仿，也在布魯克斯讀書。要是我與那對爸媽角色互換，會作何感受？我想都不必想，因為我面對過太多喪子的父母，早就知道答案了。我跟他們說：對於他們痛失愛女，我非常遺憾，但這次情況棘手，經驗豐富的專科醫生團隊都日夜奮鬥，想扭轉局勢。這樣的結果，讓我所有同事都很心痛。但我們很感謝她捐出器官的善舉，這將會改變其他人的人生。

最後她捐出肝臟與兩顆腎臟，共有三名病患受惠。這些器官還能正常運作，證明了葉克膜有效。

不到幾天，我們又需要用到葉克膜了。這次是一名剛生產完、肺部被羊水栓塞的年輕女性。我只能建議，直接把她送去葉克膜中心。我很了解，這種狀況延誤將會致命。不幸的是，被我說中了。

後來，我也有機會將葉克膜用在一名四十歲病人身上，她是我們加護病房裡意外發生空氣栓塞、心臟停搏的女性，但她最後死了。這樣的故事一個接著一個。

那名女孩的死，讓布魯克斯大學的朋友們和師長悲痛萬分，我於是寫了封信給副校長，以表達我個人的遺憾：她的朋友們在她倒地不起時奮力救助，而我們卻無法挽回她的性命。過了幾個月，我收到那間大學畢業典禮的邀請函。校方想追贈她大學學位，希望我能和她的父母一起參加。

我和她的母親、父親還有男友坐在第一排，看著開朗的年輕男女上台授證。接著由校長沙米・查克拉巴蒂（Shami Chakrabarti）說明這個特殊追贈的原委，同時感謝外科醫生英勇嘗試挽救她。得有人上台接受證書，是她的母親。她的父親悲傷到無法移動，她的男友則是難過地坐著。我自己哭得說不出話，但還是扶著她走不穩的母親上台。不該這樣，這不是她大學生涯預期的結尾。她所有朋友和老師都圍過來。這家人很高興，還勇敢地參加了餐會。

而我卻很憤恨，充滿了負面想法。離開時，我十分難過，彷彿背負了全世界的重擔。那是職業生涯裡最讓我悲痛的一天。

以此文紀念愛麗絲・杭特（Alice Hunter）。因為她，其他人才可能得救。

第十五章

一罪二罰

當時我年少輕狂又活力滿滿，愛上本地醫生的老婆，
我每天都吃一顆蘋果，讓那個醫生遠離我。
——湯瑪斯．拉蒙（Thomas W. Lamont），《牧師公館裡的年少時代》（*My Boyhood in a Parsonage*）

茱莉亞四十歲了。漂亮、金髮、活力滿滿又無畏的她，在倫敦有個忙碌的職業生涯。到了週末，她是個優秀的馬術騎士，跟頂尖等級相去不遠，很常跟最棒的騎士們混在一起，這也算某種「並駕」齊驅吧。因此，她拖到很晚才生第一胎。但她身心強健，所以不成問題。確實，她在杜倫大學讀心理系時，就已經是學校的曲棍球校隊，後來又是她所在社區萊斯特郡代表隊成員。她還踢足球，噢，也打板球。

但倒有件很妙的事，她從來沒法完成節奏跑測試（bleep test），所以老是被扯後腿。還有，她常常開會開到一半就睡著，嚴重到要住進私人醫院做睡眠測試。院方懷疑是猝睡症，後來卻什麼也沒發現，還花了不少錢。

二〇一五年四月，嘗試懷孕才兩個月的她，看到驗孕棒變成藍色時，極度激動又興奮。中了！她同時卻覺得很疲累，還有點呼吸困難，而且越來越嚴重。她只是爬上馬背就吸不上氣——但她以為這是孕期的正常現象，是荷爾蒙和水腫害的。

她很不希望被疲憊擊垮，所以重新開始跑步，打定主意要讓身體更強健。第一次跑，她逼自己跑了五公里，但接下來一週她只跑一條街就喘不過氣，而且還會胸悶，喉嚨刺痛。她乳房腫脹，還一碰就痛。她以為喘不上氣跟乳房會痛有關。這樣的話，她只要稍微跑慢點就好，不過她至少還能騎馬。

懷孕第十三週的星期一，她在醫生的診療室見了助產士。他們建議她服用阿斯匹靈預防子癲前症（Pre-eclampsia），因為有些人在懷孕晚期會遭受這種血壓高得危險的狀況。她提到覺得身體很差，而且惡化得很快。助產士沒有當她神經質、不予理會，而是建議她找醫生檢查心肺，還承諾會幫她跟醫生談談。那個助產士做得很好——這個決定極為重要。

醫生盡責地聽了茱莉亞的自述。他態度體貼，讓人覺得安心。他告訴茱莉亞：「孕期血量會增加三分之一，可能會讓妳喘不上氣。讓我聽聽妳的胸腔。」接著他語氣就變了，突然嚴肅起來：「只是有點雜音，但還是應該盡快找人檢查。」

他很快地打電話到梅登黑德鎮（Maidenhead）的溫莎診所（Windsor Clinic）。星期三，也就是後天，就可以約到心臟內科醫生的診。茱莉亞很擔心，但也只能回去繼續上班。聯合餅乾公司需要她，而她工作時就不會一直想著「心臟雜音」這幾個字。

溫莎診所的候診室很棒，櫃台人員很能幹，沙發也很舒服，不過茱莉亞根本不在意這些。院方安排她做完兩個重要的檢查後，再去心臟內科看診。所以她脫去了漂亮的黑色洋裝，換穿診所裡隨處可見的白長袍，不過她搆不到長袍背後下方的綁帶，所以屁股都露出來了。

首先是心電圖。她爬上躺椅，女助理要她掀開長袍的上半部。傳感器會偵測她手腕、腳踝，還有整個胸壁的電氣活動，接著，心電圖機會迅速地在粉紅色的長紙條上，列印出一條彎彎曲曲的黑線。這條黑線對醫生以外的人毫無意義，卻是醫生重要的依據。醫檢技師跟她說，看起來沒事。茱莉亞放下了心上的石頭！然而，其實有事。

在受過專業訓練的人眼中，茱莉亞的心電圖顯示了所謂的「左心室肥大」，即心肌損傷。接下來她要照心臟超音波，這是一種透過探頭拍下超音波照片後再投射到螢幕上，為心臟開窗、讓人看清楚的非侵入性檢查。這一次檢查的人是男性，茱莉亞有點害羞，但那人在她胸部抹上黏呼呼的凝膠時，既和善又健談。這些都是檢查工作的一部分。

過程花了點時間，才照到清楚的結果。醫檢技師避開了她左邊腫脹的乳房，小心不要弄痛她。他先從心臟的腔室（左右兩邊的心室）開始照起，用四腔室視角看得最清楚了。左心室比預期的更肥大。右心室、左心房、右心房看起來正常。不過，還沒照到最關鍵的部分。他將探頭移到胸骨頂端，斜著往下拍。

這時他表情變了，默不作聲地動著手裡的探頭，茱莉亞感覺得到大事不妙，她心一沉，覺得像是內臟當場掉了出來那樣，猛地一陣寒，有種突然被掏空的感覺。

「怎麼了？」茱莉亞忍不住問。

「主動脈瓣膜狹窄。」他回覆得像是完全不假思索，然後接著說：「很遺憾。我會去報告醫生。」

隨後，有個女醫檢技師帶了台不一樣的超音波機過來，要檢查胎兒，這次塗在她肚子上的是稠稠的凝膠。那是茱莉亞第一次看到肚子裡的胎兒，大家擔心的是有沒有胎死腹中的情況。不過，後續的對話讓茱莉亞覺得胎死腹中可能還比較好。她沒辦法控制什麼，而胎兒的心臟正以每分鐘約一百五十下的速度，正常地跳動著。

是時候讓醫生看診了。那位心臟內科醫生是個聰明的年輕人，也是英國國民健保醫生。他已經看過檢測內容，儘管知道診斷結果，卻也無能為力。現在茱莉亞又穿回自己的衣服了，不好意思的感覺變淡了，縱使不像剛剛那樣脆弱，但心理上卻瀕臨崩潰邊緣。她大學修讀過心理學，但這也沒有因此讓她更容易控制自己的心理。

她沒有寒暄，就先說：「我麻煩大了，是嗎？」

「是的，很遺憾。」

又是那句該死的「很遺憾」。每個醫生都會這麼說，但沒有人是說真的。

「妳有非常嚴重的主動脈瓣膜狹窄。其實是先天性的主動脈瓣膜狹窄。妳決定懷孕之前，難道沒有人檢查出妳心臟的雜音嗎？」

茱莉亞想了又想。沒錯，其他的醫生「的確」聽過她的胸腔；可是，沒有，沒半個人提過心臟雜音。

當主動脈瓣變得非常狹窄，可能就很難聽出心臟雜音。現在確認她的主動脈瓣非常狹窄，而她的症狀，是因為血流量增加——這是為了維繫胎盤，心臟得多費力的結果。

要解釋這背後的生理學，就要知道一件事：從懷孕期第十二週到第三十六週，心臟的泵血量，最多會比非孕期的泵血量高出五〇%。由於茱莉亞左心室出口處的瓣膜嚴重變窄，所以在第十三週就出狀況了。她運動時胸口會劇痛，就是冠狀動脈血流不良的緣故。在手臂量到的血壓為一百毫米汞柱的情況下，左心室的血壓卻有兩百五十毫米汞柱，這高得危險。此外，要流進心臟的血液被擋在肺部裡，造成肺部變硬。要是再有任何損傷，可能會導致肺部充滿水腫積液，而有猝死的危險。茱莉亞還以為自己很健康！

接下來，才是**壓倒駱駝的最後一根稻草**：在沒有懷孕的情況下，嚴重主動脈瓣膜狹窄的患者，最多還能活六到二十四個月。但就她目前的情況來看，最多只能活幾個星期。由於懷孕太過危險，心臟內科醫生認為週末前就要安排墮胎手術，接著才可能再動手術換掉主動脈瓣膜。她必須盡快換瓣膜。

這完全不是茱莉亞要的。她已經拖得晚才要孩子，但三個月以來的興奮與期待，讓她跟肚子裡的胎兒有了依附的心理。萬一再也沒機會懷孕了怎麼辦？她覺得只要不做事情，感覺都還好好的。那她就什麼都不做，等寶寶生下來，一定沒問題吧？道理很簡單，這代價也值得。可惜她錯了。心臟內科醫生百分之百確信，就算茱莉亞懷孕不到二十週就早產，不只寶寶生不出來，母子倆都會死。

茱莉亞的選擇很有限，沒有外科醫生會願意在她懷孕的情況下，幫她動主動脈瓣膜手術。那位醫生表示，如果茱莉亞願意，他隔天開跨領域團隊會議時，可以跟其他心臟內科醫生、外科醫生、加護病房醫生（就茱莉亞的狀況，還要加上產科醫生）一起詳細審視她的病例，考慮有哪些治療選項，並推薦出合適的那一種。

不過，茱莉亞不是靦腆客氣的類型。「那我的意見呢？」她堅決地主張：「我想保住孩子。我不要大家圍攻我一個。我能保住孩子的機率最高有多少？」

這問題不容易，因為沒有直接明瞭的解決辦法。醫生想了一會之後說：「我會把妳轉給一位牛津的心臟內科醫生，他的專長是孕期的心臟問題。」

關乎懷孕的倫理原則很清楚簡單。醫生的首要之責在於挽救母親，為了維繫母體健康可犧牲腹中胎兒；但為了腹內胎兒而陷母體於危險的行為，卻不被接受。寶寶在三十週後生下來的話，一般都活得下來，就算只有二十八週也可以。但只為了讓胎兒活下去，而不讓奄奄一息的母親死去，這種事卻相當罕見。

地區綜合醫院的心臟內科醫生們看了茱莉亞的心臟超音波圖，研判她的瓣膜實在過窄，所以無法撐到懷孕三十週時做剖腹產。賀爾蒙變化加上血液量增加，已經危及她的性命，她不可能再活十六週。大家的看法很一致，也就是建議茱莉亞在幾天內終止妊娠，隨後換掉主動脈瓣膜。人工流產可以把問題從複雜變簡單，假如心臟手術算簡單的話。

當週的星期四下午，溫莎診所的那位心臟科醫生打電話給正在上班的茱莉亞，告知這個無奈的消息，並大概說明了同行們的共識。茱莉亞又聽到「遺憾」這個字眼，痛苦到臉部不自覺抽動了一下。不過，醫生已經幫她約好隔天下午的診，到牛津看奧利佛·奧莫羅德醫生（Oliver Omerod），而且由健保付費。他還強調事不宜遲，同時再三囑咐茱莉亞在這段期間萬萬不可騎馬或做任何運動。

去牛津看診這件事，本身就是噩夢一場。到醫院的主要幹道塞車，進停車場的路上也塞車，找不到停車位，還沒人幫忙。茱莉亞就要遲到了，那可是她和腹中胎兒這輩子最重要的約診，更糟的是，胸口的劇痛又出現了，還有接連而來的嚴重焦慮。上週五她還是個興奮的準媽媽，現在卻感覺大難臨頭。

奧利佛跟一般的醫生形象完全不同，他改變了這一切。他沒穿西裝也沒打領帶，一副玩世不恭的模樣，讓茱莉亞想起小時候最愛看的大力水手。他讓茱莉亞覺得自己是診療室裡的特別人物。

「妳想保住小孩？那我們來看看可以怎麼保。」

茱莉亞的胸口不再發緊了，全身放鬆了下來，她的手不自覺地放在微微隆起的孕肚上，彷彿在說：「別擔心！這位醫生會照顧我們的。」

那麼，茱莉亞平安沒事而且寶寶也活命的可能性多大呢？奧利佛也認為不能等到孕期二十八週、胎兒能存活時，再動瓣膜手術。那麼，就得一邊想辦法維持懷孕，一邊處理她的主動脈瓣膜。有兩個可行的辦法。第一，用球囊擴張那個極窄的瓣膜口，以拖代變，幫母子倆爭取一點時間。第二，直接靠著心肺機動開心手術，但先前所有的醫療主張都反對這麼做。

做球囊擴張術，要在心導管實驗室，仰仗X光的引導，不過他們可以遮住輻射線，保護子宮。而且他們會讓球囊在狹窄的瓣膜口內膨脹起來，分開融合起來的部分，讓它張開。這樣如果有機會讓茱莉亞撐到懷孕三十週，那就可以等寶寶生下來再換瓣膜了。到時候，她就能以新手媽媽的身分，面對更安全的心臟手術。

我的同事班寧教授（Professor Banning）是球囊瓣膜介入治療的專家，奧利佛需要更精細的心臟超音波圖，讓班寧教授看看茱莉亞的瓣膜。如果班寧教授同意，隔週的前幾天就能進行手術了。不過，背後的風險是什麼？瓣膜可能裂開、嚴重逆流，導致急性心臟衰竭。所以手術室現場要有一支手術團隊待命。另一種可能是，瓣膜打得不夠開，結果於事無補。不管是哪種情況，對母體與胎兒都是重大的風險。這個手術並不簡單。

奧利佛決定週末一過，就讓茱莉亞住進心臟內科病房。同時，他會找他認識唯一處理過類似情況手術的醫生談一談。

週五晚上，奧利佛打電話到我家找我，聊了聊我們之前的經驗。上一個我們合作處理的，是一名懷孕二十八週、發現心臟有不尋常雜音的病人。後來查出，她的左心房有顆尺寸超大的腫瘤，但還好是良性的——那是跟安娜情況一樣的左心房黏液瘤。我們讓她住院，細心觀察了四週，等她懷孕第三十二週時，便在心臟手術室用剖腹產讓她順利產子。三天之後，我摘除那顆腫瘤。母子情況都很好。

之前我們還治療過一名年輕女性，她的人工心臟瓣膜受到感染，逐漸碎裂，而且嚴重逆流。她懷孕三十三週時被我們送進手術室，進行剖腹產，我一口氣再緊接著置換掉她的主動脈瓣。雖然有子宮出血的問題，但母子情況都好。

再來，我提醒奧利佛，別忘了我曾在另一家醫院，幫另一名懷孕二十週的三十五歲女性置換過主動脈瓣。那次瓣膜置換術很順利，術後也測得到胎兒的心跳。只不過當晚半夜，她卻流產了，還大量出血。我們差一點母子都沒保住。

孕期內做心臟手術，是極少數可能損失兩個病人（母親與胎兒）的手術。當時我讀遍了所有跟孕期內心臟手術有關的公開報告，加以分析，非常仔細地品評。全世界總共才不過一百三十三例，而且主動脈瓣膜置換僅有十九例。雖然所有的母親都活了下來，卻有七個胎兒死亡。這表示靠得住嗎？才不是。

有個大問題：外科醫生會選擇報喜不報憂，所以，搞不好有幾百個胎兒死亡（甚至母親也死亡）卻沒有公開的病例。但失敗的病例最好別說，可不是嗎？這是人性。話雖如此，我們終究有統計數字可以讓茱莉亞和她的家人參考。

接下來，奧利佛問我對球囊治療的看法。我說，這個想法是不錯，但有些實務上的問題。先天性畸形的主動脈瓣，大多沒有輪廓分明的小葉，而得在球囊充氣加壓的情況下分離；不像風濕性二尖瓣，球囊治療已然是公認療法。這基本上是一種盲目手術——主動脈瓣有可能因此毀壞，主動脈甚至可能撕裂，大量出血。我們得詢問班寧他覺得成功率如何。如果他們決定要採取瓣膜擴張術，我會盡力協助。討論到此為止。

週末過後，院方就叫茱莉亞回來做更多檢查。她懷孕困境的消息很快就傳開了，所以，許多人都出席了週四一大早的先天性心臟病團隊會議。加入我們的還有南漢普頓（Southhampton）的心臟內科同仁，奧利佛用了品質極高的新造影結果，來報告茱莉亞的病例。

茱莉亞的主動脈瓣口是一條狹縫，看來主動脈瓣沒有一般的三片小葉，只有一葉而已，也就是我們所稱的單瓣瓣膜。就像一個岩石火山口，質地硬，深約一公分。下方肌肉厚得很危險，她在這種情況下竟然還活得到四十歲，實在離奇。置入球囊會有所改善嗎？機會不大。球囊療法安全嗎？可能不安全。

最後的結果是什麼呢？他們已經下好判斷：茱莉亞應該直接做主動脈瓣置換術，換上一個不需要抗凝血的人工瓣膜，因為抗凝血對懷孕有害。這是茱莉亞要的。這是她的決定，她不喜歡不確定性。與會的人通通都知道，她不僅活力滿滿、什麼也不怕，還很有勇氣。

我願不願意動手術呢？嗯，這手術得動得快，她連上心肺機的時間一定要越短越好。雖然體外循環對母體而言是絕對安全的，到頭來卻往往會誘發胎兒死亡，因為子宮與胎盤一點都不喜歡體外循環。心肺機所用的透明預充液，會稀釋母體的血液，這種稀釋作用會讓孕期賀爾蒙黃體素的濃度下降，造成子宮的不穩定及應激性提高。進行體外循環的過程中，要是出現宮縮，就是胎兒死亡的重要預兆。再者，要是因為胎盤供血量減少、胎兒血流含氧濃度降低，而讓胎兒心率下降的話，可能就會誘發窘迫反應。這麼一來，血壓會上升，而且胎兒還在發育中的心臟會受到壓力，一旦發生幾乎就無法恢復。

我跟大家說明如何駕馭懷孕婦女的體外循環。我們要把血壓和血流調得比平常高，不要讓血液冷卻，以免胎盤的血管收縮。關鍵在於手術要快。為了保護茱莉亞變厚的心肌，我們需要使用心臟麻痺液，但這種溶液的鉀濃度高，胎兒心臟對鉀濃度變高又非常敏感。母體有太多心臟麻痺液，可能會使胎兒心臟停止。

所以，我們就得監控胎兒的心率和宮縮情況，一旦發現宮縮，就可以注入孕期荷爾蒙黃體素，加以抑制。如果胎兒的心率下降，我們還可以調高心肺機的流量。只要大家都完全清楚會碰到的情況，我認為就很有可能保住胎兒。

到了這時，氛圍已經有所轉變，從終止妊娠，轉為要保住這個小小的家庭。但我們仍然需要後援，萬一當晚胎兒死亡、自然流產，那麼，我們就需要婦科醫生做好準備，因為他們有可能得面對剛接受完開心手術的病人，治療她子宮出血的情況。雖然各科分別在不同大樓，但至少都在同一個院區。

隔天是星期五，不適合動手術，因為週末上班的是代班醫生和派遣護理師。我需要盡力召集一支最棒的團隊才行。何況，茱莉亞的狀況相當穩定，於是我決定等禮拜一早上動手術。這很容易，不過又是個主動脈瓣膜置換術而已——只是我要精心規劃，以及找到適當的後援。

手腳快的外科醫生要具備什麼條件？不是手部動作飛快，其實正好相反：要有條理，非必要的不做，針針縫到位，所有動作都無須重複。也就是說，外科醫生要手腳快，不是動作迅速，而只是大腦和手指間的聯繫問題。這是與生俱來的，再怎麼訓練也沒有用。

現在我要和茱莉亞見面了。奧利佛帶我到她待的心臟內科病房，她獨自一人。早上還沒有家屬來探病。果然像大家說的那樣，她活力滿滿、無所畏懼，是會打破砂鍋問到底的那種人，不過，對於我可能要說的話，她也顯得侷促不安。她會緊張，是因為其他人一直提出理由要她終止妊娠。

她的第一句話是：「我想保住孩子。」我回她，我也想保住胎兒。就這樣，我們建立了可行的醫病關係。

那麼，何時手術？我告訴她，手術會排在星期一上午，接著向她說明我們要置入的是哪一種人工瓣膜，同時跟她說她不需要抗凝血劑——這對懷孕後期和生產來說很重要。我說人工瓣膜會用壞，她十五年之後要再換另一個，或許期限還更短。不過，茱莉亞沒有想那麼遠，只希望有人摘除這個攪亂她井然有序的生活的東西。

「週末我可以回家嗎？」她如此問道，一副急著要做些安排並通知公司的模樣。

「可以，但你不準騎馬也不能用力，什麼用力的事都不可以做！現在妳得留在這裡讓我們媒合妳的血液，還得見麻醉科醫生，之後才能離開。」

奧利佛也贊成讓她回家，因為強留她下來沒有意義。星期一的麻醉科醫生是伊蓮，我打電話向她說明這次情況需要小心處理，她便直接趕來醫院了。趁著伊蓮跟茱莉亞談的時候，我去找了體循師，做提前說明，也給他們一些文獻資料，告訴他們要怎麼配合，同時強調這次攸關兩條人命。

我星期一早上七點見到茱莉亞時，她似乎極為鎮靜。她要求我把畸形的瓣膜留著，像是在說：那是她的東西，她想保存起來。她家的人都來了，包括丈夫、姊妹以及年邁的雙親，大家都來提供精神支持。我說我待會再回來跟他們聊聊。

我們用局部麻醉的方式，置入了動脈與靜脈的監測插管。我實在不想監測胎兒的心率。這種事我之前做過，但要是我們已經做了適當的預防措施，再無其他可行做法，而胎兒心率又變慢的話……這時監測心率只會讓我焦慮分心。伊蓮在誘導麻醉的過程裡，小心翼翼地不讓母體的血壓和血氧濃度掉下來。把茱莉亞推進手術室前，我們檢查了胎兒的心率。數值正常，每分鐘一百四十下，是母親心率的兩倍。我們把心臟超音波探頭推進食道直達茱莉亞的胃部，以便觀看心臟。我們從頭到尾都在她身上蓋了毯子，以免體溫下降。一切都就緒了。她那微微隆起的孕肚，提醒著我們這個團隊，要全神貫注。

她很快地被塗抹了消毒液，蓋上藍色的手術覆蓋巾，自黏式的含碘手術巾下只露出一條溝，就在她的乳房之間。我們把電烙刀、去顫器以及心肺機的管子繫在手術台邊，就這樣，手術準備開始了。

我用手術刀切穿了皮膚層，由於母體處於高血液動力循環（hyperdynamic circulation）的情況，所以出血比一般更嚴重。接著再用電烙刀切穿薄薄的脂肪層，切到骨頭。然後我用骨鋸往胸骨中間切去——滋！就是這一幕會讓學生反胃昏倒。骨髓接著滲出，電烙刀繼續切掉殘餘的胸腺、切進心包。伊蓮幫她注射肝素，準備轉換成體外循環。

我們將插管穿過主動脈與右心房上的固定環，接著就交給機器了。我們停止幫肺部送氣，由心肺機的體外循環接手。這次我們沒有進行降溫，而是用熱交換機維持住她的體溫，並透過高流量灌注來確保子宮與胎盤的血流充足與穩定。我用鉗子夾住主動脈後，注入心臟痲痺液，等心臟停下來不跳為止。心臟不是真的死了，而是變得冰冷又軟趴趴的，我們藉由暫停它的代謝來達到保護效果。

我用手術刀切開主動脈，那個引起問題的瓣膜清晰地映入眼簾。它看起來不像瓣膜，跟心臟超音波照出來的結果一樣，看起來像個堅硬如石的火山，火山口是條狹長的縫隙。我換了個尖尖的刀片完整地將它挖出來，輕輕地放進裝了保存液的瓶子裡，這可是我要送茱莉亞的禮物。接著，我用間斷縫合的方式，縫了十二針，將新的生物組織瓣膜縫上去。這個生物組織瓣膜，是由牛的心包細心製造而成，用縫合環掛在塑膠架子上。這下子，我已經把它縫到方才切除掉那個舊瓣膜的位置上。這個手術很常見又不複雜，但嘉惠了兩個病人，一個在現在，一個在未來。目前一切順利。

縫合了主動脈，我們拿掉鉗子，溫暖的血液湧入她的冠狀動脈。這汩汩的生命之血，讓她的心臟活了過來，剛開始以心室顫動的方式蠕動著，接著突然產生自發性去顫，靜靜躺著，一動也不動，直到被我戳了一下，才開始收縮射血。我又戳了一下，那顆心臟開始恢復正常的心律，心臟超音波探頭也照出人工瓣膜一開一合的影像。幾十年來，左心室的血流出口頭一次門戶大開，數千個小氣泡猛地擠向排氣針。我們要的就是這樣，平淡無奇、索然無趣最好。

我請伊蓮開始幫肺部通氣，分析血液當中的氣體，然後準備好讓茱莉亞脫離心肺機。伊蓮按著節律將氣打進氣管，坍塌的肺部因此充氣，擴張開來，從原本軟趴趴且內部空空的狀態，變得膨脹、顏色粉紅，像是很得意的模樣。這兩片肺日復一日永遠都包圍著心臟。我們讓生命暫停，接著重啟，冒著值得的風險改善狀況。

動脈壓光點的脈波回來了，既規律又有力。但我沒在看螢幕，而是看著那顆還在排出剩下氣泡的心臟。往上浮的小氣泡直接進了右冠狀動脈，併成大氣泡，形成堵塞。右心室這下沒了血流供應，暫時擴張了起來。不是什麼大問題。我們提高泵血流量和血壓，把空氣推出去。右心室於是恢復收縮，一切都好。

在這個關鍵時刻，我想盡快關掉心肺機。我請體循師慢慢調整，停止體外循環，讓茱莉亞重新疏通過的心臟接手。我們只用機器四十九分鐘而已，過程中還維持高流率，讓體溫保持正常，盡最大努力照顧好子宮與裡面的珍貴貨物。我聽到一聲「停止體外循環」，接著大家拿掉了插管，再用魚精蛋白（protamine）中和肝素的抗凝血作用。

切面還在出血，比平常的情況嚴重。這時我的ADHD發作了，而且心情一激動膀胱就想排尿，我覺得最好讓穆罕默德（Mohammed）來收尾——燒灼出血點，止住出血，放進引流管和起搏器的電線，確保茱莉亞無事。雖然我們一直想辦法不要輸血，以免有副作用，但我們同時也不想要出現紅血球過少，因此破壞攜氧量的情況。最後我們必須輸給她兩單位的供體血液，是帶有凝血因子的新鮮冷凍血漿，接著再輸給她血小板這種會堵住小洞的黏性細胞。不到一小時，我們就控制住出血情況，她可以轉進加護病房了。

伊蓮和穆罕默德護送茱莉亞出手術區，他們開心不已，因為一切都按著計畫順利完成。雖然他們準備萬全，但迎接的卻是一個沒有經驗的護士。我們已經先知會過所有人員，加護病房當然也不例外（這可不能怪那個倒楣的護士），伊蓮對此很不滿。「你有照護胎兒的計畫嗎？什麼時候胎兒最可能死亡？如果茱莉亞下半身血崩，要怎麼辦？」護士們被這麼一問，個個一臉茫然、瞪大雙眼，初級醫生們也呆住了。既然如此，只好找來一支經驗豐富的團隊，好好照顧。這些事當時我都不曉得，但伊蓮說得沒錯，在高風險的情況下，經驗相當重要，何況這次涉及了兩條人命。

茱莉亞的血壓偏低。她血管的擴張情況高於一般，因為我們為她接上心肺機之後，有別以往，讓她維持在高體溫狀態。不過，我們並沒有在她身上使用一般提升血壓的藥物，因為這些藥會讓通往子宮與胎盤的血管收縮。我們也不能讓平均血壓低於七十毫米汞柱。解決之道其實就在人手一本的指引裡面，但加護病房的人到底有沒有讀過？說什麼都沒意義，不然會有投訴的。

我回到加護病房時，要求穆罕默德陪著茱莉亞。奧利佛用超音波機為胎兒的心臟造影，當時心臟還以每分鐘約一百四十下的速度跳著。目前胎兒都還能活，母體也沒出現宮縮，我便請他們讓茱莉亞甦醒，撤掉呼吸器與鎮靜點滴了。接著，她的血壓就會自主回升。我則是要離開去幫下一個病人手術，最後說了一句：「你們現在要照顧的是兩個人喔，不是只有眼前這一位。」

茱莉亞很快就醒過來，氣管的插管最後也拔掉了。她說整個過程最可怕的，就是氣管裡插著管子醒著的部分。隔天早上七點，我跟奧利佛碰面做心臟超音波造影，胎兒的心臟還是以每分鐘一百四十下跳著，而且還在子宮裡翻跟斗呢。此外，茱莉亞那顆有了新瓣膜的心臟也運作良好——她的雙腳溫暖，導尿袋裡的尿量也正常。唯一一個把小便當成值得慶祝的事的職業，就是醫療業了。不過我依舊很不安，因為她的血壓偏低。我們對孕期心臟手術的理解有限，這表示我們不曉得血壓偏低在這個階段的重要性，但我們還是不想用可能危害胎盤血液供應的藥物。

茱莉亞一醒過來，馬上就問她的寶寶是否無恙。我們要她放心，寶寶看起來沒事，但我們希望接下來的二十四小時內，可以觀察到胎兒心跳強而有力。到那個時候，我覺得我們就算脫離危險了。那天早上稍晚時，我們拿掉了她胸腔的引流管。她很想回到單人普通病房，可是我想再監測她的血壓與血氧量二十四個小時。我們把她移到通常給敗血病病人用的隔離病房，那裡很安靜。

隔天，胎兒情況依然沒變，會動而且心率正常，只是茱莉亞人不舒服。術後第二天一定最不舒服，因為第一天會讓人有存活下來的興奮感，第二天就只有痛而已。慘的是，為了她肚子裡的寶寶，我們不能給她高劑量的止痛藥。

我們是星期一動手術的。到了星期五，茱莉亞已經很無聊了，她覺得一切安好，堅持要回家。我們沒辦法阻止她。接下來的一週，很擔心的奧利佛天天打電話給她，之後還定期要她回診。胎兒超音波掃描顯示她肚子裡的寶寶發育正常，胎動也正常。術後五個月，二〇一六年一月，她生下了一個重達九磅的健康男嬰，這是她的奇蹟娃娃。大家一度認為他會是刮宮術後放在不鏽鋼盤上的死胎，但奧利佛和我聯手改變了他的命運。歡迎來到這個世界，參孫，人如其名，他果然是力士！[1]

1 譯注：參孫（Samson）是《舊約全書》中拯救以色列人免受腓利斯人壓迫的英雄人物，具有無比神力。

第十六章

你的命交在他們手裡

有一顆永不成鐵石的心，一副永不失控的脾性，一雙永不傷人的手。

——狄更斯（Charles Dickens），《我們共同的朋友》（*Our Mutual Friends*）

時值二〇〇四年。當初那個改變了我的命運、記錄翰莫史密斯醫院（Hammersmith Hospital）的電視節目《你的命交在他們手裡》，在我的大腦皮層留下深刻印記，這已經是近五十年前的事了。當時ＢＢＣ打電話來我辦公室，跟我的祕書迪伊搭上線。我趁著處理病人的空檔，無預警地回了一趟辦公室，她看到我很激動。他們問，我願不願意幫他們錄製一個整整一小時的黃金時段節目呢？他們正在尋覓一位腦外科醫生、一位移植外科醫生，還有一位心臟外科醫生。節目的名稱是《你的命交在他們手裡》。

那位知名製作人和他的女助理來到牛津，詳細解釋了錄製工作可能會有的情況，還說拍攝可能會打擾我一陣子。他們要花六個月在我身上，近身拍攝我在醫院和家裡的狀況，見見我的病人，和我的家人互動，好讓觀眾明白當心臟外科醫生是什麼樣子。這行飯是最難捧的——我的情況，可是難上加難。

他們希望我在鏡頭前植入賈維克二〇〇〇，問我能不能幫他們找到一名合適的心臟衰竭病患，讓他們在術前、術中、術後跟拍。當然他們還願意拍攝其他病例主題，例如嬰兒的病例，以及其他有戲劇張力、高風險的內容。他們想現場拍攝先進又能鼓舞人心的手術，病人倖存或死亡都行。他們會負責拍攝，也由他們決定要用什麼素材。所以，我不需要有壓力。

他們做過背景調查，知道我經常實況轉播手術給外科觀眾看，而且我還是個浮誇而自信的表演者，不會輕易怯場。如果我同意拍攝，他們會跟醫院安排。當時有一位真的會跟我們聊天的院長，他很討喜，是個會定期走出象牙塔看看我們這些工蜂的傢伙，而我相信他一定會同意。這樣一來，我只要讓家人知道會有拍攝小組跟我下班回家，早上還會跟我碰面，而那些人會採訪他們。跟心臟外科醫生同住是什麼感覺呢？好問題！

很快地，拍攝小組緊跟著我這件事成了常態。他們錄了很多手術：心臟有孔洞的早產兒、因馬凡氏症候群（Marfan syndrome）必須動大手術的年輕人，還有需接受第五次主動脈瓣膜置換術的中年女性，這場困難的手術最後花了二十四小時才完成。雖然手術過程在鏡頭前出了嚴重的大亂子，不過她還是活了下來。他們理所當然採用了這段素材。

他們拍我跟馬克一起慢跑，以及觀看潔瑪代表劍橋大學比賽高爾夫球的畫面。不過，好幾個月過去了，卻依然沒有植入賈維克二〇〇〇的合適人選。最後，我打電話到皇家布朗普頓醫院找菲利普教授。他花不到一個星期就找到了合適的病患，對方是個討人喜歡的蘇格蘭男子，五十八歲，住在格拉斯哥，被當地醫院告知不符合移植的資格。這位名叫吉姆·布瑞德（Jim Braid）的病患是彼得的翻版，他雖然已經行將就木，卻一心想活到看見女兒畢業並且結婚的那一天。時間無情地流逝，顯然他活不到那一天。

吉姆上次接受移植評估是很久之前的事了，我們需要最新的資訊。菲利普去蘇格蘭接他，讓他住進布朗普頓醫院。他得再做一次左右兩側的心導管檢查、仔仔細細再拍一遍心臟超音波，還要接受各種血檢。我知道我們是用善款在支付所有的費用，因為英國國民保健署不願意付這些錢——就像對待彼得和其他人一樣，他們也不認為吉姆值得。我是他唯一的機會了。

格拉斯哥的評估沒錯，他的確不適合做心臟移植手術。即使他的右心室已經習慣了肺部的高血壓，但是實在過高。變差的是他的左心室。他跟彼得的問題一樣，是擴張型心肌病變，腎臟功能也不佳，沒辦法承受心臟移植需要用到的免疫抑制藥物。左心室輔助裝置將會取代他日漸衰竭的疲軟心臟，接手繼續運作。不僅如此，這種裝置還可能幫助心臟恢復活力。這是有可能的。心臟超音波圖顯示他的心臟沒辦法再更差了，再不採取行動就太遲了。我們沒辦法冒險讓他回蘇格蘭的家。

我領著興奮的BBC團隊到富勒姆路（Fuldham Road）見吉姆和他的妻子瑪麗。彼得也從伯明罕過來，他健康狀態良好，還在募款，希望讓其他人也能裝心泵。當時他植入心泵已經將近四年，快追上裝人工心臟存活最久的世界紀錄了。他很樂意讓吉姆與瑪麗諮詢，而且做得也很專業，很想要我們把他視為團隊的一員。

吉姆與瑪麗自然很緊張，但他們對這個技術的印象很不錯，所以希望能繼續。何況，吉姆這個人很有趣，很適合上電視。他頭都抬不起來，拖著沉重的步伐走在走廊上，又喘又吸不上氣，還鼻嘴發青，連話都不太能說，但居然還能在鏡頭前開玩笑。他會說：「能來到倫敦，身邊有這些法拉利的技工，實在太棒了，他們可不像我們北部那些福特護衛者（Ford Escort）老車的阿貓阿狗。」這句話讓我很有共鳴。

回布朗普頓的感覺真好。原本牛津的加護病房團隊當時大多都離開了，所以我問菲利普能不能在倫敦做植入手術，他很願意配合。第一步，我得找資深外科醫生約翰．派伯教授（Professor John Pepper）加入團隊，對方很樂意幫忙，我們於是安排隔週動植入手術。賈維克同意一接到通知就帶著心泵從紐約飛過來，我在牛津的同事安德魯也願意來幫忙安裝顱骨基座。

現在，我們有了病人、心泵，還有頂尖的團隊，是節目製作人夢寐以求的理想情況。我們只要在攝影機拍攝的情況下成功植入，而且保住吉姆的命，就太好了。不過，布朗普頓的麻醉科醫生們都強調吉姆不適合麻醉，但這沒澆熄布朗普頓院方的支持，而且我們還不必跟管理階層爭執。他們沒有植入過左心室輔助裝置的經驗，要是我們半途而廢，他們會很失望。

當日早上五點半，天還沒亮，氣溫又冷。攝影團隊搭計程車到我家接我，我們一行人前往牛津接安德魯。他帶著要將插頭鎖進吉姆顱骨的工具，悠哉地走在伍德斯托克路（Woodstock Road）上。我們所有人開上M40快速公路，還在車上做訪談。

「在不同的醫院動手術，你有什麼感覺？」

「很興奮。我在德黑蘭動過手術，在多倫多也動過手術，我在四處都動過手術哪。手術室就是手術室而已，何況，我有一支很棒的團隊。就像喜劇影集《黑爵士》（*Blackadder*）裡鮑德里克說的，『我們有巧妙的計畫』！」

「對於病人可能會死，這件事你作何感受？會緊張嗎？」

「完全不會。如果試都不試，吉姆根本活不過幾天。沒有其他人會幫忙了。」

「你認為英國國民保健署應該要支付這些心泵的費用嗎？」

我以問代答，提出了我自己的疑問：「第一世界國家的健保制度應不應該採用現代技術延長人命呢？還是說，應該讓年輕的心臟衰竭病患死得很慘，就像在第三世界國家那樣？」

BBC喜歡我的回答，可是，他們沒有在節目中播出。爭議性過高，恐嚇性也太強了。

我們早上七點抵達布朗普頓醫院，我直接帶安德魯和攝影團隊到院內空無一人的食堂。跟我以前在這裡任職時幾乎一樣，他們的早餐還是很棒，所以我就不客氣地點了健康的早餐組合：香腸、培根、黑布丁、煎蛋和炸麵包。安德魯也點了一樣的。我們一起坐下之後，攝影機就開拍了。節目製作人等的就是這種鏡頭，心臟科醫生吃一大堆煎炸的食物——滿滿的膽固醇。

我：「這早餐真棒。我在家絕對吃不到。」

安德魯：「你老婆會說什麼？」

我：「我才不管哩！」

結果，這段過程後來成了大家對那個節目印象最深的部分。他們在拍攝我的腦外科醫生朋友亨利．馬許（Henry Marsh）那一集，拍到他騎腳踏車上班，穿梭在倫敦街道中的模樣，而且沒戴安全帽！被問到這件事的他，只答了一句：「我從來不戴安全帽。安全帽救不了我啊！」

ＢＢＣ想拍有意思的人物，這下如願以償了。

約翰．派伯來到食堂跟我們碰面。你可能很難想像，在這種情況下，我們的團隊卻非常輕鬆隨意，但對吉姆來說，這樣倒是好事。有壓力的外科醫生表現好不了，很多研究結果都證實了這一點。壓力會損害判斷能力，還會讓人雙手顫抖。實際上，壓力正在破壞我的職業。

吉姆被送進手術室前，我們到病房見了他和瑪麗。吉姆很興奮，瑪麗嚇得呆若木雞。這是她最後一次跟丈夫道別，兩人共度的人生之旅會就此告終嗎？吉姆會走什麼路回蘇格蘭，是崎嶇不平的山丘路，還是陰曹地府的路？我做了這種時候一定會做的事：要他們放心，一切都不會有事的。並不是我知道不會有事，我只是希望他們能帶著信心進手術室。既然旁邊有攝影機在拍，我們大家現在可是同舟共濟。

手術室裡有種忙碌興奮的氛圍。護士們準備著一盤又一盤閃亮亮的手術器具，體循師們組裝著心肺機，醫療技術員們盡力保護著關鍵時刻才會上場的人工心臟。不過，這次沒有布羅克勛爵的靴子了。我不必靠誰，一切都我說了算。

可憐的吉姆脫去衣服，他顯然因為心臟衰竭，身形消瘦。左邊的頭髮都被剃光了，準備安裝顱骨基座與電源線。他即將成為一個靠電池運作的人。約翰先拿好針、導線，接著劃出小小的穿刺傷口，將心肺機的管子穿進吉姆左腿的大動脈和靜脈。那台心肺機比我的更先進。我又學到了新東西。

用優碘消毒液處理好吉姆的胸部，同時蓋上自黏式覆蓋薄膜後，安德魯劃開了他顱骨表面，同時我也切開了他的肋骨，一旁攝影機的鏡頭慢慢地在這兩個開刀處轉向拍攝。吉姆的胸腔湧出約莫一公升的稻草色液體，是心臟衰竭的積液。之後，透過心包，我看到他嚴重擴張的左心室。

我開始把心泵的電源線穿過胸腔頂部，伸進他的脖子，一路避開危險的血管和通往左臂的神經。我成功地將電源線穿出他的脖子後，安德魯就拿到電源線有微型插頭的那一端了，接著他穿過鈦金屬製的顱骨基座中央，把基座鎖在耳朵後方的顱骨上。這叫「穩定固定」（rigid fixation），這麼一來，體外的電源線就能牢牢地插進去了。在鏡頭前這一切看起來很精彩，但不好處理的部分還沒到呢。

我切開心包，溢出了透明的積液。他那顏色灰白、嚴重擴張的左心室抽動了一下——還不能用「收縮」來形容。我趕緊叫攝影師拍特寫，因為我正準備要把心泵的束環縫上去。每戳一針進去，心肌就抽動一下，隨時有顫動的危險。這真討厭，因為我想在不啟用心肺機的情況下完成植入手術。如果可以順利完成，手術結束時出血的風險就會降低。可惜，吉姆的情況太不穩定了。我還沒縫好束環，他的心臟真的就顫動了。失去血壓。但這不是問題，只要啟動心肺機、排空心臟就好。

現在，影片的高潮來了：我要在心尖挖洞，塞進賈維克二〇〇〇。首先，我用手術刀劃出十字切口，這時一定會有血噴出來，接著用去核工具挖出一塊圓形的心肌，血液因此湧入心包。我們止住血，並將鈦金屬製的血泵塞進心臟裡。有個外科醫學的教授從旁協助我，所以一切都進行得很順利。安德魯把體外的電源線接上顱骨基座，我們啟動了生化人吉姆，一開始設定低速運轉，讓血液將人造血管裡的空氣擠出來。

一如既往，混著血液的空氣從排氣針裡「嘶」地冒著泡泡排了出來，所以白色的管子出現了紅色的泡泡。視覺上讓人滿意極了。我吩咐體循師降低血流量，好讓心臟在我們調高賈維克二〇〇〇的渦輪轉速之前，得以充盈。最後一些氣泡從心室最頂處、心尖之頂噴出來了。這是簡單的物理學，想都不必想。同一時間，還有很多化學的東西同時進行——把血鉀濃度調整到最適合的狀態，以及用碳酸氫鈉中和血液裡的乳酸。還有生物學的東西呢，像是用電流為顫動的心肌去顫，得到穩定的心律。我讀書時考的三個科目還真沒有白費。

對許多觀眾而言，最令人興奮的是工程學的部分：頭上有個電插頭，心臟裡有個以每分鐘一萬兩千轉的速度轉動的渦輪，不但沒有損害血液細胞，而且血液循環還沒有脈搏。我一邊繼續為節目的拍攝解說，一邊給麻醉醫生和體循師下指令。「開始給肺部送氣。降低血流量。增加賈維克的轉速。」對我這個不願意打開汽車引擎蓋也不會使用電腦的人來說，這樣的協調真是鉅細靡遺。大家都不敢相信一切竟進行得如此順利。

我們是為吉姆高興，還是滿心想要拍出好節目呢？老實說，兩者都有。我很天真地認為，如果社會大眾可以看到吉姆奇蹟似地痊癒，那麼國民保健署就會有壓力，會將這些技術用於治療病患。我們沒辦法繼續承擔一個只靠慈善捐款的計畫了，那是舊貨店式的健康照護。普爾威爾森的想法也一樣。

我們希望隨機指定垂死的心臟衰竭病患，以安裝心室輔助裝置或繼續接受醫學的方式治療，並做正式的臨床試驗。我們知道結果只可能是「壽命延長，不再有症狀」或者「改變不了的惡化與死亡」。我們不認為這種試驗，對那些沒有裝到心泵的人是公平的，但沒有臨床試驗的話，國民保健署絕對不會批准這種裝置，也不會買單。只有英國心臟基金會有足夠經費能支持這種臨床試驗，但他們拒絕了我們。當時，這樣的臨床試驗在美國做不成，美方等著要看沒有脈搏的病患長期效果如何，之後再批准，所以大家都睜大眼睛看著我們的表現。

吉姆的狀況輕輕鬆鬆就可以脫離心肺機。對布朗普頓的麻醉醫生們來說，這是最艱難的部分了。他們第一次處理有持續血流的病患。八十毫米汞柱的平均平線血壓對吉姆而言最理想，不過，這血壓值對其他所有的心臟病患來說，都太低了。我們通常會用血管收縮藥物把血壓拉到一百毫米汞柱以上，可是，吉姆需要的是有違直覺的處置方式。

我們給他血管擴張藥物以降低血壓。血管阻力越小，賈維克二〇〇〇能泵的血量就越大。他的器官需要充分的灌流壓，但介於七十毫米汞柱到九十毫米汞柱就可以了，這樣一來，他的腎臟、肝臟和大腦會正常運作，微小的毛細血管也會為組織供血——就算動脈有脈動，毛細血管也是沒有脈動的。我們透過嘗試錯誤才弄懂這一切道理。既然在實驗室行得通，那麼，在病房裡應該也沒問題。這些倒是讓布朗普頓的團隊和ＢＢＣ的攝影團隊都看得目瞪口呆。

安德魯縫合上頭皮與頸部的切口，然後回牛津去了。當天下午他的門診很滿，但他要處理的不是人工心臟，而是流鼻涕的鼻子和一堆耳屎的耳朵。約翰從吉姆的鼠蹊處抽掉管子，我則插入胸腔引流管、開始縫合開胸的切口，一邊小心仔細地用電烙刀封住所有的出血點。由於他的頭皮還在滲血，我就在皮膚上多縫了幾針，然後清乾淨顱骨基座上的血。今天的表面工夫馬虎不得。我們要用乾淨潔白的包紮用品與空的引流管，血跡還要清得乾乾淨淨，一處不留。

真讓人懷念啊，我想起自己在這間手術室的第一次開心手術。當時我從頭到尾都穿著布羅克勛爵的手術靴，我還記得我用骨鋸鋸穿那個可憐女病患的胸骨，開進心臟時，穿著細直條紋西裝的帕內特悠哉地走進手術室，大叫道：「維斯塔比，你又幹了什麼好事？」而今，主掌大局的人是我。

吉姆被推去加護病房的時候，攝影機還在拍。我回頭瞄了那間手術室最後一眼。手術台下那一灘灘的血，被頂上的手術燈照得鮮亮，紅光閃閃，旁邊則有導尿袋破漏流成的一小灘尿。體循師們忙著把用不著的管子折好放進黃色的塑膠容器裡，身著藍色手術服的護士們則處理著多餘的白紗布——彩虹的顏色都在裡面了，對藝術家來說，是多麼美妙啊。

這是歷史性的一天。斯肯索普陋巷出身的小子，在布朗普頓醫院，幫五十年前最初影響他學醫的電視節目，完成了一例人工心臟植入手術。

吉姆安穩地接上了呼吸器和監視器之後，我們就馬上去找瑪麗和她女兒，一路都有攝影機跟拍，躲也躲不掉。他們要拍的就是戲劇化的場面，這一幕非拍不可。我們帶著吉姆一家人去見他。加護病房四周的環境與事物，向來都讓人害怕，這次尤其如此。吉姆頭皮上剃得光光的，頭上還垂掛著一條黑色的電源線，現在得靠著電池活命。

我們把一切都講給他們聽，但大部分內容，他們早就聽彼得說過了，這時彼得也正在來醫院的路上。他們雖然已經聽過，但他們看不到彼得頭髮下面的電線插頭，而直接看見電線插頭，會比聽到的感受更直接。我把聽診器給吉姆的女兒，讓她把聽筒放在吉姆的心臟上方，她馬上露出了驚訝的表情。她聽得見維持父親性命的渦輪葉不斷轉動的嗡嗡聲。我指著心輸出量監視器的螢幕，這個植入的裝置正以每分鐘四公升的量泵著血，同時透過控制器和電池，每分鐘消耗著七瓦的電力。我可以調高或調低吉姆的血流量，很簡單，只要一個旋鈕就好。節目製作人對於拍攝到的內容很滿意。這比開腦手術更令人激動。在頭上鑽小孔，小塊小塊地吸出腫瘤？那種工作需要的人格特質，跟我們這行是完全不同。

吉姆的情況穩定到讓人難以置信，甚至有點無聊。他不像彼得和其他接受血泵植入手術的人那樣，流了幾加侖的血。他完全沒有出血。我和約翰與菲利普，滿心盼望地聊著其他有機會接受這種手術的病患。可以從哪裡弄到錢？我有辦法募到足夠經費，再多做幾例人工心泵植入手術，但我無法負擔全面的臨床試驗。當然，討論最後免不了移師到該去的地方——酒吧，攝影人員也繼續跟拍。

等我回到加護病房時，彼得陪著那一家人，他笑著的模樣像是《愛麗絲夢遊仙境》裡的那隻貓。對他而言，擁有他所謂的「賽博格同伴」很重要，因為他們都是靠電池驅動、為自己創造新生的人，是《科學怪人》法蘭肯斯坦博士創造的怪物，顱骨上有突出的金屬螺栓。對我來說，眼前是一幅讓我安慰的景象，我覺得總有一天，所有的生命都會像這樣。白日夢做到這兒，我決定要回伍德斯托克，是該回家去了。在布朗普頓待得越久，我就會更希望自己還在那裡工作。那是一個「交給我沒問題」的環境，布朗普頓是家想要有新作為的知名老醫院，不會找理由拒絕新作為。

隔天我在牛津做手術，然後再回倫敦一趟。吉姆的呼吸器已經拿掉，氣管裡的管子也抽走，回到活人的世界的他，正在跟妻子瑪麗聊天。他看起來煥然一新，生氣勃勃，散發著喜悅，原本發青的鼻子與耳朵，現在都是粉紅色的。血泵每分鐘泵著五公升的血液，動脈壓光點卻完全沒有顯示脈搏。他的尿袋裡還有一公升的尿液，這液態的黃金象徵他的腎臟現在很滿意。

這時，攝影團隊在酒吧裡。我問加護病房醫生給過抗凝血藥了沒。該做的都做了，我不必再多做什麼。這位原本死路一條的心臟衰竭病患，目前正在快速復原，他不必用免疫抑制藥物，或是心臟移植手術病患需要的其他傷身藥物。此外，吉姆的右心室在血流量增多的狀況下也運作良好。因此，我滿意地步上回伍德斯托克的歸途。

吉姆回蘇格蘭之前，我去看了他幾次。菲利普大幅減少了他心臟衰竭的用藥，尤其是讓人生活不便的利尿劑。他的家人也漸漸習慣那台血泵，會定期更換電池，晚上也會把它插到家用插座上過夜。吉姆的腳踝瘦了下來，不再吸不上氣，而且幾個月都沒辦法平躺的他，現在終於可以了。

過了幾週，他女兒畢業時，吉姆手拿一杯香檳出現在現場。後來，BBC還拍攝了他黃昏時和瑪麗沿著某個蘇格蘭海灘散步的畫面。他是能輕鬆呼吸的快樂男人，細細回想著一路走來的點點滴滴——他們用了這個切中人心的畫面，作為節目的尾聲。《你的命交在他們手裡》系列贏得了「最佳電視節目紀錄片」的大獎，我很自豪能盡一份力，這是我職業生涯的亮點之一。

吉姆偶爾才會回布朗普頓醫院檢查。他家附近的醫院和他的家醫後來都熟悉了這種技術，很樂意照看他。可惜在耶誕節前夕，蘇格蘭卻傳來了讓人難過的消息。吉姆沒有隨身攜帶備用電池就出門找朋友。他當時正忘情地享受著大好人生，結果控制器上「電量過低」的警示聲響起，這表示在電池完全耗盡之前，他只剩二十分鐘更換電池。

吉姆來不及回到家。他自己的心臟還沒恢復到能度過這場難關。電池耗盡之時，吉姆在肺部滿是積液的情況下死去。多活了三年的好日子後，這種結局真令人難過。對我而言，吉姆的災難說明了這些裝置就是如此有效。他實在死得很不幸。

時光飛逝，不知不覺，來到了二〇一六年。如今，我已經在心臟外科執業一輩子了。我還希望從事這行多久？麻煩就麻煩在我還是很擅長工作，依舊是個有強迫症、願意接受困難挑戰的手術醫生，而且，三十五年下來，我累積了豐富的經驗，這是年輕外科醫生永遠比不上的。我要不要為了病人繼續留下來呢？還是說，我要為我的家人引退，轉而從事比較輕鬆的工作？

我的人格特質完全不適合退休，可是我的右手已經變形了。我手掌上的筋膜（刷手護士將金屬製手術器具交到我手中時會「啪」一下打中的組織）縮得越來越短，漸漸形成了爪型手，即所謂的「掌腱膜攣縮」（Dupuytren's contracture）。如今，我的手彎成像在拿剪刀、持針器或胸骨鋸的姿勢，連好好跟人打招呼都沒辦法。這是真正的職業適應，而且最後還會逼得我不得不做出選擇。還有，我跟許多老化的外科醫生一樣，也因為在手術台邊連續彎著身子站好幾個小時，最後都傷到了脊椎。我以前常吩咐我的主治醫生：「麻煩你接手吧。我的後背不舒服，前胸也差不多。」不過，比起任何身體上的疾病，醫院的官僚更是削弱人心——無法動手術、沒有病床、護士不足、初級醫生罷工。此外還有「法定強制」訓練，我得坐在教室裡聽緊急救護人員教我怎麼做復甦術，或接受測驗，考我懂不懂怎麼開胰島素或癌症藥物，但我根本不需要做這些——甚至叫已經六十八歲的我撰寫個人發展規畫。這通通是浪費時間，我真正該做的是幫人動開胸手術，做真正有益的事。

最近有一次，心臟瓣膜手術動到一半時，手術室的火災警報器響了。病人當時還連著心肺機，心臟又冰冷又軟趴趴的，人工瓣膜才縫到一半。有個行政人員從手術室門外探頭進來說道：「火災警報器剛剛響了。我們不認為真有火災，但還是要撤離才行。」

我回了一句：「好吧，我不幹了。」她臉上那表情實在太好笑。我接著說：「那妳快撤離吧。救救妳自己的命。不過，拜託留個水桶給我們，我們會尿在裡面，把火澆熄！」人的忍耐是有限度的，我已經不知道我整個職業的目標是什麼了。

後記

夢的開端

不要因為結束而哭泣。要因為曾經發生而微笑。

——美國童書作家，蘇斯博士（Theodor Seuss Geisel）

一九七二年，我取得行醫資格後，舊的查令十字醫院便停業搬遷了。等最後一位病人離開這個岸濱街的著名地標後，我們很多學生在空的建築物四周閒逛，懷想著自己受訓的點點滴滴。我回去搭了那台搖搖晃晃的老舊電梯上樓，最後一次打開屋簷下的那道綠門，走進乙醚圓頂廳。雖然電燈還可以用，但那些滿布灰塵的過時設備，通通不在了。我有所遲疑地走過了木地板，低頭凝視下面的手術室，一如六年前的自己。果不其然，手術燈上貝絲留下的最後一點血漬還在。那血漬如今已經變黑，顏色都吃進去了，擦也擦不掉。

夜深人靜時，貝絲會繼續回來找我，尤其在我覺得難熬的時候（這種情況還真多）。她出現的時候，懷裡抱著嬰兒，金屬牽引器嵌在她那孱弱的胸腔裡，她的心臟沒血了，動也不動。一身慘白的她，會朝著我走過來，張著一對目光銳利的雙眼瞪著我，完全跟那天一模一樣。貝絲希望我成為一名心臟外科醫師，我沒有讓她失望。我還厲害得很。只不過，儘管我盡了力，有些病人還是搶一步上了天堂。我真的不知道這樣的病人有多少。我就跟轟炸機飛行員一樣，對死亡不會執著。我猜，應該是三百個以上，不到四百人吧。但貝絲卻是唯一一個會找我的鬼魂。

時值二〇一六年六月。誰能相信，當年那個緊張的年輕學生，忐忑不安地走進解剖室大門，開始解剖一具皺巴巴、油膩膩、經過防腐處理的大體，都是五十年前的往事了。如今，我站在皇家外科醫師學院（Royal College of Surgeons）的講台前，接受聚集台下的一群心臟外科培訓醫師擁戴。主辦單位將我標榜為模範：一個有開創性的心臟外科醫師，而且在開疆闢土的過程中從來沒有被告或遭到停職。這樣的人可謂鳳毛麟角。當時我的演說主題，講的是心肺機與循環輔助技術的輝煌歷史，頌揚一路以來與我一同合作的偉大人士，與我們敢於冒險的豐功偉業，當然，免不了還有我自己獨力完成的功績。

趁著下一場演說開始之際，我想在大家沒注意的情況下溜出去。怎料身後傳來一陣騷動，一群踴躍的年輕人，你爭我奪地想跟我拍張合照。我真覺得受寵若驚。我們站在大廳那座約翰・杭特（John Hunter）（傳奇外科醫師、解剖學家、盜屍解剖的傢伙）的大理石雕像前拍照。那個地方總會讓我覺得很不自在。從前我都站在那裡等著考試及格的名單，不過，有好幾次，我的名字都沒有被唸到，我才知道自己考試沒過。然後我們很多人就會羞愧地走掉。

就連我在這裡的最後一場勝利也很痛苦。那次我下巴嚴重骨折去參加口試，話都說不出來。某個該死的冬日午後，我因為打橄欖球時擒抱動作出錯，弄得渾身是泥，坐在劍橋艾登布魯克醫院（Addenbrooke）的急診部。還穿著橄欖球裝備的我，等著要看齒列矯正外科醫師，結果當下來了台救護車，送進一位出了摩托車意外的年輕人，他左胸腔有內出血。他們沒時間叫派普沃斯醫院（Papworth Hospital）的心臟外科醫師過來了，於是，知道我曾在艾登布魯克醫院工作過的急救醫師與護士，要求我介入治療，以免為時過晚。我穿著骯髒的短褲，膝蓋上都是泥巴，就這樣，自己一邊往刷手台吐血，一邊幫他完成了開胸手術。

這件離奇的事傳開了，而口試現場就有劍橋的外科醫師。也許還因此幫了我吧。只不過，到頭來的成功並沒有讓我忘了那些過往點滴。我很痛恨那種考官身著亮紅色長袍遊走於廊柱間的膚淺菁英主義，以前我都稱那是「飛俠哥頓裝」。而今，皇家外科醫師學院也變成了默許「點名羞辱」文化的機構，贊同指名道姓地公開外科醫師的開刀死亡率，寧可跟掌控醫療的政客示好，而不維護旗下成員。

從我行醫到現在，變化真的好大。儘管不乏艱難，但每當我們走進心臟外科的時候，我們都覺得自己居高臨下。自信滿滿、雄壯威武、像鬥雞一般。我們要做什麼就能做什麼，我們站在巔峰，大家都尊敬我們。對比之下，這些培訓醫師們都被踩在腳下、一心自保、對自己毫無把握。學院裡的氣氛陰鬱肅穆。

有個態度誠摯、來自中東的年輕人想跟我聊聊。他的醫院因為評鑑沒過，正在接受調查，訓練他的指導醫師（他很尊敬這位導師）在報紙上遭到公審，而他因此萌生了是否應該繼續學醫的念頭。奮鬥下去是值得的嗎？還是該放棄學醫，回到中東老家？我告訴他我曾經在伊朗幫一個罹患法洛式症的嬰兒動手術，孩子的父親是當時伊斯蘭革命後的某位政客。那個時候，雖然我也很擔心，要是孩子沒有活下來的話，我自身安危難保，但我還是願意冒險，因為那個病童再無其他治療選項。所以，我給他的第一個建議是：「我們之所以在這裡，不是為了我們自己，而是為了病患。雖然我們可能因此受罪，但事後我們幾乎都不會後悔。」

我倆離開了那棟有歷史性的建築，步出籠罩其中的陰鬱氛圍，走在陽光下的岸濱街。我問他為什麼當初選擇心臟外科，他告訴我，因為他的姊姊死於先天性心臟缺陷。他希望為病童手術，不過，這已經讓他覺得是個遙不可及的夢想。

經過薩沃伊飯店時，我告訴他我自己的背景，我是怎麼失去了不敵心臟衰竭的外公，又是怎麼希望能找到解決的療法。如果一個出身自斯肯索普陋巷的小孩都辦得到，那麼，他也辦得到。隨後，我跟他提到邱吉爾，告訴他我常常會在布雷登的墓園裡和邱吉爾講話。邱吉爾在第二次世界大戰那些悲慘時日裡，以及自己飽受憂鬱症所苦的那些日子中，從來都沒有放棄，而我自己也沒有因為第一次動心臟手術就大失敗，所以放棄。我給他的第二個建議是：「堅持本心，為你的姊姊努力。」

我們走到岸濱街底後拐上另一條路，經過柯芬園的鹿爾餐廳。當年是個窮學生的我，會帶我想追求的女生到那兒，希望給她們留個好印象，之後那個月我就只能捱餓了。我告訴他，不要害怕冒險，冒險有時候會帶來可觀的回報。我們又走了約莫兩百碼，來到舊查令十字醫院的入口門廊，我就讀的優秀醫學院，如今成了一座警察局。我跟他說了乙醚圓頂廳的事，還有那場在我腦裡揮之不去，原本可能改變我人生的嚴重失敗手術。不過，我的人生沒有因此改變。那場手術讓我更下定決心要不畏重重困難，繼續往前。於是，也許我最後要他想一想的是：「過去的事就是過去的事，拋諸腦後吧。重要的是明天。」

這個年輕人很感激。好好跟我這麼一聊，他深受影響。搞不好，他跟當初我在美國聽到柯克林醫師要我選難走的路，幫兒童動手術時的感覺一樣；或者跟我頭一回看到庫利醫師手上的人工心臟時的感覺一樣。轉身返回會場之前，他跟我握了手。從他疑惑的表情中，我看得出他很訝異，我的手竟變形得如此嚴重。直到最近，這才開始影響我手術。老早就有人建議我動手術處理手的問題，只是我一向都不予理會，深怕這麼一做，我的外科生涯就會因此告終。現在問題已經太嚴重了。每每我要抓緊手術器具，一定都會掉個幾次，而且每次跟人握手，人家都會以為我是什麼祕密社團的成員。

在那當下，我也只能承認，自己的手術生涯已經結束。我再也沒辦法做複雜的手術了。我要轉而專注在我們新的幹細胞研究上，還有目前在研發的心室輔助裝置。雖然有別於心臟手術，但還是有很多可忙的，都是些有可能改變數百萬人生命的研究。又過個幾個禮拜，我悄悄地離開了醫院，動了右手的手術。通常我的整形外科同事們，會用局部神經麻醉，在我清醒的情況下進行這樣的手術，不過，他們才不希望被我干擾。老實說，我可樂得被麻醉，因為如今立場換了，我真的不喜歡當被手術的人。何況，對我而言，這不只是一場手術，而是一個時代的結束。

誌謝

我在美國的導師，是了不起的約翰．柯克林醫師（Dr. John Kirklin），也就是以心肺機輔助開心手術的創始人。他在卓越不凡的職涯尾聲寫下了這段話：

在心臟外科多年，我們面臨過許多考驗與挑戰，也經歷過許多人為無法避免的死亡，漸漸地，我們會有些倦了，而且，在某種意義上，還會因為生命的必然而極其難過。

我寫這本書的原因是，我在自己橫跨英國國民保健署興衰的職涯裡，也已經走到相同的地步。因此，我這篇誌謝內容，跟這本書其他的部分一樣，都情感豐富。

心臟外科向來是條艱難的路，走過之後，面對的是一個孤獨的目的地。一九七〇年代和一九八〇年代時，我們真的是不斷地在工作。在美國的那段時間，早上五點就要巡房，六點要打電話給老闆，整天都有手術要做，晚上去實驗室，接著還要在加護病床邊守夜值班。在倫敦的布朗普頓醫院或漢默史密斯醫院工作的日子，也差不了多少。

心臟外科在開創初期時，競爭極其激烈，而當時的初級心臟外科醫師是醫學界裡急著求表現的年輕操刀者。我運氣好。我之所以成功，是因為我從培訓初期就受教於了不起的人物：羅伊．坎恩（Roy Calne）、柯克林、庫利、唐諾．羅斯（Donald Ross）、巴德等等。我很清楚，專業要進步的條件是什麼——對我而言，那得努力不懈、多方思考，還要有與狠勁匹配的十足膽量才行。

這會毀滅掉任何對正常家庭的嚮往。我們不是正常人。理性的年輕人，光想到剖開人家的胸腔，讓心臟停止跳動，然後再加以打開、修復，大多都會嚇到目瞪口呆。然而我卻日復一日做這樣的事。睪固酮是我們的燃料，腎上腺素是我們的動力。我們之中，很少人年輕時維持得了婚姻關係，而且許多人後來對此都深感後悔。

對於我第一任妻子珍因此承受的苦，我永遠心懷抱歉。我永遠感激我那天賦傑出、劍橋畢業，如今已是人力資源律師的女兒潔瑪。我花了許多時間努力挽救別人的孩子時，另一方面，陪自己孩子的時間卻從來都不足。在某種程度上，這本書解釋了我何以總是有事要忙，同時也給了我機會強調一件事：對我來說，從來都沒有任何東西比他們，也就是我其他寶貴的家人，還更為重要。我唯一的弟弟大衛跟我讀同一所斯肯索普的重點高中，不過他後來倒是去讀了劍橋。他在基督學院（Christ's College）學醫，接著跟隨我的腳步到了查令十字醫院，成為倫敦著名的腸胃科醫師。

不出所料，我注定要在急診部處理開胸手術時遇見自己的靈魂伴侶，當時到處是血，絕望的氛圍籠罩四周。莎拉是我見過最善良的急診護士。父親是不列顛戰役噴火戰機飛行員的她，從不慌亂不安，做什麼都游刃有餘。當時受傷的小伙子沒有活下來，在我無法鼓起勇氣告訴他的家人時，莎拉去處理了。她也會幫其他醫師開這個口，而且是一再幫忙。她這個非裔的樂天派，對待政客與流浪漢的態度都一致。對她而言，這些都是重要的人，要尊重以待。因為我的緣故，她原本的伴侶關係也毀了，也為此承受了很多苦。儘管如此，這三十五年來，她還是繼續給我忠誠又持久的愛與支持，在我歷經艱困之時，尤其如此。馬克晚潔瑪十年才出生，熱愛運動與冒險的她，後來到南非受訓，成為動物保育員。

牛津的計畫從無到有是一場奮鬥的過程。就只有幾位盡心盡力的人承擔艱苦的工作，他們把心臟中心的規模，從一九八六年時一年做不到一百件心臟手術，擴大到二〇〇〇年時一年做高達一千六百件心臟手術。我們的生產力與創新息息相關，團隊成員盡是經驗老道的外科醫師和心臟內科醫師、可靠的麻醉科醫師與體循師，以及優秀的護士。儘管這些成員族繁不及備載，但我對他們全體都銘感五內。

如果不是因為一位有遠見的醫院院長支持我們的話，我們不可能成立小兒與人工心臟計畫，那人就是奈吉爾。後來他去管理英國國民保健署，如今更成為上議院議員，真是當之無愧。人工心臟的大小事，大多都靠著善款負擔。說到這兒，有些個人與機構，對我們非常大方，其中包括Heart Research UK、科比・萊恩爵士（Sir Kirby Laing）、馬歇爾音箱公司的吉姆・馬歇爾（Jim Marshall）（是我的病人法蘭基・馮〔Frankie Vaughan〕這位藝人介紹我們認識的）、克里斯托斯・拉札理（Christos Lazari）、TI集團的克里斯多福・盧溫頓爵士（Sir Christopher Lewinton）與大衛・里利克拉普（David Lillycrop）。我也想向菲利普教授致敬，這位歐洲心臟醫學會的前主席，對我們的賈維克二〇〇〇心臟計畫助益甚大。不幸的是，菲利普在前往皇家布朗普頓醫院工作的途中驟然離世。

最後，剩下我一個小兒外科醫師的時候，我們就沒了兒童心臟外科。之後，我只得將人工心臟研究工作移出牛津。

我很感謝我的朋友馬克・克萊門特教授（Professor Marc Clement）。身為史望西大學（Swansea University）生命科學學院和商學院院長的他，提供我們一間實驗室外加一個工程團隊。我們是因緣際會下認識的，牽線的是著名的彼得，也就是我那位堅持不懈地和妮基・金（Nikki King）一起為我們籌募研究經費的人工心臟病人。如今，我們以Calon Cadio-Technology為企業品牌，已經有了一個英國的植入式心室輔助裝置，能與美國心泵媲美，費用跟買一台法拉利一樣！這多虧了賈維克心臟公司和心衛公司（HeartWare Company）的前執行長史都華・麥孔奇（Stuart McConchie）的拔刀相助。

我威爾斯的朋友介紹我聯繫上第一位分離出胚胎幹細胞的諾貝爾獎得主，卡迪夫大學（Cardiff University）的教授馬汀・艾凡斯爵士（Sir Martin Evans）。他與同事厄強・雷金納德（Ajan Reginald）和Celixir公司，一直在為再生醫學研究一種心臟專屬的細胞。我們的目標是以心泵和這些細胞，打造出取代心臟移植的最可靠療法。

儘管我有生化的學位，也有生物工程的博士學位，專門研究機械式心臟，但我卻連最簡單的汽車維修也不懂，而且不但不會用電腦，還有科技恐懼症。所以，我一直都倚賴著傳統又好用的祕書。過去十年來，我就靠著蘇．法蘭西斯（Sue Francis）應付難題。我們兩人都是早上六點半不到就上班了。我們的活動隔板辦公室，窗戶正對著某座工廠彎來拐去的空調管線，噪音很大，活脫就是街頭藝術家班克西（Banksy）的展覽作品「崩壞樂園」（Dismaland）裡面的末日場景。夏天時有把窗框啃出一個一個洞的飛蟻，冬天則有冰冷的雨水從這些洞裡灌進來。我在那間辦公室度過好多漫長又不成眠的夜晚，蜷縮在小小的沙發上，不敢回家，深怕我的病人情況惡化。除了我的病人外，還有很多舉世聞名的人造訪過那間辦公室：克里斯蒂安．巴納德（Christiaan Barnard）、庫利、賈維克，甚至還有英國前任首相大衛．卡麥隆（David Cameron）。他們對英國國民保健署下的心臟外科醫師總部竟如此簡樸，都感到不解。話說回來，我和蘇兩人完成了很多了不起的事。我有幾百份發表的作品，都是由她拿回家打字才得以出版，這本書當然也是如此。

說到出版，我想謝謝幫我出版過一些外科教科書的約翰．哈里森（John Harrison）。約翰鼓勵我為普羅大眾而寫，還介紹我認識我的作家經紀人朱利安．亞力山大（Julian Alexander），才有了這本書的誕生。還有，跟傑克．法格（Jack Fogg）、艾蜜莉．阿爾比斯（Emily Arbis）、馬克．博蘭（Mark Bolland），以及HarperCollins團隊這些專業人士合作，是我的榮幸。我還要感謝迪伊．麥克琳（Dee McLean），既是我同事、也是我朋友的她，還當我的醫學畫家，畫出了那麼棒的插圖。

那麼，英國的心臟外科後來情況如何呢？經歷過好幾起醫院醜聞案之後，英格蘭的國民保健署決定要公布每一位外科醫師的手術死亡率。現在沒有人想當心臟外科醫師了。再說，心臟手術耗時又長又累，還要面對焦慮害怕的家屬，晚上和週末都得待命，誰會想當心臟外科醫師？這是一套被荒謬的官僚深深把持的行事方式，碰上一連串運氣不好，就賞你一頓公審。英國的兒童心臟外科醫師已經有六〇％是海外畢業的學生了。

說到底，這本書的明星是我的病人們，但當初那些引人注目的病例，恐怕如今也沒幾個能送得進英國的手術室。畢竟，一個糾結於死亡的職業，不可能發展得好，只有殯葬業和軍隊例外。就像柯克林醫師強調過的，死亡是心臟外科一定會有的事。就算在外科醫師集中心力、想盡一己之力救助更多病人的情況下，有些病人還是會死。可是，我們不該再接受不合規格的設施、不合格的團隊和儀器，否則病人會死得不明不白。單口喜劇演員休．丹尼斯（Hugh Dennis）出了名的沒什麼同理心。柯克林醫師這句值得深省的話，被他在ＢＢＣ的節目《一週嘲諷秀》（*Mock the Week*）上拿來另類頌揚了一番，他說：

> 玫瑰是紅色的，紫羅蘭是紫色的。
> 很遺憾你死了，不然我能怎麼辦？

解決之道是什麼？揚棄怪罪與羞辱的文化，別再劍指他人與自我排擠，給我們幹正事的工具！

譯後記

翻譯這本書之時，拳王泰森（Mike Tyson）對上拳擊網紅保羅（Jake Paul）的復出賽，正好是當紅新聞。這場對戰，因為泰森的傳奇性和保羅的吸睛能力，再加上雙方三十一歲的年齡差距，未打就先轟動。翻譯著這本書的我，想到了泰森的名言：「遭到迎頭痛擊之前，每個人都有一套打算。」（Everybody has a plan until they get punched in the mouth.）在拳擊場上，哪怕再紮實的練習、再詳細的賽前研究、再周延的作戰計畫，都不敵被痛擊的那一剎那——真正的比賽，恐怕這時才開始。

在維斯塔比的這本書裡，每一章都是脆弱生命遭受人生無常痛擊的動人故事。他先從病患家屬的觀點，鋪陳自己外公因心臟衰竭離世的成長背景，道出當年的無能為力與從醫之路的濫觴；接著再以醫師的角度，透過行醫數十載的特別案例，闡述心臟外科手術醫師何以必須建立自信無比的人格特質，才能在搶分趕秒的心臟手術中，對抗無常；最後，他站在英國國民健保服務制度的對立面，重新思考制度取捨生死的爭議問題。作者質疑，如果病人到頭來只是換算手術成功率的其中一個數字，那麼，面對部分心臟外科手術這種勝率不明又天意難測的棘手對戰，病人、家屬、醫院以及國家的醫療資源與配套法規，該有何「打算」？

儘管我們不見得能輕易領會作者想討論的核心問題，不過，我們身邊可能都存在著病人與家屬，甚或自己就是。二〇一〇年，父親某天深夜打電話來，說我的小阿姨送醫急救了。他說不清楚來龍去脈，只含糊表示小阿姨有非常嚴重的心臟問題。所幸事發當時，小阿姨就讀國小的大兒子一發現熟睡的她呼吸聲音不尋常，立刻叫了救護車送醫，否則晚一步便回天乏術。她的術後昏迷指數非常低，在加護病房不醒人事地住了好多天，後來竟奇蹟似地撿回一條命，醒了過來。事後小阿姨告訴我，每次回診時，院方都稱她為「在鬼門關前走一遭的人」。

我一邊翻譯，一邊想起了小阿姨的經歷。對於家屬的無能為力，我深有同感。小阿姨送醫當下，我們所有人都一頭霧水，連該有什麼樣的情緒反應都不知道。在這本書裡，維斯塔比以生動的文字功夫，連同絕佳的繪畫能力（他在書中提過自己很會畫畫），成功重現了各章的病例。除了清楚解釋病理以及手術過程外，對於緊急、絕望、歡快、期待、失望等氣氛營造，也十分到位。多虧這本書，我才有辦法在十多年後整理當年的情緒，明白小阿姨罹患的正是維斯塔比筆下的風濕性心臟病，是一種鏈球菌導致的嚴重炎症反應。她的心臟要比一般人的心臟更賣力工作才行，然而卻無法達到正常心臟該有的功能表現。

這些年來，醫師多次建議我的小阿姨動換心手術。或許是出於歷經人生重大變故後看淡一切的坦然，又或者因為有太多未知與隱隱的害怕，她決定不動手術。翻譯完這本書，我好像稍稍可以理解小阿姨的心情，而我認為維斯塔比必定也會同意：脆弱的生命或許不敵無常，科學的解決方式也可能是種有效打算，但說到底，解決問題或選擇共存，都是一種勇氣。

聽著媒體對泰森與保羅這場對戰「噱頭有餘卻精采不足」的挖苦評論，我不禁想，泰森的那句名言，或許該改個版本來說：「每個曾遭迎頭痛擊的人，都有一套打算。」泰森接下戰帖的打算或許與勝敗無關，名利不缺的他，要捍衛的是自己的勇氣，因為他明白不管如何，拳迷都會給予支持。同樣地，面對無常，我的小阿姨捍衛的也是自己的勇氣，因為她知道無論如何，家人也都會站在她這邊。何況，就連醫術精湛如維斯塔比的醫師都知道，勝負往往是醫療、制度與天命安排等多重作用下的未知結果，更無法一頭熱地介入盤算。

謹以此譯作獻給我的小阿姨，以及所有其他脆弱卻勇敢的人。

術語彙編

AB-180心室輔助裝置（**AB180 ventricular assist device**）**：**一款最初要植入胸腔內的暫時留置性離心血泵。如今更名為「串聯心臟」，是一款用於心因性休克的體外血泵。

急性心臟衰竭（**acute heart failure**）**：**左心室衰竭很快，無法維持足夠的血流量輸往身體。肺部接著會充滿積液。通常是心肌梗塞或病毒性心肌炎所致，死亡率很高。參見「休克」。

心絞痛（**agina**）**：**冠狀動脈疾病的一種病兆，指的是輸往心肌之血流量受到限縮時導致胸口、頸部以及左臂的劇痛。通常在運動時發生。如果休息時發生的話，可能是心肌梗塞的前兆。

主動脈（**aorta**）**：**從左心室接出去後分支、為全身供血的大型動脈，管壁粗厚。最初的分支是為心臟本身供血的冠狀動脈。

主動脈瓣狹窄（**aortic stenosis**）**：**左心室出口處的主動脈瓣膜變窄，進而限制輸往全身之血流量的情況。先天性異常或是老齡退化都可能是原因。

動脈（**arteries**）**：**將血液輸往身體之器官與肌肉的血管。

血壓（**blood pressure**）**：**大型動脈內的壓力。一般用臂帶和聽診器或是動脈導管測量。正常的血壓值約為一百二十／八十毫米汞柱。較高的是左心室收縮時測得的血壓值；較低的則是左心室舒張時測得的血壓值。

恢復前銜接治療（**bridge to recovery**）：使用心室輔助裝置維持循環，同時讓可逆性病症導致急性衰竭的心臟，獲得休息，有時間從中恢復的治療法。假如心臟沒有恢復，可以用長期的植入式裝置取代效期短的心泵。

移植前銜接治療（**bridge to transplant**）：取得供體心臟之前，使用心室輔助裝置以免心臟衰竭致死的治療法。植入供體心臟時，會同時摘除心泵與害病的心臟。

插管（**cannula**）：插入心臟或血管以輸血或輸液的塑膠管子。

心導管檢查（**cardiac catheterisation**）：用細長的導管插入鼠蹊處或手腕，送進心臟或冠狀動脈。迅速注入顯影劑，以顯示心臟或血管內部的解剖結構。心導管檢查同時也用來測量心腔內部的血壓。

心包膜填塞（**cardiac tamponade**）：心包在受壓的情況下內部聚積血液或積液，心臟因此無法充盈的病症。

心肌病變（**cardiomyopathy**）：心肌疾病。成因諸多又定義困難，因此才會用形容疾病成因不明的「自發性」（idiopathic）一詞。各種年齡層都可能出現自發性的心肌病變，例如懷孕後或酒精及其他有毒物質中毒，都可能引發。心肌病變會造成慢性心臟衰竭。

心臟麻痺液（**cardioplegia**）：使用心肺機的手術過程中，為了讓心臟停止跳動並保護麻痺狀態下的心臟，而注入冠狀動脈的一種低溫透明溶液或是血液溶液。通常內含高濃度的鉀。在心臟修復手術結束時，會讓冠狀動脈血流回復正常，使心臟復活。

體外循環（**cardiopulmnoary bypass〔CPB〕**）：在手術修復過程中，讓病人的血液轉向，不流入心臟與肺部的做法。由於病人的血液與血泵氧合器的人造表面接觸，會引發發炎反應，為了避免這種情況，血液只能在有限的時間內接觸到外來物的表面。體外循環的時間越長，全身性發炎反應的危害就越大。

毛細血管（**capillaries**）：管壁只有一個細胞的厚度，會與體內組織交換營養素、氧氣、二氧化碳以及代謝副產物的數十億根微細血管。

善翠美心室輔助裝置（**CentriMag ventricular assist device**）：廣泛用於暫時維持血液循環的體外離心磁浮血泵。目前由索羅格公司（Thoratec）銷售，用來治療心因性休克。

慢性心臟衰竭（**chronic heart failure**）：出於一些病症，左心室勢必逐漸衰竭的情況，冠狀動脈疾病是最常見的元兇。會產生嚴重的呼吸困難與倦怠，兩年內的死亡率很高。

先天性心臟病（**congenital heart disease**）：病人先天就有的心臟畸形（例如心房中膈缺損、心室中膈缺損和右位心）。

冠狀動脈繞道手術（**coronary artery bypass grafts**）：取幾段病人的胸壁動脈、前臂動脈或腿靜脈，為心臟本身動脈變窄段建立新輸血通道。

冠狀動脈疾病（**coronary artery disease**）：因粥狀瘤（atheroma）導致冠狀動脈逐漸變窄。粥狀瘤這種脂肪過多、以膽固醇為主的斑塊，突然堵住血管時，很容易破裂，管狀動脈接著就栓塞了（冠狀動脈血栓形成〔coronary thrombosis〕）。

電腦斷層掃描（**CT scan**）：應用X光的胸腔和心臟3D造影。加入顯影劑的話，就能詳細顯示冠狀動脈的情況。

缺氧血（**deoxygenated blood**）：離開組織流回右側心臟的偏藍色血液，含氧量低，帶著準備由肺部排出的二氧化碳。參見「含氧血」。

心舒期（**diastole**）：心室舒張充盈的階段。

心臟超音波（**echocardiogram**）：針對心臟腔室的非侵入性超音波檢查。

電烙刀（**electrocautery**）：用來切穿組織同時使血管凝結以免出血的電氣用具。

心內膜炎（**endocarditis**）：可能會摧毀心臟瓣膜的細菌感染。

葉克膜（**extracorporeal membrane oxygenation**〔**ECMO**〕）：在急性心臟衰竭或嚴重肺衰竭的情況下，為了暫時維持循環，用血泵與（可維持幾天的）長期氧合器組成的回路。以經皮（透過皮膚）導管插入腿部血管，和人體連接起來。通常做為安裝長期心泵或移植前的銜接治療。

心肺機（**heart-lung machine**）：讓心臟停止跳動、以便加以修復時，維持病人性命的體外回路。包含一個機械式的血泵，還有所謂氧合器（人工肺）這種複雜的短期（可維持幾小時）氣體交換裝置。還有其他用來將血液吸入儲血槽、把心臟麻痺液輸進心臟，使其停止跳動的泵。

心伴左心室輔助裝置（**HeartMate left ventricualr assist device**）**：**一九九〇年代廣泛用於移植前銜接治療的大型脈動式植入型心泵，現已過時。是第一種永久性的植入裝置。索羅格公司後來又生產了一款成功的永久性轉子血泵。

心臟移植（**heart transplant**）**：**摘除病人害病且衰竭的心臟，換上腦死供體的心臟。

心臟瓣膜置換（**heart valve replacement**）**：**摘除害病的心臟瓣膜，換上人工瓣膜。人工瓣膜或可為生物性瓣膜（例如豬的瓣膜），或可為機械式瓣膜（例如熱裂解炭傾斜盤瓣膜）。

高血壓（**hypertension**）**：**造成心臟負荷過高的高血壓。高血壓的程度取決於周邊動脈的張力。高血壓可能會飆到非常高（超過兩百／一百二十毫米汞柱），導致心臟衰竭或中風。

低血壓（**hypotension**）**：**低血壓指的是低於九十／六十毫米汞柱。原因可能是失血或左心室衰竭。血壓跌到六十／四十毫米汞柱以下的話，病人就呈現休克狀態，需要緊急急救，其腎臟也會停止製造尿液。

主動脈內球囊泵（**intra-aortic balloon pump**〔**IABP**〕）**：**放進主動脈的香腸型長氣囊。此球囊心舒期時會膨脹，心縮期時會縮小，目的是減少左心室泵血時的阻力。在左心室難以負荷時，予以支援。不過，在低血壓、低血量的休克狀態下就起不了作用。

賈維克二〇〇〇：用於衰竭中的心臟，一種拇指大小、長期式的植入型轉子血泵。對嚴重心臟衰竭而言，是「現成的」長期解方。時間最長的植入紀錄超過八年。

左心房（**left atrium**）**：**集流肺部回流心臟之血液的心腔。這些血液接著會通過二尖瓣流入左心室。參見「右心房」。

左心室（**left ventricle**）**：**抽送血液通過主動脈瓣輸往全身的圓錐形心腔，強而有力且腔壁粗厚。參見「右心室」。

左心室輔助裝置（**left ventricular assist device**〔**LVAD**〕）**：**在心臟嚴重衰竭時維持循環同時讓心室休息的機械式血泵。裝置的插管會連到心臟的腔室裡。有適合用於急性心臟衰竭，維持循環幾個禮拜的暫時性的體外裝置（例如「善翠美」或「柏林之心」），價錢低廉；也有用於慢性心臟衰竭，能維持長達十年的植入式小型高速轉子血泵（例如「賈維克二〇〇〇」），但非常昂貴。像後者這類長期式的左心室輔助裝置，提供了替代心臟移植的「現成」解方。

核磁共振造影（**magnetic resonace imaging**〔**MRI**〕）**：**一種對器官（例如心臟）形構的非侵入性（不用X光）詳細檢查。

代謝紊亂（**metabolic derangement**）**：**組織血流不佳的後果。通往肌肉的動脈緊閉，身體組織產生乳酸和其他有毒代謝物。

二尖瓣狹窄（**mitral stenosis**）**：**左心房與左心室間的二尖瓣因風溼熱導致變窄。通過二尖瓣的血流受限，造成呼吸困難和慢性倦怠。

心肌梗塞（**myocardial infarction**）**：**冠狀動脈突然阻塞，心臟部分壞死。死去的心肌變成了結痂。

心肌炎（**myocarditis**）：心肌本身遭病毒感染，造成心臟衰竭。

含氧血（**oxygenated blood**）：從左心室泵至全身各處、富含氧氣的鮮紅色血液。參見「缺氧血」。

體循師（**profusionist**）：操控心肺機和心室輔助裝置的技術人員。

心包（**pericardium**）：包住心臟的纖維包囊，可做為修補心臟的材料。小牛的心包就被用來製作生物性心臟瓣膜。

肺動脈（**pulmonary artery**）：將血液從右心室送往肺部的大型薄壁血管。又分為右肺動脈與左肺動脈。

肺水腫（**pulmonary oedema**）：左心室衰竭時發生的「肺積水」。肺水腫常常帶泡沫而且帶血。

肺靜脈（**pulmonary veins**）：從肺部將血液送回心臟的四根靜脈。

再灌流（**reperfusion**）：在手術過程中麻痺心臟、使其停止跳動後，再讓血液流入冠狀動脈與心肌的做法。心臟會復活，再次開始跳動。

風溼熱（**rheumatic fever**）：一種由鏈球菌感染所引起、會損傷心臟瓣膜和關節的自體免疫病症。在抗生素被發現之前的時代，心臟瓣膜疾病大多由此而起。

右心房（**right atrium**）：集流全身從靜脈流回心臟之血液的心腔。這些血液會通過三尖瓣再流入右心室。參見「左心房」。

右心室（**right ventricule**）：將血液抽送至肺動脈瓣，再送進肺部的心月形泵血心腔。參見「左心室」。

休克（**shock**）：心臟無法繼續提供足夠的血液和氧氣給身體組織時的病症。心肌梗塞之後就會發生心因性休克。大量失血兩公升以上，就會發生失血性休克。

心縮期（**systole**）：在心臟搏動週期中，左右心室收縮射血的階段。

靜脈（**veins**）：將血送回心臟的薄壁血管。

腔靜脈（**vena cava**）：接入右心房的大型靜脈。上腔靜脈將上半身的血液送往心臟，下腔靜脈則將下半身的血液送往心臟。

一起來　0ZLI0002

打開一顆心

FRAGILE LIVES

作　　　者　史提芬・維斯塔比 Stephen Westaby
譯　　　者　沈聿德
主　　　編　林子揚
編　　　輯　張展瑜
編 輯 協 力　鍾昀珊

總　編　輯　陳旭華 steve@bookrep.com.tw
出 版 單 位　一起來出版／遠足文化事業股份有限公司
發　　　行　遠足文化事業股份有限公司（讀書共和國出版集團）
231 新北市新店區民權路 108-2 號 9 樓
02-22181417
法 律 顧 問　華洋法律事務所　蘇文生律師

封 面 設 計　莊謹銘
內 頁 排 版　新鑫電腦排版工作室
印　　　製　通南彩色印刷股份有限公司
初 版 一 刷　2025 年 5 月
定　　　價　480 元
I　S　B　N　978-626-7577-38-7（平裝）
978-626-7577-36-3（EPUB）
978-626-7577-37-0（PDF）

國家圖書館出版品預行編目（CIP）資料

打開一顆心 / 史提芬・維斯塔比（Stephen Westaby）著 ; 沈聿德 譯 . -- 初版 . -- 新北市 : 一起來出版 , 遠足文化事業股份有限公司 , 2025.05
320 面 ; 14.8×21 公分 . --（一起來 ; 0ZLI0002）
譯自：Fragile lives
ISBN 978-626-7577-38-7（平裝）

1.CST: 維斯塔比 (Westaby, Stephen) 2.CST: 心血管外科 3.CST: 醫師 4.CST: 傳記

784.18　　114002574